孤往山人 著

卓吾居士 传奇

上海辞书出版社

图书在版编目(CIP)数据

卓吾居士传奇 / 孤往山人著. —上海：上海辞书出版社，2023

ISBN 978-7-5326-6062-9

Ⅰ.①卓… Ⅱ.①孤… Ⅲ.①李贽(1527-1602)-传记 Ⅳ.①B248.91

中国国家版本馆 CIP 数据核字(2023)第 077159 号

ZHUOWU JUSHI CHUANQI

卓吾居士传奇

孤往山人　著

责任编辑	孙　毕　蒋丽纳
助理编辑	陈宇奇
封面插画	戴敦邦
装帧设计	杨钟玮
责任印制	曹洪玲

出版发行　上海世纪出版集团
上海辞书出版社®（www.cishu.com.cn）

地	址	上海市闵行区号景路 159 弄 B 座（邮政编码：201101）
印	刷	上海晨熙印刷有限公司
开	本	720 毫米×1000 毫米　1/16
印	张	16.5
字	数	236 000
版	次	2023 年 8 月第 1 版　2023 年 8 月第 1 次印刷
书	号	ISBN 978-7-5326-6062-9/T・202
定	价	48.00 元

本书如有质量问题,请与承印厂联系。电话：021-66026209

众里寻他千百度

《卓吾居士传奇》是笔者上一本书《孤往山人评注西游记》的姊妹篇。在《孤往山人评注西游记》的《后记》中，笔者提出：《西游记》的真正作者是李贽，即李卓吾（以下称卓吾）。这本书通过梳理史实和卓吾著作思想与《西游记》的对应关系，基本厘清了《西游记》的写作过程。

这个发现的过程非常艰难，但回头看，其中的逻辑又非常清晰。

笔者从小就喜欢看《西游记》，一直以来就有一些疑问未获解答。比如：菩提祖师到底是谁？为什么孙悟空的战斗力越来越弱？为什么离开佛祖和菩萨的帮助，唐僧师徒就过不了关？为什么有背景的妖魔被降服后几乎不受惩罚？……有了一些人生阅历之后，特别是读了《心经》《坛经》《金刚经》等经典之后，笔者渐渐明白了"境由心生"的道理。有一段时间，孩子在睡前听故事，要听《西游记》，仅仅为了把妖魔的形象描述得更具体一些，笔者不得不重新翻阅原著。在这个过程中，笔者意外发现，黑熊精、与世同君、黄袍怪、狮驼国三兄弟等这些形形色色的妖魔，竟然都在某个特征上有孙悟空的影子。再结合取经前，《西游记》作者借唐僧说出的"心生，种种魔生"的暗示，笔者突然意识到书中所有的妖魔都有寓意。这个想法让笔者对《西游记》的理解豁然开朗，故而开始筹划一本《西游记》评本，当时命名为《孤往山人评西游记》。后来出版时，在孙毕责任编辑的建议和组织下，利用上海辞书出版社的《汉语大词典》，增添了难词注解，这便是《孤往山人评注西游记》的由来。

评注过程中，一开始笔者并没有对《西游记》的作者产生怀疑，直到悟出比丘国的国丈是在影射朱熹，竹节山的九灵元圣是在影射孔子，几个候选作者的名字立刻浮现在笔者眼前。在《西游记》形成的明朝的政治氛围中，反对朱熹思想的屈指可数，敢对孔子不敬的更是凤毛麟角。这样筛选下来，不难找到《西游记》的候选作者——卓吾。

带着卓吾可能是《西游记》作者的假设，再去读他最著名的《童心说》，马上就发现《童心说》能跟《西游记》中的"婴儿之本论"呼应起来，随后笔者发现了更多《西游记》中的寓意。所谓蟠桃、人参果，就是珍贵童心的暗喻；所谓红孩儿，就是一颗躁动的赤子之心；所谓八戒戏嫦娥、沙僧打碎玻璃盏、小白龙焚烧夜明珠，都是比喻人在社会生活中对初心的沾染……这样看来，整部《西游记》就是对《童心说》的诠释。

此刻，找到《西游记》真正作者的最大障碍是《李卓吾先生批评西游记》这本书。如果这本批评著作真是李卓吾所著，"自著自评"这种行为在历史上还没有先例。如果真是像一些学者提出的，批评著作本是一个叫叶昼的文人冒名顶替之作，那这本书对确定《西游记》作者将毫无价值。

在仔细研究卓吾的生平和著作之后，有一个极少在文学作品中出现的词引起笔者注意，即"八绝"。这是个算命术语，即父早死、母早丧、丧偶、兄弟死、亲人离散、儿子夭折、无嗣、和尚命等八种厄运。卓吾认为自己集齐了普通人在亲情中的所有厄运，故以此自嘲。这也是他将死前的绝笔命名为《系中八绝》的含义之一。在笔者研究的明代人物中，除了卓吾，没有人能集齐如此多的厄运，更没有人能将此事进行调侃。包括卓吾的朋友、敌人和任何无关的人在内，没有人能有如此豁达。如此不祥而凄惨的玩笑，只有本人敢说。而在《西游记》小西天七绝山一节，作为"七绝山"的来历，当地人向唐僧讲述了柿树的七种好处，又补充说长年烂柿形成恶臭。在此处，卓吾评道："这却是八绝了。"此处评语，对读者理解《西游记》原著没有任何助益，也明显不是评者卖弄街头玄学，而仅仅是一个有深切感触的作者对自己遭遇的无奈玩笑。这一处证据让笔者坚信，《李卓吾先生批评西游记》是卓吾亲笔。

一旦克服"批评者不可能是原著者"这个观念的障碍，批评本反而成了"卓吾是《西游记》作者"最有力的证据。他在批评本的嬉笑怒骂，既不想暴露自己《西游记》的作者身份，所以一些寓意不能明说，又怕读者不理解寓意，所以又不厌其烦地在关键处提醒，可谓匠心独运。对于自己的这种心态，他在书中作为评者调侃作者是"老婆心急"，也算是自嘲了。对于这些证据的分析，都写在《孤往山人评注西游记》的后记中。

随着对卓吾生平和学术著作的深入研究，在"借他人题目，发自己心事"的思路下，笔者对《西游记》的认识又有了新的突破。比如孙悟空学成归来为什么穿一身红衣?那是因为卓吾在云南姚安任上悟道并决定辞官时,是着红衣的四品知府。再比如唐僧取经为什么设定为14年?因为正好对应卓吾从40岁立志求道到54岁辞官的历程……《西游记》中一些看似漫不经心的设定都有暗示意义。再如:黄风岭上的王老头指路,对应卓吾从王阳明学说到佛学的转变;原著中一些年龄的表述,包括61岁、63岁、64岁,其实对应作者写作《西游记》的年龄。

即便是神魔小说的写作,作者也必然从身边实际环境中取材。抱着搜寻遗迹的想法,笔者曾专程赶到湖北麻城,找到了卓吾生活过的芝佛院旧址。这里已是一片荒芜。在旧址前,两条河流交汇,形成一弯湖水。湖中央一块巨石突起,像是一只巨龟在水上漂浮,这或许就是《西游记》中陈家庄老鼋的原型。令人惊奇的是,而当地一条河就叫"陈家河"。卓吾在《焚书》中描述过这块巨石,写下了"伤心欲问前程事"的诗句。在《西游记》中,出现过老鼋拜托唐僧向佛祖询问前程的情节。笔者绕湖而行,想象着四百多年前卓吾在湖边漫步,构思《西游记》的情景。那片平静的湖水,想必时而幻化成波涛汹涌、阻挡去路的通天河,时而又成为享受清凉的碧波潭,带给作者无限的遐思。

在《西游记》这样一本花费十年、耗尽作者毕生心力的长篇巨制中,一定会留下著者当时的心迹。所以我们在《西游记》中,不仅仅能看到作者的学术思想,还看到了作者从儒学转向佛学的艰难险阻、明朝著名的"耿李大辩论"的心态、以及作者对当时一些生活和时事的反应。笔者的这些新发现,汇成了读者眼下这本书。虽然名为"传奇",但所描述的事件都基于严谨的考证和推理,所以实际上是一部人物"正传"。

市面上卓吾的传记不下五部,研究论文也很多,但这些研究的共同缺憾,自然是缺乏《西游记》的成书历程,以至于对他的《藏书》《焚书》《初潭集》等著作的理解,都有一定的偏差。例如,很少有学者研究卓吾的《初潭集》,一般人可能认为它只是一些小故事的摘抄,所以思想价值不高。在把《初潭集》的写作时间与《西游记》的宝象国对应之后,可以看到卓吾所探讨的以五伦为基础的人际关系和其相关的哲思都体现在《西游记》中。

学界对卓吾的一种重要文风也缺乏研究。在《焚书》中,卓吾往往在指责别人的过失后,紧接着反思自己的问题,如《三蠢记》。将自己看问题的视角归结于自己的心态,是佛学大师的功底。"境由心生"在佛学里只是一个理论,但在卓吾这里进化成了文学手法和人生观,成为他观察和记录自己和世界的方式。将自己的境遇反射到自己的心态,探究这种心态产生的心理原因,正是解脱苦厄的秘诀,这是整部《西游记》的写作手法,也是理解卓吾思想和《西游记》的一把钥匙。这种深刻的世界观和文学手法,在古今中外的文学中都很罕见。

对于卓吾的死因,有人说是愤懑,有人说是绝望,这都表明先前对卓吾的研究还缺乏对他本人学术思想特别是佛学思想的理解和把握,也没有人发现他的绝笔《系中八绝》其实还是一个谜语。希望本书提供的线索和思路,为卓吾的思想研究开拓新的领域。

孤往山人于 2023 年 2 月

目录

人物关系简介

李贽(1527—1602),原名李载贽,后避明穆宗朱载坖讳,改名李贽,自号卓吾。嘉靖六年(丁亥年)十月二十六日生于福建温陵(泉州)。人生大致可以分为四个阶段。1566 年 40 岁前,历任河南辉县教谕、南京国子监博士、北京国子监博士,是颠沛流离、应付生计的 40 年;从 40 岁接触王阳明学说,到 50 岁读《金刚经》,再到 54 岁云南鸡足山悟道,历任北京礼部司务、南京刑部员外郎、南京刑部郎中、云南姚安知府,是求道、悟道的 14 年;1581 年至湖北,先后住在黄安和麻城,其后 56 岁到 65 岁(1582—1591)是著述的 10 年,初步完成《焚书》《藏书》《说书》三书系列和《西游记》;1592—1602 年为最后的 10 年,为补充完善三书系列和游历的 10 年。1597 年 71 岁时离开湖北,至 1600 年在山西、北京、南京、山东等地游历研学,1600 年短暂回到湖北后为避开迫害入河南商城黄柏山,1601 年至通州,1602 年被捕死于狱中,现葬于北京西海子公园。

李钟秀,卓吾父,号白斋,私塾教师。其妻徐氏为卓吾生母,早亡,后娶董氏。育五男三女,卓吾为长子。卒于 1560 年。卓吾当时在南京国子监任上。

李宗洁,号竹轩,卓吾祖父,卒于 1564 年。卓吾当时在北京国子监任上。

黄氏(1533—1588),卓吾妻。两人于 1547 年结婚,生四男三女,唯大女儿成年,其余均夭折。因四品官的夫人一般被尊称为"宜人",云南任职以后卓吾在书信中称其为"黄宜人"。

庄凤文(1554—1606),字纯夫(或纯甫),号鲲游。卓吾女婿,泉州人。与卓吾大女儿结婚时,卓吾在南京为官,后即跟随卓吾。1577 年卓吾赴云南途中把女儿、女婿留在湖北。1587 年庄纯夫护送黄宜人和卓吾女儿自湖北回福建,后数次至湖北看望卓吾。有子三人:庄祖耳、庄宗耳、庄胤耳。

李贵,卓吾嗣子,由其弟过继。于1588年在龙湖溺水而死。时已娶妻成家,有一子,其子家族排行老四,小名"四官"。

焦竑(1540—1620),字弱侯,号澹园。祖籍山东日照,祖上有军功,曾获朱元璋亲封,之后家族从日照迁至南京,世袭军职。万历十七(1589)年中状元。是与卓吾通信最多的人,为一生挚友。卓吾文中的弱侯、从吾、叔度、澹园、漪园、太史、龙洞山农等称谓均指此人。曾为卓吾多部重要著作校订、作序、出资印刷。应卓吾请为其题写墓碑。

耿定向(1524—1596),字在伦,号天台,又号楚侗。曾任刑部左侍郎、户部尚书。二弟耿定理去世后与卓吾的书信辩论趋于激烈。1595年两人见面和好。

耿定理(1534—1584),字子庸,号楚倥,耿定向二弟。爱好钻研佛理,不顾功名和生计。卓吾挚友,是促使卓吾到湖北退休研学的主要人物。

耿定力,耿定向二弟。先后在福建和北京为官。在卓吾和其兄争执中一直周旋调停。卓吾妻黄氏在泉州去世时,其正在福建任上,资助葬礼并上表申请诰封表彰。为卓吾后期游历提供多方帮助。

耿汝愚,字克明,号古愚,耿定向长子,卓吾学生。年轻时参加科举考试多次,未获功名。在卓吾与其父争执中周旋调停。在父亲去世、家境衰落后经商,晚年成为富豪。年七十卒。

周思久(1527—1592),字子征,号柳塘,湖北麻城人。曾任琼州(今海南省)知府,晚年在龙湖定居。卓吾初至麻城时有交往,但后来关系渐远。卓吾后来所居的芝佛院为周家资助的私人庙宇。

周思敬,字子礼,号友山,周思久之弟。曾任工部主事、户部侍郎等。与耿定向有亲家关系。曾买下维摩庵安置卓吾,其后也多有资助。在四川和北京任上时与卓吾多有书信往来,曾在卓吾与耿定向争执中调停。卒于1597年,其后周家势微,芝佛院失去"保护伞"。

曾中野,周思久女婿。卓吾初至麻城时,周思久安排其腾出一间大屋给卓吾居住。卓吾和周思久的关系疏远后,曾中野多次斡旋撮合双方关系。

邓林材,字子培,号石阳。与卓吾在河南辉县时开始交往,在卓吾因祖父丧回泉州代父守制期间,救济过卓吾妻女,后偶有书信往来。曾任湖南新宁州知州,故卓吾信中有时称其为太守。

邓应祁,字永清,号鼎石,邓石阳的长子。1586年至1589年任麻城知县。对于居处的父母官,卓吾在交往中尊称其为鼎石或明府,但由于其父和卓吾的交往,邓以学生或晚辈的身份向卓吾请教问题并关照生活。

公安三袁,湖北公安袁氏三兄弟。袁宗道(1560—1600),字伯修,号石浦;袁宏道(1568—1610),字中郎,号石公;袁中道(1570—1626),字小修。三兄弟于1590年结识卓吾,以卓吾为师,受卓吾影响很深,学术上强调"性灵"。

梅国桢(1542—1605),字克生,号衡湘,湖北麻城人。历官都察院右都御史、大同巡抚、兵部右侍郎等。热衷佛学,与卓吾多有书信来往。受其影响,其女澹然和数名亲戚与卓吾多有通信讨论佛学问题。曾为卓吾的《藏书》《孙子参同》等书作序。家族向芝佛院多有捐助。

刘东星(1538—1601),字子明,号晋川,山西沁水人。历官山东按察使、湖广布政使、河漕总督等。1591年卓吾在武昌受到攻击后结识刘东星并得到其保护。1596年在家守父丧时邀卓吾赴山西研学。1600年治理河务时,沿运河把卓吾从南京载到济宁问学。

刘用相,字肖川,刘东星长子,曾于1596年护送卓吾从麻城赴山西。作为研学时的提问人和记录人之一,参与编撰了《明灯道古录》。1599年卓吾在南京与焦竑研究《易经》时,刘用相正随父在山东济宁,被卓吾召往南京听讲。1600年护送卓吾从济宁回到麻城。

杨定见,号凤里,湖北麻城人。常住龙湖芝佛院的居士之一。在麻城有家室,以卓吾为师,一直追随卓吾,深得卓吾赞赏。为卓吾管理账务,为后期芝佛院新修塔屋和佛殿工程的操办者。1600年芝佛院被毁时护送卓吾逃亡至河南。

深有(1544—1627),俗姓熊,名深有,僧号无念,湖北麻城人。卓吾初至龙湖芝佛院时,深有为住持,被众僧尊为"师祖"。1593年离开芝佛院,后在河南商城黄柏山创建法眼寺。他离开后,芝佛院的事务由卓吾主持。

怀林,龙湖芝佛院僧人,卓吾的主要著书秘书,卓吾的大部分写作都交由其誊录副本。曾抄录《藏书》《水浒传》和《西游记》等。与常融、常中、常守、怀捷、怀善、怀珠、怀玉一起,是卓吾在《豫约》中委托的芝佛院八个管理人之一。卓吾在山西刘东星家时得知怀林病故。

常志,龙湖芝佛院僧人,卓吾的著书秘书,曾跟随卓吾至武昌。卓吾第一次评点的《水浒传》主要由其抄录。后因嚣张跋扈被逐。流落街头而死。

王畿(1498—1583),字汝中,号龙溪。官至兵部侍郎。受业于王阳明。后人有人认为王畿在王阳明的基础上更偏向佛学,但卓吾认为王畿才是真正理解和传承王阳明学说的人。

顾养谦,字益卿,号冲庵。官至兵部侍郎,总督蓟辽军务,卒赠兵部尚书。

与卓吾在云南结识,后偶有书信来往,曾捐助芝佛院。

何心隐(1517—1579),原名梁汝元,思想由儒家、心学转向道家和佛家。因参与策划扳倒严嵩,遭通缉,改名何心隐。后以讲学名于时,是卓吾好友耿定理的老师。其后在内阁首辅张居正毁禁异端讲学的运动中,以"妖道"罪名被捕,被湖广巡抚王之垣杖杀于武昌监狱。卓吾对他的人品和学术思想非常认可,同时批评耿定向见死不救。

杨起元(1547—1599),曾在礼部和吏部任职,有书信向卓吾请教问题。卓吾晚年在南京时,杨鼓励自己的学生向卓吾请教。学生问学记录被编成《永庆答问》。杨与卓吾的交往成为杨的政敌对其攻讦的借口。

利玛窦(1552—1610),意大利人,字西泰,于1582年来华传教,并学习中国语文和礼仪。1599年在南京逗留期间与卓吾相识,并把自己的著作《交友论》赠送给卓吾。卓吾对利玛窦的印象是"中极玲珑,外极朴实"。

马经纶,通州人,曾任御史,后被革职为民。1600年在山东济宁结识卓吾,在得知卓吾逃亡河南后冒雪赶去营救,并携卓吾一行至通州供养。在卓吾被捕后多方奔走上书为卓吾辩护,接受卓吾委托出版《九正易因》,并组织藏匿部分书稿。卓吾去世后,其为遗嘱主要执行人。

汪本钶,字鼎甫,卓吾的关门弟子,在卓吾生命的最后六年一直追随卓吾,是《续藏书》和《九正易因》的主要誊录者。在卓吾故后出版《续焚书》等遗作。

卓吾大事年表①

明世宗嘉靖六年丁亥(1527)1岁

卓吾于本年十月二十六日出生于福建泉州。因在其书信往来中采用虚一岁的计年方法,为避免表述错乱,本书的年龄均为虚岁。

嘉靖十二年癸巳(1533)7岁

开始随父读书,此前母徐氏已卒。

六月初八日,妻黄氏生。

嘉靖二十六年丁未(1547)21岁

与15岁的黄氏成婚。

嘉靖三十一年壬子(1552)26岁

参加乡试中举。

嘉靖三十三年甲寅(1554)28岁

大女儿出生。

嘉靖三十四年乙卯(1555)29岁

接受河南辉县教谕的任命,出发赴河南,开始走上仕途。

长子夭折。

嘉靖三十九年庚申(1560)34岁

升任南京国子监博士,任上数月后,父亲去世,回泉州守制。

祖居被倭寇焚毁,随族人避入泉州城内,守城参战。

嘉靖四十一年壬戌(1562)36岁

丁忧期满,携家入京。

嘉靖四十二年癸亥(1563)37岁

在京候缺期间教书糊口。

嘉靖四十三年甲子(1564)38岁

六月,任北京国子监博士。

---

① 本书人物生平的时间判定大多采用张建业主编《李贽全集注》中李瑞良编著的《李贽年谱简编》,社会科学文献出版社,2010 年版。《西游记》写作过程是本书作者补充,为首次披露。

祖父去世。闻讣告同日二儿子夭折。

携家眷赴河南,将妻小留在辉县,买田安家,只身回泉州代父守制。离开后不久二个女儿均夭折。

嘉靖四十五年丙寅(1566)40岁

年初守制期满,从泉州回到辉县,得知两个女儿夭折。

携家到北京,补礼部司务职。

十二月,世宗去世,子载垕(穆宗)即位,改明年为隆庆元年。因犯皇讳,去"载"字,改名李贽。

明穆宗隆庆五年辛未(1571)45岁

改任南京刑部员外郎。

在南京结识焦竑、耿定理等人。

隆庆六年壬申(1572)46岁

在南京刑部员外郎任上。

结识王畿、耿定向等人。

五月,穆宗病死。六月,朱翊钧(神宗)即位,改明年为万历元年。

明神宗万历元年癸酉(1573)47岁

在南京刑部任上。

万历二年甲戌(1574)48岁

升任南京刑部郎中。

万历三年乙亥(1575)49岁

开始编撰《藏书》。

万历四年丙子(1576)50岁

开始深研佛学。

万历五年丁丑(1577)51岁

出任云南姚安知府。

赴任途经湖北黄安,访耿定理,留下女儿、女婿常住。

万历八年庚辰(1580)54岁

三月,姚安知府任职期满。到楚雄见巡按刘维,请求辞官。

七月,获准辞官。

万历九年辛巳(1581)55岁

春,携妻自云南至湖北黄安,与女儿、女婿团聚。

年底,应友人周思久之约,游麻城龙湖。

万历十年壬午(1582)56岁

在黄安天窝书院读书著述,并教授耿家子弟。

构思《西游记》结构和体例,完成石猴出世和悟空学艺等章节。

万历十一年癸未(1583)57岁

继续编撰《藏书》。

《西游记》写至官封齐天大圣和大闹天宫等章节。

万历十二年甲申(1584)58岁

七月,耿定理卒。之后耿定向发难,认为卓吾对弟侄辈有不好影响,书信辩论趋于激烈。

《西游记》写至八卦炉锻炼和被压五行山等章节。

万历十三年乙酉(1585)59岁

三月,离开黄安到麻城。在周思久、周思敬兄弟帮助下,住进维摩庵。

《西游记》写至贞观十三年唐僧离开长安启程取经。

万历十四年丙戌(1586)60岁

春,胃病发作。在麻城维摩庵开始编撰《初潭集》。

完成《西游记》两界山至高老庄等章节。

万历十五年丁亥(1587)61岁

秋,妻与女儿、女婿从黄安出发回泉州老家。

在维摩庵完成《西游记》黄风岭、流沙河、四圣试禅心、万寿山、宝象国等章节。

万历十六年戊子(1588)62岁

春,《藏书》初稿完成。

夏,剃发,但留胡须。

秋,从维摩庵移居龙湖芝佛院。

完成《初潭集》。

嗣子李贵溺水而亡。

妻黄氏卒于泉州。

完成《西游记》平顶山、乌鸡国、火云洞、衡阳峪等章节。

万历十七年己丑(1589)63岁

在麻城龙湖芝佛院完成《西游记》车迟国、西梁女国、祭赛国、朱紫国、狮驼国、比丘国等章节。

万历十八年庚寅(1590)64岁

初版《焚书》在麻城刻印。

与公安三袁初次会面。

完成《西游记》凤仙郡、玉华州、金平府、铜台府、取经归来等章节。

在杨定见主持下芝佛院塔屋动工。

万历十九年辛卯(1591)65岁

五月从麻城芝佛院到武昌,在游览黄鹤楼时遭受威胁。

完成《西游记》灭法国、布金寺、天竺都城等章节,统稿,定稿。

万历二十年壬辰(1592)66岁

初春在汉阳与出差绕道而来的焦竑见面,托付《西游记》出版事宜。

批点《西厢记》《琵琶记》《拜月亭》《水浒传》等。

深秋《西游记》在南京出版。作《杂说》。

万历二十一年癸巳(1593)67岁

春夏间,自武昌回到麻城,并指导在塔屋塑佛像。

五月间,公安三袁到龙湖问学。

万历二十二年甲午(1594)68岁

深有离开芝佛院,卓吾代理芝佛院住持。

万历二十三年乙未(1595)69岁

冬,庄纯夫自福建来麻城探亲。

携庄纯夫到黄安会晤耿定向,耿李两人释嫌和解。

万历二十四年丙申(1596)70岁

二月初,从黄安回麻城。作《豫约》安排后事。

九月,卓吾至山西沁水坪上村刘东星家。

万历二十五年丁酉(1597)71岁

春,在山西出版研学笔录《明灯道古录》。

夏,从沁水经太原到大同,访大同巡抚梅国桢,《藏书》定稿。

秋,离开大同。九月九日到北京,寓西山极乐寺。

万历二十六年戊戌(1598)72岁

春,与被贬官的焦竑自北京沿运河南下至南京,后居永庆寺伽蓝殿。

与焦竑一起编撰《易因》。

万历二十七年己亥(1599)73岁

在南京编撰《续藏书》。

秋,在焦竑安排下,《藏书》在南京出版。

万历二十八年庚子(1600)74岁

春,河漕总督刘东星从南京接卓吾至山东济宁。在济宁出版《阳明先生道学钞》和《阳明先生年谱》。后回湖北麻城。

秋,芝佛院遭焚,逃亡至河南商城黄柏山。

万历二十九年辛丑(1601)75岁

四月,随马经纶到通州,寓莲花寺。

总结一生学术思想。完成《九正易因》。

万历三十年壬寅(1602)76岁

因病重作遗言安排后事。

闰二月二十二日,张问达上疏劾奏,卓吾随即被捕,著作被通令烧毁。

三月十五日,在剃发时夺剃刀割喉,十六日夜气绝。

嘉靖六年至万历九年(1527—1581)

卓吾的一生,可以用两个字概括,一个是"苦",一个是"真"。他一生的事业,就是通过探求真理,寻求解脱自己和众生苦厄的道路。在这种探求中,他越来越接近真实的自己和世界。当他用极真诚的情感观照和极魔幻的笔触记录时,这个世界反过来又把他推向苦的极致,让他在极苦中体味极真和极乐。他在这样的螺旋中得到圆满,然而又支离破碎;走向覆灭,同时又获得永生。

半生回顾(1527—1576)

万历七年,也就是公元1579年,卓吾53岁。这是他任云南姚安知府的第二年。再有一年,三年任期期满后,根据朝廷制度,将面临考核,以决定去向。以他的官声和政绩,料评价不会很差,但鉴于与上司时有争执的性格,恐怕也不会升迁,所以大抵会继续留任。

云南边陲,民风淳朴,只要处理好跟少数民族的关系,在风俗上互相尊重,官民就可以相安无事。作为知府,卓吾的大部分时间都用来看书论道。唯一的遗憾是,爱折腾的上司热衷于对少数民族进行文化灌输,激起反叛后再进行围剿。卓吾对这样的施政方针很不满,但又无力扭转。除此之外,日子过得也算自在。然而,目睹至亲以及同龄甚至比自己年轻的朋友相继故去,此时卓吾却越来越有一种紧迫感。自己的体力也大不如前,时有病痛,如果不幸现在死去,恐怕后人会很快遗忘曾经有这么一个人存在吧?

回首半生往事,为糊口奔走四方。于家庭,七个孩子中的六个都因疾病和饥饿夭折,只有一个女儿存活;于事业,从最低级的小官做起,大部分时间都在担任可有可无的闲职,终于在51岁时被外放到一个偏远地区做四品知府;于文章,大多是人云亦云,无甚可观处。这半生,恰似一场喧嚣而又聊无意义的梦,到头来收获一场空幻。

然而,空幻和渺小并不是缄口不提的理由。纵观有文字记载以来的三千年历史,除了少数帝王将相和大家名士,大多数人都在这样的浑浑噩噩和庸庸碌碌中度过。能够被史籍记载并流传下来的,也只是只言片语,这其中不管是对伟人还是普通人的困顿和纠结少有记载。有一些文学家把自己的困顿和愁苦幻化成诗句,成为千古名篇。可见,真情实感的抒发不管对作者还是对读者都是一种解脱。正是由于这个原因,卓吾觉得有必要对自己前半生的困顿做一个回顾和记录。他假托一个虚幻的人物孔若谷,以第三人称的形式,写成了《卓吾论略》[①]。

李贽,原名李载贽,号卓吾,生于明朝嘉靖六年丁亥岁十月。小时候母亲徐氏就已经去世。虽然家境不富裕,但父亲是私塾教师,有这样的便利,卓吾七岁就开始随父读书。在他幼年的心目中,父亲的形象高大正直,为人仗义,曾经卖掉妻子的首饰救人急难。

幼年的卓吾,聪慧好学,进步很快,十二岁作《老农老圃论》,批评孔子轻视农业,为乡里赞叹。在父亲的鼓励下,他刚成年就开始致力于通过科举考试求取功名。

明朝的科举以朱熹注解的儒家经典为标准。但卓吾从小就有独立思考的习惯,认为朱熹没有真正理解孔夫子的意思,所以对朱熹的注解非常不屑。自己无法改变朱熹注解是官方标准的事实。为了求取功名,卓吾用了一个取巧的办法。他通过背诵范文,剪裁拼凑,写成应试文章,竟然也考中了举人。后来回想起来,他总结道,之所以这样能成功,主要是那些考官在学问上也是人云亦云,并没有真才实学以考察学生的真实水平。

考中进士后,卓吾帮助父亲陆续把七个弟弟妹妹的婚嫁事项都办妥了。自己本来打算在江南离家近的地方做个小官,便于照顾父亲,但不料被分配到了河南辉县任教谕。还未到任,长子就因病夭折,对他造成极大打击,让他长期都处于郁郁不乐的状态。

教谕的工作不多,卓吾常与朋友去辉县苏门山的百泉散心,故又自号百泉居士。

他自己承认,在辉县的五年,是试图以游乐祛除苦闷的五年,在学识上没

---

① 《焚书》卷三《卓吾论略》。本书卓吾文献大多采用张建业主编《李贽全集注》,北京:社会科学文献出版社,2010。为行文简洁,下文引文脚注不再重复此版本信息。

有什么进益。随后,他被调往南京的国子监任职。刚上任几个月,父亲病故,卓吾只好辞职,携家人回福建老家守制。

当时倭寇正骚扰东南沿海。卓吾带着女眷,白天走路不安全,只好昼伏夜出,从南京走到泉州的家居然用了六个月。回到家正赶上倭寇大举进犯,城外的祖居被抢掠一空后焚毁。卓吾不等为父亲发丧,就举家迁到城里,并带领弟侄辈在城头上用弓箭和石块打击进犯的倭寇。

由于倭寇连年的滋扰,农民无暇生产,城里粮价飞涨。这给三十多口的家庭造成了极大困顿,以至于家人时常挨饿。等到三年守制期满,为了生计,卓吾携妻儿一起离开了泉州。当时南京是陪都,政府中大多为闲职,之前的工作虽悠闲,但失去了就不容易补回。北京的职位事务多但机会也多,所以卓吾举家逃难到了北京。

卓吾在北京等了十个月,一直没有职位空出来。眼看仅有的积蓄用尽,他只好当起了教书先生糊口。这样又等了十个月,才谋到了国子监的职位,级别与守制东归前一样。不幸的是,上任不久,二儿子生病,虽多方救治,还是无力回天。在儿子病死的当日,卓吾收到了祖父在泉州病故的讣告。由于父亲已先于祖父去世,根据礼制,卓吾要代替父亲为祖父守制,又要回泉州三年。

这年正是嘉靖四十三年(1564年),卓吾38岁。接连的打击和困顿,让他心如死灰,了无生趣。人生皆苦,有人说当了官就好一些,但谁能想到如今的局面?眼看刚刚从泉州搬出来的家,又要在礼教的胁迫下走上颠簸之路。亲人接二连三地去世,心中的悲痛无以复加,而礼教不但不能给人安慰,反而冷酷地规定如何居丧,如何表达自己的悲痛,何时结束服丧。这种荒唐的做法,始作俑者是孔子,更恶劣的是朱熹的推波助澜。卓吾此时对他们的厌恶无以言表。

这次他吸取上次守制的教训,准备把家人安置在北方,一个人回泉州。一则可以省去来回举家搬迁的费用,二则只身行动不易被劫匪和倭寇发觉。还有一个原因就是,如果泉州继续战乱,可以集中精力抗倭,不为家属分心。在这样的考虑下,他准备把家暂时安置在生活成本比较低、还有很多旧友可以关照的辉县。他把政府补贴的丧葬金分为两份,一份在辉县买地安家,让妻子耕种糊口;另一份带回泉州,当作路费和安葬亲人的费用。

在卓吾离开前,辉县有贪官污吏为了讹诈富户的钱财,假借治河名义,把山上的泉水引到运河,不许留半滴到附近的农田里。卓吾为民请命,遭到拒绝。他知道,他说话的分量虽然还不足以救民于水火,但如果只要求在自家田边取水用,或许能得到一些豁免。但如果这样做,结果就是自家的土地得到灌溉,而眼看着别人的土地干涸。

经过激烈的思想斗争,不能违背天理良心的想法占据了上风。卓吾最终放弃了以权谋私的想法,动身赶赴泉州。

在他离家后不久,辉县遭遇大旱,他家的田歉收,家人只能靠仅有的一点儿粗粮度日。大女儿习惯了艰难,能吃下去带壳的粗粮,得以幸存,而另外两个女儿因为营养不良而夭折。妻子黄氏不想再增加他的悲痛,所以在信中没有告诉他这个消息。直到三年后他从泉州回来,才发现两个女儿都已不在了。

他回想起临行前不肯为自家求水的往事,检讨自己留妻女不归的决定。带她们走不对,留下她们也不对;求水不对,不求也不对。人生的无奈把他逼至绝境。回到河南当晚,卓吾与妻子在灯下相对无言,面无表情,呆若木鸡,而内心却充满覆灭般的悲痛,感觉人生都在梦中,分不清现实和虚幻。

《晋书》上记载,谢安得知打了胜仗之后压抑自己心中的狂喜,虽然表面没有表现出来,但鞋跟断了都没有觉察。

那一天晚上,卓吾体验到了那种神志和身体分离的感觉。

经过十年的南北奔走,遭遇离散和丧亲的反复打击,卓吾对未来的路充满迷茫。没有任何闻达或财富能挽回自己失去的东西。世俗的种种诱惑对他已经没有意义了。他逐渐意识到,只有精神的解脱才能让他有继续活下去的动力。

这年他40岁,在不惑之年,需要一个新的开始。此时新皇登基,为避讳,他的名字从李载贽改成了李贽。他也确立了新的志向。真正的穷困是精神的贫瘠,真正的享乐是心里的满足①。他开始寻找解脱苦厄的大道。

北京不但是政治中心,也是文化中心,是图书资料最丰富的地方,也是学术大家云集的都城,所以求道还是应该去北京。卓吾卖掉河南的田产,带着妻子和仅存的长女,再次入北京求职。所幸这回很快就谋到了礼部司务的差事。虽然薪水还不如先前的国子监,但礼部主管文教和风化,大多是闲职,自己有大把的时间用来做学问。

在礼部当差的五年(嘉靖四十五年至隆庆四年,1566—1570年,40—44岁),卓吾醉心于礼部丰富的图书资料,也见到了许多当代的名儒大家,眼界逐渐开阔,解开了很多早年不解的心结。有时在心里自问自答,就好像回到了儿时父亲私塾的课堂上。一有心得,他就恨不得马上与父亲分享。父亲自号"白斋",卓吾遂给自己起了一个号"思斋居士"。

在礼部任上,卓吾开始接触王阳明的心学。"心外无物"的思想给卓吾极大的震撼。他开始意识到,所谓仙佛,不是腾云驾雾的精灵,而是像王阳明这样开悟的人。所谓的长生,不是肉体的不灭,而是颠扑不破的思想永存世间②。

王阳明的嫡传弟子王畿更进一步,把心学除去儒学的外衣,直接引向佛学。这促使卓吾渐渐把自己的视野拓展到儒家以外的学说。

在礼部做官期间,卓吾四方求证学问,见识了两京饱学之士、东南精英之辈。除了请教王阳明的徒子徒孙,他还拜访过临济禅宗的传人。这是禅宗六祖慧能的传人义玄创立的,所谓"棒喝一派"。为了了解道家思想,他还拜访过道家北宗一派的传人。这个宗派的始祖为金代丹阳真人马钰。不管什么宗派,只要他们有一句话有道理,卓吾就要刨根问底搞明白③。

1571年,45岁的卓吾被调任南京刑部。由于陪都机构设置大多没有实权,所以又是一个闲职。卓吾知道这是不被上司欣赏的惩罚,但对他来说正中下怀。

---

① "穷莫穷于不闻道,乐莫乐于安汝止。"(《焚书》卷三《卓吾论略》)
② "为友人李逢阳、徐用检所诱,告我龙溪先生语,示我阳明王先生书,乃知得道真人不死,实与真佛、真仙同,虽倔强,不得不信之矣。"(《阳明先生年谱后语》)
③《焚书》卷二《答何克斋尚书》

在政治理念上，卓吾认可大道无为。国家要做的是尽量不对民众自发和自由的生活造成滋扰，而不是致力于精细的管理和引导。随着经济的发展，从农业生产脱离出来的民众会越来越多，这样的闲职也会越来越多。国家把聪明人笼络在一起，给予职位和俸禄，不应是让他们利用自己的才学，折腾社会和民众，而是让有才华的人不至于流离失所，不会产生颠覆和动乱的想法。在衣食无忧的状态中，社会更容易产生伟大的文艺作品和哲学思想。

《论语》中最让人回味的谈话，是孔子让弟子们畅谈理想。他没有夸奖致力于经世济民的冉有，也没有赞美勇不可挡的子路，只有曾皙所言去河边游泳、唱歌的想法得到赏识。这才是古今圣贤追求的理想社会。

然而，持有这种理念的官员，容易给人留下懈怠、无用且高傲的印象。这也是卓吾的大多数上司并不认可他的原因。同僚大多都升了官，但卓吾提拔很慢，还不时与上司闹矛盾。这让他在官场上施展才能的机会越来越渺茫。

虽然如此，闲职受国家和民众的供养，不应当无所事事、没有回馈。从司马迁到杜甫和苏轼，微薄的俸禄和挫折的遭遇，反而是传世之作的催化剂。万世之后，他们的作品还能解脱人的心灵。徜徉在浩如烟海的古籍中的卓吾，并没有把闲职当成闲养，而是继续专心研究学问，致力于闻道。当年老子也是掌管国家图书馆的小官，却写出了万古流传的《道德经》。这是卓吾想要追求的人生境界。

卓吾在刑部任职期间还结识了后来成为一生挚友的耿定理和焦竑，他的思想也渐渐向佛学靠拢。

卓吾在50岁时生了一场大病，这次病让他感到死亡的迫近，促使他安排自己的后事。他嘱咐家人和朋友，如果死时有朋友在侧，则任凭朋友发落；如果死在四处奔波的路上，则用水葬或火葬，不要对任何人造成拖累。另一方面，悲苦的生活迫使他思考极乐和长生之道，或更准确地说，死前应该怎样活着，死后为这个世界留下什么。

在友人的建议下，卓吾开始读《金刚经》，思索"不死"的学问。他的哲学观渐渐成型,后半生的志趣渐渐确定。

正当卓吾对仕途不再抱有任何希望的时候,他接到了云南姚安知府的任命。在姚安任期第二年(1579年),53岁的卓吾写下《卓吾论略》回顾50岁以前的经历时,面对半生穷苦的奔波,有一种淡淡的忧伤,还有一种闻道的洒脱。

53岁,在古代已是老年。如果在这个年纪死去,恐怕在历史的长河里会很快被遗忘。所幸,他对自己余生的事业已经了然于胸。从精神层面,他的人生才刚刚开始。

急流勇退（1577—1581）

1577年，51岁的卓吾带着夫人黄氏和结婚不久的女儿女婿踏上了云南姚安的旅途。由于好友耿定理的极力邀请，在赴云南的路上，卓吾绕道去了一趟湖北黄安。

耿家是当地望族，家境颇丰，大哥耿定向和三弟耿定力都是声名显赫的官员，唯有耿定理不喜功名，专心佛学。他在家乡给自己家族子弟办了一个私塾，名天窝书院，主要从事讲学工作。卓吾和定理谈起佛学来就有说不完的话。他羡慕定理读书讲学的生活，喜欢湖北的山水风光，当时就有留下的意愿。耿定理提出先让卓吾的女儿和女婿留下，等卓吾三年任期期满，有了四品官的退休金，生活无忧以后，再来黄安一起探讨学问。

就这样，姚安太守的任期还未开始，卓吾就已经有了辞官归隐的想法。卓吾在一封给南京好友焦竑的信中表达了这样的想法。做官的收入是养家的基础，所以他离不开这个位置，但在那个位置上又不喜欢官僚系统的束缚，不得不说一些言不由衷的话，做一些违背自己信念的事。他越是清高，就越是不能融入。自己与官场格格不入，提拔很慢，多被排挤在闲职上，无法实现自己的济世的理想，又导致自己内心受苦，恐怕最后也只得辞官归隐才能解脱①。

卓吾的清高人所共知，有时甚至可以用狂傲来形容，从他给自己起名"卓吾"可窥一斑。自视甚高的人容易与人发生冲突。这种人往往自以为高明，容不得别人的愚蠢；爱发高论，不顾及别人面子；珍视自己的时间，容不得让琐事消磨；敏感于自己的尊严，不愿接受上级的指令②。因此，这样的人往往朋友少，而与上级抵触多。晚年卓吾回忆在河南、北京、南京为官的任上，几乎与所有的上司都有过冲突③。

在礼部时，有个朋友委婉批评他性子太窄。这样性格的人，优点是善于自

---

① "怕居官束缚，而心中又舍不得官。既苦其外，又苦其内。此其人颇高，而其心最苦，直至舍了官方得自在。"（《焚书》卷二《复焦弱侯》）
② "某粗疏无用人也，又且傲慢好自用。"（《续焚书》卷一《答骆副使》）
③《焚书》卷四《豫约》

我检讨，及时发现自己的缺点和过错，但同时也不能容忍别人的缺点和过错。如果想开悟，心胸应当开阔。卓吾深以为然，又给自己起了一个号：宏甫居士①。

面对这样有才能而又高傲的部下，如果领导的才能不足，往往隐隐产生自卑和紧张，急于证明自己更强，一有机会就会施以恶意或刁难；一般的领导，难免厌恶这种傲气，认为这是缺乏世事磨炼的结果，选择冷落；只有碰到才能更高、眼界更高、胸怀更广的领导，才能意识到大才难用，而致力于挖掘这种人的用法。但这样的境遇实在难得，所以真正的大才往往碰不到施展的机会。从孔子、老子、庄子，到司马迁、李白、苏轼，都是这样的境遇，倒也不足为怪。当然更多的例子则是被打压以致泯灭无名的人。

后来卓吾自己也反思，之所以在这样的性格下还能在官场保全，是因为自己职位小而且还比较正直。跟自己有矛盾的同僚和上级大多升了官，有几个还入阁为相。他们除了把卓吾"发配"到偏远的地方当知府以外，并没有更残酷的打击报复。卓吾后来也心怀庆幸和感恩②。

卓吾在姚安任上，法令清俭，崇尚自然，致力于以德化人，而少用法规和强制的手段。卓吾在云南时结交的好友顾养谦曾撰文赞扬他的政绩，评价其治理的特点是：貌似不常做事，但其实没有顾及不到的事；貌似无所作为，但其实作为都化于无形之中③。

卓吾的治理思路，明显偏向与道家和佛家，这对官场流行的儒家的治理观念构成挑战。卓吾批评儒家的治理方式是从自身的心性出发，约束别人的行为，容易强求一致，搞一刀切，将自己的想法变成道德和法律。跟我一致的就是聪明人、就是圣贤，不一致的就是败类。这样区分君子和小人，只能让法律条文越来越繁杂，而民众的治理问题越来越多。卓吾认为，真正好的治理，因势利导，顺从人的天性，尊重人的差别。人的心性不止一种，达到目的的道路也不止一条。不同的庄稼需要不同的灌溉，岂能一概而论④？

卓吾表达过对汉朝的曹参和汲长孺所施行的无为而治的敬佩，并以《论

---

① 《焚书》卷三《卓吾论略》
② 《焚书》卷二《与河南吴中丞书》
③ "无事而事事，无为而无不为。"（《焚书》卷二《又书使通州诗后》附《顾冲老送行序》）
④ 《焚书》卷三《论政篇为罗姚州作》

语》中的"其身正,不令而行"作为理论依据,提出"至道无为,至治无声,至教无言"的治理主张①。这样的治理方式,虽然让民众得到益处,但必然为上司所不喜。

上任不久,云南巡抚就把辖下三地的最高行政首长召集到鸡足山,商议对不顺从的少数民族进行围剿。卓吾提出反对意见,主张与民休息,尊重少数民族习俗,适当容忍文化差异。

卓吾的政治主张自然遭到上司的反对。无奈之下,他只能按上司的思路参与对叛乱少数民族的围剿。与以往在礼部和刑部的闲职不同,这次他真的有了生杀大权,但自己的政治主张无法施行,反而更坚定了他归隐的决心。

在给焦竑的信中,他赌气说:"决计归老名山,绝此邪念,眼不亲书,耳不闻人语,坐听鸟鸣,手持禅杖,以冷眼观众僧之睡梦,以闲身入炼魔之道场,如是而已。"②

卓吾感觉自己在官场的窘迫有点像当年的孔子。同样都有济世的迫切心念,但不能委屈自己迁就世道,而是寄希望于世道迁就自己。这种迂腐的行为,如同硬要把方形的木榫,插到圆形的孔里,不是解决问题的正确方法。这就是孔子在鲁国、卫国、宋国都被驱逐,在陈和蔡之间被围困受饿的原因。做事没有胜算,只凭一腔热血,怎么会不辜负自己热切的愿望呢?

何时归隐,如何归隐的问题,自古是中国知识分子的一个永恒的话题。纵观中国有文字记载的历史,有不少人在这个问题上面临艰难抉择。

汉武帝时期的东方朔,人品正直,怀揣大才,但以机智、幽默的形象游刃于朝堂之上,深得皇帝喜爱。他利用皇帝的信任多次对皇帝进行委婉劝谏,实现自己的政治抱负。这是卓吾钦佩的人,是真正的"隐士"。

五代时期的冯道,生逢乱世。面对政权的剧烈动荡,他不管国君的姓氏如何变换,国君的道德如何不堪,坚持主动投降强权,始终占据朝堂高位。卓吾认为,他这样做的目的,并不全是为了追求自己的利禄,而是出于保护民众的生命免于政权争夺的荼毒,即便被后人骂作没有骨气也在所不惜。这是真正

①《焚书》卷三《送郑大姚序》
②《续焚书》卷一《寄焦弱侯》

的菩萨心肠。所以冯道也是卓吾所佩服的大隐之士。

而卓吾认定自己的性格，是过于刚烈不能委屈自己，不能变通自己的心性迁就别人。由于时时与上司抵触，在50多岁的时候还只是一个偏远地区的四品知府，所以他已经没有机会成为东方朔、冯道这样的隐于朝堂之上的人了。他的性格更像不肯为五斗米折腰的陶渊明，适合摆脱俗务归隐山林①。

在各路人马齐聚商议平叛大业的云南佛教名胜鸡足山，卓吾的心思却不在剿匪上。后来他在鸡足山的一首诗表达了当时的心境：

> 山中闻胜事，闲寂更逃禅。
>
> 竺法惊朝雨，经声落紫烟。
>
> 清斋野老供，一食此生缘。
>
> 千载留衣钵，卢能自不传。②

他喜欢鸡足山的钟声佛号带来的静谧和安逸。六祖慧能(俗姓卢，故也称卢能)继承了达摩东渡以来前五代禅宗大师的传法袈裟，却决定到此为止，不再传衣。这件袈裟，被人误以为有什么神奇的功力，曾经是众人争抢的目标，慧能为此差点儿付出生命。在记录他言行的《坛经》里，他倡导人人都有佛性，人人都可以成佛。这个佛性，就是自己的本心或本性，而不是少数人垄断的秘诀，所以没必要靠一件袈裟来印证正统。自他以后，禅宗思想在中华大地上处处开花，解脱心灵，这是多么伟大的事业呀！

在上司和同僚们磨刀霍霍的禅堂里，卓吾在思索自己归隐后的事业。

历史上很多隐士只是出于保全自己而归隐，这不是卓吾的目标。这些人，有的人是因为喜欢在大自然的长林丰草里生活，厌恶世间的喧嚣;有的人是因为懒散又不能从事生产，所以不得不退隐。这两类人的退隐没有什么产出，所以不足为道。

真正让人敬佩的是庄周、严光、陶渊明、邵雍这样的人，有超凡脱俗的志趣和才华，在归隐田园后，或著书立说，或济世度人，其实是"身虽隐而心实未尝

---

① 《焚书》卷一《复周南士》
② 《续焚书》卷五《钵盂庵听诵华严并喜雨二首》

隐也"。这才是卓吾认可的归隐方式①。

卓吾还有更高的理想。在另一封信中他比较了释迦佛和孔子的志趣：

"释迦佛本为王子,有贤妻耶输女,又有聪明的儿子罗睺罗。他为何能将这些弃之不顾,忍着饥冻,入深山苦修呢？他的出世,是为了求证不死的学问,然后才能普度众生,包括他的父母妻儿。都说佛家戒贪,反过来想,佛才是真正的大贪,因为所贪的目标太大,所以才能与世间享乐一刀两断。

"孔子何尝不是如此？放着妻儿不顾,拒绝了鲁国的官位,视富贵如浮云,携弟子东奔西走,以求得能理解自己的人。所以释迦佛可以说是一个'辞家出家者',孔夫子可以被称作'在家出家者'。"②

卓吾的理想,就是效仿这样的人去探索济世度人的真理。这是他辞官的初心。

布施,远远不止于富人给穷人发钱或发粮。最有效的布施有两种,一种是作为帝王将相,救万民于水火,这是卓吾最初的理想;另一种是拯救心灵的思想和文艺作品。这两种人的人格和精神都能彪炳万世。

万历八年即1580年春天,卓吾在姚安的三年任期刚满,他就封了府库,携带家眷到云南楚雄找到上司刘维,提出辞职。刘维虽与卓吾政见不合,但也不忍辞却贤能之人,极力挽留。他暂且扣压卓吾的辞呈不发北京,让卓吾再考虑考虑。几个月后,刘维见卓吾并无动摇,知道他去意已决,只好向朝廷建议批准辞呈。

关于退休后的去向,起初卓吾与夫人黄氏有分歧。按照落叶归根的传统思维,一般退休官员都要回到老家。这也是夫人黄氏的愿望。而卓吾在泉州老家已无至亲牵挂,所以坚决反对回福建。

作为家族成就最高的一员,一旦他回到老家,家族祭祀需要他主持,亲戚喜宴要参加,求字的、借钱的,如此等等,此生将会被这些无穷无尽的琐事占据③。以卓吾的性格,他羡慕那种行游四方、到处为客的生活,可以随处接触新

①《续焚书》卷二《隐者说》
②《焚书》卷三《书黄安二上人手册》
③《焚书》卷四《豫约》

鲜的事物,结识志同道合的朋友,同时获得写作灵感①。他喜欢云南淳朴的民风,又有佛教圣地鸡足山可以静修,所以一度提出留在云南安家。夫人黄氏意识到卓吾下定决心不回泉州后,只好退而求其次,提出自己思念远在湖北的女儿和女婿,要求去湖北找女儿。

湖北是卓吾赴云南上任前就中意的退休地,当时妻子就反对。现在卓吾提出在云南定居,由黄氏提出去湖北,正中卓吾下怀。一方面满足妻子母女团聚的夙愿,卓吾也可以跟挚友一起研讨学问,所以卓吾夫妇终于达成一致,决定先去黄安了。

在好友顾养谦召集的送别宴会上,卓吾写下心声:

> 惜别听鸡到晓声,高山流水是同盟。
>
> 酒酣豪气吞沧海,宴坐微言入太清。
>
> 混世不妨狂作态,绝弦肯与俗为名?
>
> 古来材大皆难用,且看楞伽四卷经。②

1581年初夏,卓吾夫妇到达湖北黄安。耿定理安排他们一家人在自己家附近住下,平时就请卓吾到家族的私塾——天窝书院研讨学问,顺便一起教授耿家子弟。卓吾的退休生涯正式开始。

卓吾在黄安安定下来以后,耿定理当年就带他到黄安东北二百里外的麻城,介绍他认识周思久。周思久做过海南知府,目前退休在家,酷爱佛学,将龙湖一带买下来建造了芝佛院作为家庙。龙湖一带风景优美,再加上志同道合的朋友,卓吾心情大好,感觉从来没有如此放松过,写下的诗篇也无比欢畅。

> 初到石湖
>
> 皎皎空中石,结茅俯青溪。
>
> 鱼游新月下,人在小桥西。
>
> 入室呼尊酒,逢春信马蹄。
>
> 因依如可就,筑竹正堪携。③

---

① 《焚书》卷二《与李惟清》
② 《续焚书》卷五《顾冲庵登楼话别二首》
③ 《焚书》卷六《初到石湖》

周思久还把卓吾引荐给自己的弟弟周思敬,以及芝佛院的住持僧人无念(俗姓熊,名深有)。大家在湖心岛的茅屋里喝酒谈天,互相唱和,不亦乐乎。卓吾一直待过了春节才回黄安。

春宵燕集

高馆张灯夜,清尊兴不空。

故交来昨日,千里动春风。

竹影寒塘下,歌声细雨中。

可怜新岁月,偏向旧衰翁。①

---

①《焚书》卷六《春宵燕集得空字》

万历十年壬午(1582)56岁

石猴出世

56岁的卓吾,职业生涯已经结束。但他的万世功业才刚刚起步。

卓吾后来在一封信中解释辞官后的事业时说:"只有一件人生大事未能明了,心下时时烦懑,所以才弃官来到湖北,请教于好友达人。"[1]

《法华经》言,佛因一件大事而来到世间。这件事,就是让众生开佛知见。每一个人,在找到能体现自己价值的那件事后,都能感觉到这种使命感。这种感觉能给他无穷的力量,能让他义无反顾地投入到那一件大事上,余生乐此不疲。

卓吾终于可以启动自己真正的事业了。18年后他在一封信中提到:"唯有朝夕读书,手不敢释卷,笔不敢停挥,自五十六岁至今七十四岁,日日如是而已。关门闭户,著书甚多。"[2]说明他的退休生活是在非常勤奋的阅读和写作中度过的。

本年度在给好友耿定理的一封信中卓吾表明自己的心志:成就别人才是真正成就自己。"如果只讲究闭门自修,不问世事,那么孔子、孟子不必周游列国,达摩不必东渡,老子也不必骑着青牛向西,后世祖师不必建立道场启发心智。他们这些人一定有不容自己退隐的理由。"[3]卓吾深谙《道德经》的精髓,他明白隐是不隐,不隐是隐的道理。他从官场的退隐,才是走向布道的开端。

在一封给焦竑的信中,卓吾认为好文章都是有感于当下而发自真心,这样的文章千古之下仍能成立,否则,则是无病呻吟,不能流传[4]。

卓吾明显是在规划自己的济世大业。慧能阻断了袈裟的传承,却把禅宗

---

[1]《焚书》卷一《复邓石阳》
[2]《续焚书》卷一《与焦弱侯》
[3]《续焚书》卷一《与耿楚倥》
[4]"文非感时发己,或出自家经画康济,千古难易者,皆是无病呻吟,不能工。"(《续焚书》卷一《复焦漪园》)

经义深入浅出地播种到每个人的心中。卓吾感觉自己可以把他的事业再推向深入。他要将自己求道的经历和发自真心的感悟写下来,传之千古。

在1582年给焦竑的信中,他表明正构思《卓吾居士传》①。原因是"平生无知我者",倍感寂寞,他想把自己悟道的经历,以及对人生和世界的感悟写进一部自传式的书中,以此慰藉。

在有了这个想法一段时间之后,他放弃了这个题目。原因是自己的经历在《卓吾论略》里已经写尽,而思想上、理论上更深刻的东西,显然不适合用自传的方式呈现。

用自传这种体例反映自己的学术思想必然受到各种掣肘,因为涉及的人物都是真实的,所以要考虑当事人的感受,同时要控制自己情感的流露,要温和,要平静,不能太激愤,也不能虚构故事。而在一个虚拟的时空设定中,就可以把现实中的人物个性提炼出来,自由地发挥,让"演员"和"道具"表达自己不便表达的东西。所以,在某种意义上,在正确的设计下,虚拟的艺术化的提炼比真实的社会人生更加真实,因为它能在现实的表相之外挖掘和放大更关键的东西。

同一封信中,卓吾提出了"借他人题目,发自己心事"。虽然是夸赞另一部作品,但也标志借唐僧取经写自己心事的想法已经非常切近了。故而应把1582年作为《西游记》创作的起始年。

在这样的想法下,他决定塑造孙悟空的形象代表自己的心性,同时也是全人类心性的一个代表。

人类的心性是多么奇妙呀,它可以无所不包,是造物创造的最伟大的灵根,但同时又狂妄、愚蠢,给自己和他人造成无尽的磨难。(参照如下《西游记》原文)

> 混沌未分天地乱,茫茫渺渺无人见。
> 自从盘古破鸿蒙,开辟从兹清浊辨。
> 覆载群生仰至仁,发明万物皆成善。

---

① "然则《卓吾居士传》可少缓耶?弟待此以慰岑寂,平生无知我者,故求此传甚切也。"(《续焚书》卷一《复焦漪园》)

欲知造化会元功，须看西游释厄传。

《西游记》第一回《灵根育孕源流出　心性修持大道生》

释迦摩尼的弟子须菩提在《金刚经》中发出了终极之问："如何降伏其心？"如来的回答，简言之即"灭度众生"，或者总结为"慈悲"，或者用现代的语言来讲，就是"爱"。这个回答简短而有力，如果没有后面的补充解释，《金刚经》在第二段就可以打住了。后面如来用五千字的篇幅解释了一件事，那就是"不住相"。这里的相，包括我相、人相、众生相、寿者相，以及功德相，直至最深刻的法相。他指出，用任何法则、成见、经验、语言、事例、榜样概括真理都存在缺陷，所以"应无所住，而生其心"。

历代学者高僧对《金刚经》有自己的理解，但最出人意料也是最经典的是慧能大师提出的。他在禅宗五祖弘忍向其解释了《金刚经》义理之后，发出了五个"何期"的感叹——"何期自性本自清净！何期自性本不生灭！何期自性本自具足！何期自性本无动摇！何期自性能生万法！"

这里的逻辑是，既然真理超脱于任何的法则、语言、外物，而人人又能感悟到，这说明真理或大道本来就在人的心性当中。心性在造物之初就已经被赋予所有的东西，等我们去发掘，而不是从外界输入。人对世界的认识，对真理的总结归纳，只不过是自性出发的千变万化。所以认识真理或大道的过程，应该就是认识心性的过程，而不是其他。所以他在《坛经》中提出了"菩提只向心觅，何劳向外求玄"。

卓吾明显继承和发展了慧能的观点，他说："要认识真理，最首要的是什么？答案是认识人的心性。只有人心，能把千里之外的东西搬到眼前，能把千年的时间浓缩成数日。那些看不起自己心性的人，实在是太悲哀了。①

"万事万物都是心中产生的波澜，这是佛学的世界观和方法论，所以不能不了解自己的心性。古往今来所有圣贤的教化，都是让人认识自己的心性。了解了心性，对天地万物就了如指掌了。人生百年，如果懵懵懂懂，不知道这些

---

① "道孰为大？性为大""千里之远，在于目前；千岁之久，无异数日。人之性不亦大哉？噫！人之自小者，可哀也已。"《李贽全集续编》之《枕中十书》，凌礼潮整理，北京：首都师范大学出版社，2020。

事理,就如同夜投旅馆,天不亮就离开了,不但不认识主人,连房间里的物品都没有看清楚,不是太可悲了吗?天地虽然广大无边,但人的心性比天地还要大,这就是古今圣贤让人认识心性的原因。"[1]

在慧能思想的启发下,卓吾写道:"天下无一人不生知,无一物不生知,亦无一刻不生知者,但自不知耳。"[2] 每一个人都拥有一套天造地设的家当,这就是我们的心性。其中无所不备,等待我们向内寻求,去发掘,去探索。(参照如下《西游记》原文)

> 看罢多时,跳过桥中间,左右观看,只见正当中有一石碣。碣上有一行楷书大字,镌着"花果山福地,水帘洞洞天"。石猴喜不自胜,急抽身往外便走,复瞑目蹲身,跳出水外,打了两个呵呵道:"大造化!大造化!"众猴把他围住,问道:"里面怎么样?水有多深?"石猴道:"没水!没水!原来是一座铁板桥。桥那边是一座天造地设的家当。"

> 《西游记》第一回《灵根育孕源流出 心性修持大道生》

"生知"这个说法来自《论语》。"生而知之者上也",强调天赋和本能的重要性。唐代韩愈在《师说》提出了"人非生而知之者",其所论述的"知",是知识和技能,是后天的东西,以此强调学习和老师的重要性,也无可厚非。卓吾所讲的"知",是哲学层面的能力,与韩愈的"知"是两个层面的概念。

卓吾发展了孔子的观点,认为人人生而知之,这也是慧能"自性本自具足"的翻版。这个说法貌似与韩愈相反,但其实并不矛盾;貌似与《论语》接近,但又糅入佛理的改造。

在题为《答周西岩》的文章里,卓吾论述到,土木瓦石无法生而知之,因为没有心性和感情;太聪明的人和愚蠢嚣张的人因为被欲望蒙蔽了心性,也往往表现得不是生而知之;而大部分其他人都可以生而知之,特别是当其陷入愁苦

---

[1] "人受天地之中以生,故性不可不复。圣贤应世,惟欲教人复性而已。性复,则天地世界如观掌中物耳。人身戴天履地,曾不知天之高、地之厚,憒然百年,如夜投逆旅,未明别去,非惟不识主人,亦不识方隅物色也,岂非虚度乎?於乎!天地世界可谓广大,而吾人之性,有包乎天地世界之外。此圣人所以教人复性也。"《李贽全集续编》之《枕中十书》,凌礼潮整理,北京:首都师范大学出版社,2020。
[2]《焚书》卷一《答周西岩》

时,都可以向自己的本心求索。

"有人故作谦虚,说生而知之的是佛,我们普通人不会生而知之,要通过学习和修炼才能变成佛。这里的逻辑有问题:如果现在不是佛,将来成佛的时候,这个佛从哪里来? 佛性是不生不灭的呀! 如果人人都能成佛,那么只能推出人人本来都有佛性,只是蒙蔽的深浅的差别,而不是有没有的差别"。①

这就是慧能半夜三更在五祖处听到《金刚经》的讲解后说出"本自具足"的意思。听到这句话,五祖知道慧能找到了自己的本心,遂把衣钵传给他,让他成为六祖。

"如果有人非要说没有佛性,也不希望成佛,那请问你有没有人性? 没有人性你怎么安顿家庭,服务社会? 你怎么度日,怎么面对别人? 再谦虚的人也不要说自己没有人性。这个人性就是佛性。没有人性以外的佛性,也没有佛性以外的人性。还有人说要等到结婚、生子、做官,或有一番事业以后才学佛,那就是佛性和人性的事业是矛盾的,那么我们学佛还有什么用呢? 如果佛性无益于事,何必成佛呢? 佛法无边,如果连人事都处理不了,岂不是很可笑吗?"

文章最后,卓吾发出感慨:"不能再等待了,万劫的时间瞬息即逝,心性的蒙蔽太可怕了!"②

在专门汇集卓吾一生书信和论文的《焚书》中,这篇《答周西岩》跟其他篇目有所不同。其他篇目大多以可考的通信对象为题,几乎均为官员或朋友,写作时间也大多有迹可循。而作为开篇的《答周西岩》,写作时间不详,通信对象无考。但显然他认为这篇最重要,有无限妙处,是他所有思想的出发点和立脚点,所以把它列为《焚书》的第一篇。这篇文章所反映的思想与《西游记》第一回相对应,也是《西游记》的思想基础。所以,有理由怀疑,"周西岩"是一个假托的名字,"岩"即山下之石,三字谜底是"游历西方的石猴"。

这篇文章所体现的观点,虽然显著看到从孔子到慧能再到王阳明的传承

①《焚书》卷一《答周西岩》
②《焚书》卷一《答周西岩》

和借鉴,但卓吾的观点更彻底,明显是革命性的。特别是,卓吾借把人性与佛性等同,把人性提高到了至高无上的地位,成为"齐天大圣"。这也呼应了《道德经》所讲的"道大,天大,地大,人亦大",儒释道三教在这篇文章中得到空前的统一。人对真理的认识,其实就是对心性的认识。找到这个灵根,就找到了哲学的源头。这就是《西游记》第一回标题《灵根育孕源流出 心性修持大道生》的含义。

长生之道

既然真理要在人群中寻找，长生之道同样不在世外。古往今来，多少人都追求长生不老。有人炼丹药，有人进入深山苦修，把希望寄托于神迹。但从人群中简单观察就可以发现，没有人的肉身能活千万年。肉身有生就有灭，这是自然规律，是真理。所以，肉体的长生不老不应是一个让人追求的目标。

在后来一篇贺寿文中，卓吾阐述了他所追求的长生的意思。"夫尧、舜与禹，天下之上寿也，而至今在"。历史上很多政治家留下至今让人赞颂的丰功伟业，很多文学家留下脍炙人口的名篇，这些功业大家有目共睹，"皆与天地相终始"，也让创造它的人获得永久的生命。①

卓吾由此引出他对生命的比喻：江河之水，有雨雪的注入，也有向大海的输出；海中之水，有江河的注入，也必有路径重新散为雨雪江河。从每一个阶段看，水的状态都是有生有灭的，但从整体看，这种循环所依托的水是不生不灭的②。

卓吾用这个比喻来影射人性与大道的关系。如同寻找和认识江、河、湖、海、云、雾循环中不变的水，人求道的过程，就是找到各种生存状态循环中不变的那个东西，实际上就是六祖所说的自性。

人可以有各种各样的生存状态，可以将这些生存状态比作江河湖海，把自性的感知程度比作水量。如河、湖一般的人生，时而枯竭，时而泛滥，有无尽烦恼；但人也可以成为大海，成为星空，有博大的胸怀承受，输入输出都看不出增减，在漫长的历史中看不出生灭，这才能成就永久。人性的修炼，如同从江、河的状态回归大海，找到大道，回归大道，融入大道，达到永恒。（参照如下《西游记》原文）

喊一声，都拖男挈女，呼弟呼兄，一齐跑来，顺涧爬山，直至源流之处，乃是一股瀑布飞泉。但见那：

①《续焚书》卷二《寿刘晋川六十序》
②"上寿如海，百川日注而不盈，以有尾闾以泄之，已复散为百川，故终日注，终日泄，而不溢不竭也。"出处同上。

一派白虹起,千寻雪浪飞;
海风吹不断,江月照还依。
冷气分青嶂,余流润翠微;
潺湲名瀑布,真似挂帘帷。

众猴拍手称扬道:"好水!好水!原来此处远通山脚之下,直接大海之波。"

《西游记》第一回《灵根育孕源流出　心性修持大道生》

《道德经》云:"吾有大患,为吾有身;若吾无身,更有何患!"卓吾认为,古代圣人为了摆脱身体感官带来的患难,才致力于追求超脱身体感觉之外的解脱之道。如果不能超脱身体感官带来的痛苦,哪怕享受三千大千世界的供养,也如同处在污秽的厕所当中,必当掩鼻闭目而去。为什么呢?"有身是苦:非但病时是苦,即无病时亦是苦;非但死时是苦,即未死时亦是苦;非但老年是苦,即少年亦是苦;非但贫贱是苦,即富贵得意亦无不是苦者。知此极苦,故寻极乐。"①(参照如下《西游记》原文)

猴王道:"今日虽不归人王法律,不惧禽兽威严,将来年老血衰,暗中有阎王老子管着,一旦身亡,可不枉生世界之中,不得久住天人之内?"众猴闻此言,一个个掩面悲啼,俱以无常为虑。

《西游记》第一回《灵根育孕源流出　心性修持大道生》

"为什么释迦佛不屑享有王子的富贵和乐趣,专心去雪山苦修?他得到的极乐必定超过作为王子的乐趣,否则他就是一个极傻极痴之人。"②

这就是《西游记》开篇猴王寻找长生之道的动机。

卓吾的半生,虽然是在仕途中求得温饱的半生,但在精神层面,也是求道、或求得真理解脱痛苦的半生。在这样的求索中,他所遇到的大部分人,特别是标榜为道学家和正人君子的人,都是"阳为道学,阴为富贵"③,所作所为只是满足自己的贪欲,放大自己的蒙蔽,与求索真理相去甚远。卓吾感慨,像颜回那样"以闻道为心"的人实在太少了。(参照如下《西游记》原文)

①《续焚书》卷一《与周友山》
②《焚书》卷二《寄京友书》
③《续焚书》卷二《三教归儒说》

　　朝餐夜宿，一心里访问佛仙神圣之道，觅个长生不老之方。见世人都是为名为利之徒，更无一个为身命者。正是那：

> 争名夺利几时休？早起迟眠不自由！
>
> 骑着驴骡思骏马，官居宰相望王侯。
>
> 只愁衣食耽劳碌，何怕阎君就取勾？
>
> 继子荫孙图富贵，更无一个肯回头！

　　　　　　《西游记》第一回《灵根育孕源流出　心性修持大道生》

　　在慧能"自性本自具足"的启发下，卓吾找到了探究大道的"灵根"——心性。慧能在随五祖学道前是一个卖柴供养老母的樵夫，在《西游记》第一回，卓吾用向樵夫问路的方式向其致敬。（参照如下《西游记》原文）

　　猴王道："据你说起来，乃是一个行孝的君子，向后必有好处。但望你指与我那神仙住处，却好拜访去也。"樵夫道："不远，不远。此山叫做灵台方寸山。山中有座斜月三星洞。那洞中有一个神仙，称名须菩提祖师……"

　　　　　　《西游记》第一回《灵根育孕源流出　心性修持大道生》

　　当年慧能在五祖弘忍的寺庙里学习的时候，还是一个带发修行的俗家弟子。在厨房舂米时，为增加自身重量，腰上绑着石头，辛勤劳作。这是卓吾所推崇的在日常生活中修行。在慧能劳作的时候，五祖来厨房看他，通过颇具禅机的对话，认定传法的时机已成熟，暗示他半夜来后堂，给他讲了《金刚经》。这是《西游记》中悟空半夜学道的出处。

　　悟空作为人性的代表，他所孜孜以求的，就是慧能所讲的自性，禅宗也称本心。卓吾认为，这个自性或本心，与道家的"婴儿论"、儒家的"赤子之心"强调的是同一个东西，都是未受沾染的、本初状态的人性，卓吾给它起了一个名字，叫"童心"[①]。

　　在《童心说》里，卓吾首先用这个概念指导文艺创作。一篇文章或艺术作品的精彩程度，取决于创作者在多大程度上找到并展露自己的童心。这是创作上乘文艺作品的关窍所在。

①《焚书》卷三《童心说》

在此基础之上,卓吾强调其人生观和世界观的意义。在童心的引导下,人就能发现自己心中的无穷智慧,或菩提。所以觅得自己的童心也是探求真理的必经之路。(参照如下《西游记》原文)

少顷间,只听得"呀"的一声,洞门开处,里面走出一个仙童,真个丰姿英伟,像貌清奇,比寻常俗子不同。但见他:

> 鬟髻双丝绾,宽袍两袖风。
> 貌和身自别,心与相俱空。
> 物外长年客,山中永寿童。
> 一尘全不染,甲子任翻腾。
>
> 《西游记》第一回《灵根育孕源流出　心性修持大道生》

童心概念的提出,是卓吾把儒释道三教的精华思想进行统一的尝试,也标志着他哲学思想的成熟。这个概念如此重要,值得用一整部《西游记》来诠释。

《西游记》在第一回就借菩提祖师之言提出"婴儿之本论",整本书中多次以不同的形象或道具来象征真心(或假心)。首先是蟠桃和人参果,一个是心形,一个是婴儿形状,特点都是千年难成,暗示真心(功果)难得;其次是妖魔,如红孩儿和黄眉大王,一个象征怒火之真心,一个象征虚幻的假心;三是用王子或公主象征唐僧(映射为国王)的真心,如宝象国公主、乌鸡国王子、天竺国公主;四是用儿童,如通天河之童男童女、女儿国之鬼胎、比丘国之药引;五是用宝物,如大闹天宫的牟尼珠、小白龙烧的夜明珠、沙僧打碎玻璃盏、老君的仙丹、黄袍怪的内丹、祭赛国的舍利,等等。可以说,对童心或心性的比喻贯穿全书。实际上,整部《西游记》中的人与魔的对抗,都是真人、真心与假人、假心之间的对抗[1]。

这样的文学表达方式,在古今中外都极其罕见,可以说是卓吾的独创,但并非没有先例。早在《卓吾论略》中,卓吾就尝试引入第三人称,实现性和情分开表述的写法。他虚构了一个叫"孔若谷"的人物,在得知祖父和次子去世后来家吊唁。其实这个孔若谷是"空若谷"的谐音。"空"来源于《心经》,而"若谷"

---

[1]《孤往山人评注西游记》,上海:上海辞书出版社,2022年版。

来源于《道德经》所讲"上德若谷"，后来有"虚怀若谷"。

在《卓吾论略》里，卓吾为了说服妻子黄氏同意留在河南，竟然跟虚构的孔若谷商议起来——"你跟我一起去说服妻子。我以情理动之，如果不成功，你再使出你的性子来"。

实际生活中，在这样夫妻私房话的场合，是不太可能有第三者出现的，所以孔若谷明显是个虚拟的角色，是卓吾的"分身"。

后文卓吾先以"情"说服妻子，果然不出所料，妻子黄氏在他的反复劝说下还是不同意，最后搬出了她的母亲，她说："你讲的不是没有道理，但我母亲很早就守寡把我养大，每天念我，盼能相见，眼睛都哭瞎了，如果你这次回去，她见不到我，恐怕一定会伤心至死！"话未说完，泪下如雨。

这时，孔若谷这个人物貌似消失了。原文中，卓吾强忍悲痛，"正色不顾"。这正是"空若谷"使出的"性"的一面。妻子才知道他已下定决心，只好收泪说："那好吧，你见了我母亲，告诉她我在这里很好，让她不要挂念，他日必能相见。"

这是卓吾第一次把自己的"性"和"情"分开表述。如果说"孔若谷"还是一个佛、道综合的概念，到了"孙悟空"，就已经在佛、道的基础之上，有了"童心"的影子（菩提祖师讲"孙"来自"婴儿之本论"），所以，虽然我们不知道《童心说》的初稿何时写成，但明显可以推论，在创造孙悟空这个艺术形象时，《童心说》的思想已经诞生了。整部《西游记》大厦的搭建，就建立在这个学说的基础之上。

在卓吾看来，虽然在最初的状态中人性和大道没有不同，但人性往往被成见、规则等后天的东西蒙蔽，处于迷失的状态。要去除这些顽固的蒙蔽，也即顽固的空幻，须回到人性本初的状态或婴儿的状态，才能看到本质。所以认识人性或认识真理的方法就是"悟空"。（参照如下《西游记》原文）

猴王笑道："好！好！好！自今就叫做孙悟空也！"正是：鸿蒙初辟原无姓，打破顽空须悟空。

《西游记》第一回《灵根育孕源流出　心性修持大道生》

后世有人评价卓吾,有改良社会的意愿,但没提出什么实现路径。作为一个思想家,没有自己的理论体系;作为一个史学家,没有自己的分析框架。殊不知卓吾信奉《金刚经》的"无法相",把这些路径、体系、框架都归为"壁里安柱"。这些柱子,虽然可以暂时支撑大厦,但没有不朽的柱子,只要找到柱子的弱点,大厦就有瞬间坍塌的危险。所以,这样的柱子,不是卓吾要找的大道。(参照如下《西游记》原文)

祖师道:"流字门中,乃是儒家、释家、道家、阴阳家、墨家、医家,或看经,或念佛,并朝真降圣之类。"悟空道:"似这般可得长生么?"祖师道:"若要长生,也似'壁里安柱'。"悟空道:"师父,我是个老实人,不晓得打市语。怎么谓之'壁里安柱'?"祖师道:"人家盖房,欲图坚固,将墙壁之间,立一顶柱,有日大厦将颓,他必朽矣。"

《西游记》第二回《悟彻菩提真妙理　断魔归本合元神》

后世有人争论卓吾到底是法家还是佛家,到底是唯心还是唯物,到底是地主阶级的附庸还是资产阶级的先驱,到底是心学传人还是有所突破,到底是泰州学派的支柱还是叛徒,如此等等。这些问题的答案是:都是,也都不是。

他用自己塑造的孙悟空学成归来的形象来回答这些问题——"光着个头,穿一领红色衣,勒一条黄绦,足下踏一对乌靴,不僧不俗,又不像道士神仙,赤手空拳……",这样的形象既是自嘲,也是对那些努力把他划归某个团体的人的回应。

不管是光头佩黄绦的和尚也好,红衣穿乌靴的官员也好(卓吾在姚安当太守时着红色官服,这是明朝特有的四品及以上的官员待遇),僧也好,俗也好,道士也好,神仙也好,他学会的七十二变,让他可以在这些形象中任意切换;他的思维,可以在这些角色中随心跳跃。他可能随时借用某种话语体系,甚至被他否定的体系,如炼丹术,但他不会坚守任何一个定性。因为这些都是表相和路径,是人们赖以生存的方式、方法。作为一个探索真理的哲人,没必要将自己归入哪一类。这就是《金刚经》强调的无相。

白话小说

在所有的"相"中，最难破除的，是语言文字之相。

在《金刚经》中释迦牟尼早就意识到了这一点。他虽然告诫弟子不要有众生相，即简单把人归为一类，但自己在表述中，也不得不用到"菩萨""凡夫"这样的词汇来区分人，然后再补充，"我说的凡夫，并不是一个认定，而只是借用这个词汇，描述一个状态而已"。（"是凡夫者，即非凡夫，是名凡夫"）

由于这个原因，在《金刚经》中，往往出现"佛说某某，即非某某，是名某某"的语言结构。这是不得不利用语言文字，但又要提醒大家不要陷入语言文字之相的无奈之举。

这与老子在《道德经》开篇所强调的"道可道，非常道；名可名，非常名（语言文字表达出来的道已经不是真理）"是一个意思。

语言文字最致命的缺点就是，不管多么伟大的人，或者多么真切的道理，只要说出来，就有漏洞。大部分喋喋不休的圣贤，并不是在找补自己理论的漏洞，而是在找补语言文字的漏洞。

释迦牟尼最成功的一次传道，是一言不发，拈花示众，迦叶微笑，从此迦叶成为西方禅宗初祖。以后的禅宗，也是不立文字，直到六祖慧能才打破。六祖不识字，反而容易破除语言文字之相。他讲的《坛经》，多为口语，语言生动平实，说理透彻易懂，成为佛经的经典诠释。

卓吾喜欢《坛经》，多次赞叹慧能的成就。他想在慧能的基础上，用口语和禅理寓言来解释经义。一方面为了打破文人写作拘泥于文言说理的习惯，不受传统文言表达的约束，另一方面，这样的作品也有利于在普罗大众中间传播。

当时《水浒传》和《三国演义》已经问世，对于这种新事物，学界以白话为耻，觉得是低俗、没文化、不入流的表现。一些造反和有违礼教的内容也挑战正统观念，所以官方和学者普遍持否定和鄙视的态度。

但民间对这些传奇小说的态度却截然相反。大众喜闻乐见，这些书比正史得到更广泛的传播，其中的艺术形象妇孺皆知，甚至取代了千百年来官方正史所营造的许多形象。

卓吾敏锐地看到了这一点。他早就认为文章的体例与所要表达的内容相适合就好，没有普适的体例。《水浒传》和《三国演义》一定能流传千古，他要策划的也应该是有这样影响力的文体。

卓吾为《西游记》设计的语言，比《水浒传》和《三国演义》还要更进一步，更大胆。沉浸在苦厄中的心性，需要用笑来救赎。所以《西游记》大量使用谐音笑话、歇后语、俏皮话，甚至不避讳屎尿屁这些字眼和骂人的粗话。这是在当时的市井文学中也难以见到的风格。这种对正统的大胆挑战和叛逆，在卓吾之前几乎没有人做到过。没有禅理和崇高理念的支撑，恐怕任何人都没有勇气这样做。

卓吾在一封信中推崇"迩言"①，即平白浅近之言，间接对自己的语言特色进行了辩解。

他认为，平白浅近的话，只有大圣人才能体察，不但要大圣人，还要是不以自己为大圣人的人才能体察（后一句是"无相"的具体运用，有《金刚经》中的"佛说某某，即非某某，而名某某"的意味）。

"只有这样的大圣人才能明白，普通百姓的言语并非浅近，无一不是圣人之言②。大众的话无一不是圣人的话，所以人人都可以为圣人。如果有人真正看到自己的'本来面目'，必然是无人、无我的圣人境界，也看不出自己是圣人，别人是俗人，没有人、我的区分，语言就没有深浅的区分，所以也就没有浅近之言和圣人之言的区分了。

"天下百姓都喜欢的东西，如好货，如好色，如勤学，如进取，如多积金宝，如多买田宅为子孙谋，博求风水为儿孙福荫，世间所有生活和生产的事项，都是百姓大众所共同爱好、共同追求的，也是大家都在谈论的，这些平白浅近的话之中，自然有真心在。如果能仔细体察，必然顿悟一切贤圣佛祖大机大用，识得本来面目。"③

卓吾认为天下最精妙的文章没有一定之规，也没有固定的体例。汉朝有

①《焚书》卷一《答邓明府》
②"无一迩言而非真圣人之言者。"（《焚书》卷一《答邓明府》）
③《焚书》卷一《答邓明府》

司马迁的《史记》，唐朝有杜甫的诗歌，宋朝有苏轼的词和散文，明朝有施耐庵的《水浒传》。它们当中有史书、有诗集、有散文集、有小说，都是那个时代最恰当的文体。正因为反映了时代的特色和潮流，所以这些文章成为时代的标志，都必将在历史上享有长久的生命力，与天地相始终。

《水浒传》与前四种文体的最大区别，就是语言文字的受众不再是经过刻苦训练的饱学之士，而是普罗大众。这是划时代的突破。而卓吾的时代，传奇、小说、戏曲、评书正在元朝的基础上趋于成熟，那个时代能反映时代特色的文体，应该是一部心理刻画更加深入的传奇小说，同时有戏曲的精致和评书的脍炙人口。《西游记》的白话小说体裁和语言风格就是这样确定下来的。

在卓吾众多的辑录作品中，除了正史和文集等文言作品，还有大量的笑话、民间传说、祷告词、工匠术语，等等。这些都成为他写作的素材。他喜欢跟底层特别是没有文化的人交谈，获取文字灵感。

为了把语言的通俗和思想的庸俗、行事的低俗区分开，卓吾又补充到，虽然他喜欢考察的是俗话，但所行所想却不庸俗。"不贪财也，不好色也，不居权势也，不患失得也，不遗居积于后人也，不求风水以图福荫也"。他是想在承认人的普遍需求的同时，摒弃那些带来痛苦的贪欲。

"为什么言语庸俗而所作为并不庸俗呢？这是《道德经》所强调的事物自然的反向运动造成的。世上很多人以为自己不俗，其实很俗；没有文化的老百姓被认为很俗，从大道的角度看反而不俗。当然，人人都有自己悟道的方便法门，不必都追求通俗。万物并育，原不相害，口语和俗话不会危害到'正人君子'们，所以他们也不必记恨通俗浅近的语言。"①

这种思想不但形成了《西游记》的语言风格，同时也是卓吾的世界观和文艺思想的体现。寻求真理的方式就是挖掘人性中未受到后天的规则、经验、教条蒙蔽的东西。它并不在高深的哲学推理中，也不在深山老林的修炼中，它就藏在普通人的日常生活当中，藏在平凡之中。透过平凡，于哲学即窥见大道，于文艺即引发共鸣。

①《焚书》卷一《答邓明府》

万历十一年癸未（1583）57岁

火眼金睛

苏东坡有个读书的"秘方"，即抄录。传说他曾数次全文抄写《汉书》。卓吾也喜欢用抄书的办法读书。因为仅仅用眼睛读书往往太仓促，来不及深入思考。抄书可以把读书的节奏慢下来，用作者写书的节奏，体味写作时的思路和情绪，这样往往能看到匆匆读过所看不到的东西。从礼部到刑部任上，卓吾接触到了大量国家藏书，他对感兴趣的历史和人物描述都做了摘录。

卓吾抄录的材料，除了正史和经文，文集笔记、传奇轶闻、甚至笑话和顺口溜也无所不抄，这个习惯一直贯穿云南任上。到黄安后，已经积累了几箱材料。他早就有把这些摘录按自己的历史观和人生观分类整理并评价的想法，这个想法和持续的阅读、摘录贯穿了他的晚年生涯，退休后出版的《初潭集》《藏书》以及去世后才被发现的《枕中十书》①等都是建立在大量抄录基础上的。

据其弟子之一的袁中道记载，卓吾"所读书皆抄为善本，东国之秘语，西方之灵文，《离骚》，马、班之篇，陶、谢、柳、杜之诗，下至稗官小说之奇，宋元名人之曲，雪藤丹笔，逐字雠校，肌襞理分，时出新意"②。

卓吾曾写道："每个人都有自己消磨时间的爱好。有人以酒为乐，以酒为生；有人以色为乐，以色为命。其他的或者喜欢赌博或下棋，或者喜欢守护妻子儿女，或者喜欢追求功业，或者喜欢写文章，或者积累财富，随便一件，皆可度日。我以好朋友为生。有了好朋友就高兴，离开了就不高兴，甚至神思奔逸，驰骋于数千里之外，突破时空限制，与好朋友相会。"③（参照如下《西游记》原文）

祖师道："凡腾云之辈，早辰起自北海，游过东海、西海、南海、复转苍梧，苍

---

① 《李贽全集续编》之《枕中十书》，凌礼潮整理，北京：首都师范大学出版社，2020。
② 袁中道《珂雪斋集》卷一七《李温陵传》
③ 《焚书》卷一《答周友山》

梧者却是北海零陵之语话也。将四海之外，一日都游遍，方算得腾云。"悟空道："这个却难！却难！"祖师道："世上无难事，只怕有心人。"

《西游记》第二回《悟彻菩提真妙理　断魔归本合元神》

在大量史籍的阅读和抄录中，卓吾渐渐感到自己有一双透过史籍的记录看透人内心的眼睛①，借助这种心灵的眼睛和思维的筋斗云，他甚至可以穿越时空实现与古人的对话②。

卓吾最喜欢看苏东坡的文章。他说，看他的书，就如同跟苏东坡对面聊天一样③。

本年四月，卓吾得知焦竑参加科举考试再次失败，已经从北京回到南京家中。卓吾写下绝句两首，把焦竑比作未被发现的宝珠，感慨国家不能识别人才，迫使人才"明珠暗投"。

其一

秣陵人去帝京游，可是隋珠复暗投。

昨夜山前雷雨作，传君一字到黄州。

其二

独步中原二十秋，剑光长射斗间牛。

丰城久去无人识，早晚知君已白头。④

焦竑祖籍山东日照，祖上在明朝初年有军功，曾获朱元璋亲封，家族从日照迁至南京，世袭军职，成为当地大家族。但焦竑并没有像普通世家子弟一样依靠祖上积累的家业享受安逸。他不爱俗务，一心向学，致力于求取功名。

从刑部任上认识焦竑起，卓吾就觉得他不俗，可以成为一生的朋友。其后一直相处融洽，时有通信来往。卓吾在南京的出版一般均由焦竑资助。虽然卓

---

① "天幸生我心眼，开卷便见人，便见其人终始之概。夫读书论世，古多有之，或见皮面，或见体肤，或见血脉，或见筋骨，然至骨极矣。纵自谓能洞五脏，其实尚未刺骨也。此余之自谓得天幸者一也。"（《焚书》卷六《读书乐并引》）

② "山中寂寞无侣，时时取史册披阅，得与其人会觌，亦自快乐。"（《续焚书》卷一《与焦弱侯》）

③ "心实爱此公，是以开卷便如与之面叙也。"（《续焚书》卷一《与焦弱侯》）

④《续焚书》卷一《与焦弱侯》

吾对焦竑怀揣大才却屡试屡败感到遗憾,一直想邀请他来湖北一起钻研"性命"的学问,但卓吾也理解焦竑的追求。真正的大隐是在朝堂之上,当世最有效的济世就是利用自己的影响和权力为民众谋福利。此后焦竑终于在四年后(万历十七年)考中状元,成为皇太子的老师,在实现父辈对他光宗耀祖的希冀的同时,也短暂实现了他以所学济世的梦想。

尽管如此,卓吾始终认为国家发现人才的制度缺陷很大,难以发现真正的人才①。在写作《西游记》的同时,卓吾还在推进一个几年前就启动的写书计划,即把取自史料中的人物言行片段归纳整理,做成一个历史人物概览,通过分类和旁注加入自己的褒贬,为后世选拔人才提供借鉴,这是《藏书》的初衷,也是卓吾的"点将台"和"封神榜"。

司马迁担心自己所写的《史记》在当世不被认可,想要"藏之名山",留给后世能理解他的人。卓吾比司马迁有更深的担心,因为对一些历史人物的褒贬,虽然初衷是启发人的思考,摆脱教条,但也挑战一些传统观念,容易被道学家们认作亵渎圣教。这本书的价值,可能也只能被后世认可。所以卓吾将这本书命名为《藏书》。

卓吾认为,真理或大道不在天上,也不在深山老林。道在人间,要在人群中寻找。道之于人,如同水之于地;人求道,如同掘地求水。水在地里无处不在,如同所有人都承载着道。如果认为只有2000年前的几个圣人得道,其后2000年间的其他人无人得道,就好像说地里枯竭了千年,生物都干死了一样。如果后世人人都不得道,道就灭绝了,后续的文明不可能延续。要看出后世的道在人群中的延续,需要有一双透过皮肤看到骨髓、祛除说教看到人情的眼睛②。

道不是脱离人生和人群的冥思苦想。人怎样度过一生,在关键的节点怎样行为,正是观察大道的窗口。通过研究人的日常行为而找到道,是卓吾悟道

---

① "今若索豪士于乡人皆好之中,是犹钓鱼于井也,胡可得也!"(《焚书》卷一《与焦弱侯》)
② "道之在人,犹水之在地也;人之求道,犹之掘地而求水也。然则水无不在地,人无不载道也审矣。而谓水有不流,道有不传,可乎? ……吁! 自秦而汉而唐,而后至于宋,中间历晋以及五代,无虑千数百年。若谓地尽不泉,则人皆渴死久矣;若谓人尽不得道,则人道灭矣,何以能长世也! ……要当知道无绝续,人具只眼云耳。"(《藏书》卷三二《德业儒臣前论》)

的独特方式，也是《藏书》的方法论。

卓吾最欣赏的史书是司马迁的《史记》，原因是这本书是司马迁发愤而作，对历史事件和人物的评价发自于真心，是"一人之独见"，而不是像后代的大部分史学家一样，往往带着儒家的是非观、抱着用儒家理念框架规范人的目的。这样写出来的书不但掩盖了自己的真情实感，所树立的历史观也是不伦不类①。

卓吾在《藏书》中除了采用正史和宫廷实录的材料，也根据自己的判断采纳了野史、笔记和传奇的记载。在他看来，官方正史经常被刻意扭曲和掩盖，反倒是一些民间传说更能反映历史真实。司马迁的《史记》不但采纳民间传说，也加上作者自己想象和文学手法的渲染，这并不是篡改历史，反而可能比真实的历史更能反映人物的心理状态。这些对历史材料的采纳和判断，都需要一双辨别真伪的火眼金睛和一颗跨越时空体味历史真实的心性。

卓吾的火眼金睛和筋斗云，并不是生理上的特异功能，也不是神经质般的狂想，而是建立在对历史和人性规律的深刻观察和提炼上。

决定社会治、乱的因素是什么？是像后世史学家所说的取决于贯彻儒家思想彻底不彻底吗？是圣人或英雄的力挽狂澜吗？都不是的。卓吾认为，人的行为的综合作用，造成了历史上的治乱循环。群雄不死，则祸乱不息；祸乱不到让人难以忍受的程度，就不会在人群中产生整理山河的伟人。社会繁荣时，人们倾向于追求表面浮华和遵循教条；社会动荡时，人们更呼唤回归理性，凸显对社会人生本质的求索。历史就在这样的治理和祸乱中循环②。

在《藏书》卷十《蒋琬》的评语中，卓吾特别赞同诸葛亮所说，"政以安民为本，不以修饰为先"。当一个国家或组织追求表面浮华，法律条文越来越精细繁琐，政府管理无微不至的时候，就是走下坡路的开始。

---

① "《史记》者，迁发愤之所为作也，其不为后世是非而作也，明矣，其为一人之独见也者，信非班氏之所能窥也欤。"（《藏书》卷四十《儒臣传·史学儒臣·司马谈司马迁》）

② "一治一乱若循环。自战国以来，不知凡几治几乱矣。……群雄未死，则祸乱不息；乱离未甚，则神圣不生。一文一质，一治一乱，于斯见矣。"（《藏书》卷一《世纪总论》）

卓吾在《藏书》卷首《世纪列传总目前论》中表达了自己的历史人物观：

"对历史人物的评价是很复杂的事，本来不应该有一个定论。所以我在《藏书》中的议论，是我一个人的观点，也可以说是我代表圣贤所做出的公论。当然，说我的结论不对也是可以的，这反而说明我推翻前人结论的行为是正当的。最坏的结果，是读者不思考，人云亦云，机械套用规则，以儒家的是非观为天经地义，那就不用辩论了。"①

"驱动历史前进的是人的私心。人必有私，只有无心的人才无私。意识到这一点，才能体察真心。比如，如果国家只让人做管理而不能满足其俸禄爵位的私心，那么无论怎样劝说召唤，都不会有人想当官。这是自然而然的道理，所以不能不体察这一点，而架空了这个目的去理解当事人的动机。"②

---

① "人之是非，初无定质；人之是非人也，亦无定论。无定质，则此是彼非，并育而不相害；无定论，则是此非彼，亦并行而不相悖矣。然则今日之是非，谓予李卓吾一人之是非，可也；谓为千万世大贤大人之公是非，亦可也；谓余颠倒千万世之是非，而复非是予之所非是焉，亦可也，则予之是非，信乎其可也。""咸以孔子之是非为是非，故未尝有是非耳。"（《藏书》卷首《世纪列传总目前论》）

② "夫私者，人之心也。人必有私，而后其心乃见；若无私，则无心矣。……故官人而不私以禄，则虽召之，必不来矣；苟无高爵，则虽劝之，必不至矣。虽有孔子之圣，苟无司寇之任，相事之摄，必不能一日安其身于鲁也决矣。此自然之理，必至之符，非可以架空而臆说也。"（《藏书》卷三二《德业儒臣后论》）

大闹天宫

卓吾评价古人的方法，就是用他的火眼金睛，考察当事人的真心。一切奸诈伪善之徒，都逃不过他的眼睛。一切发自本心的行为，也逃不过他的洞鉴。

基于这样的方法论，他发现，史书上记载的大贤，有的不过是徒有其名；有些人尽管"遗臭万年"，但"其精神巧思亦能令人心羡"。古往今来那么多黑白颠倒、冤案错案，谁来给这些人平反？而真正敢下笔推翻官方特别是强大的传统思维的人，要面对多大的压力？①

卓吾认为对历史人物的评价是一件极其重要的事，能影响后世的人生观和价值观。正确的引导和影响对后世功德无量。而恰恰自己有个优点，就是敢于提出异于权威的观点②。

卓吾的《藏书》，绝大篇幅都是剪辑和抄录史料，偶尔加入自己的评论，而最大的看点是在人物编目和分类里所表达出的褒贬。

卓吾认为从春秋时代到元朝灭亡的几百位帝王中，只有13位当得起"皇帝"二字，值得在编目里以"皇帝"尊称。他们是秦朝的秦始皇帝，西汉的汉高祖皇帝、孝文皇帝（汉文帝）、孝武皇帝（汉武帝）、孝昭皇帝、孝宣皇帝，东汉的光武皇帝、孝明皇帝，唐朝的唐太宗皇帝，宋朝的宋太祖皇帝、宋太宗皇帝、宋仁宗皇帝、宋神宗皇帝。

卓吾最推崇的皇帝是汉文帝，将其诏书全录，原因是"历代诏书多文饰，惟孝文诏书字字出自肺肠，读之令人深快"，他认为孝文深得老子的精髓，懂得"退一步法"。在他的感召下，以至于"移风易俗，黎民淳厚"，"海内殷富"。

卓吾认为，只有真正的大圣人才能当得起"皇帝"二字，其他德行或功业不足的帝王，皆"不足称帝"③。

在这些"不足称帝"的帝王中，若只是"限于时代"，功业平庸，但人品尚可，则仅称庙号，如"讨逆正位"的后唐庄宗、"因时援立"的圣主柴世宗、"偏安一

---

① "自古至今多少冤屈，谁与辨雪！"（《续焚书》卷一《与焦弱侯》）
② "天幸生我大胆，凡昔人之所忻艳以为贤者，余多以为假，多以为迂腐不才而不切于用；其所鄙者、弃者、唾且骂者，余皆的以为可托国托家而托身也。其是非大戾昔人如此，非大胆而何？"（《焚书》卷六《读书乐并引》）
③ "非大圣人，安能当九五之位与？"（《藏书》卷六十五《鱼朝恩》）

隅"的宋高宗;其次,无可取之处的帝王,就直呼其名,如隋朝杨坚、杨广,后燕慕容垂等;最差等的"待遇",就只称姓氏,如晋司马氏、南朝陈国陈氏,轻视和不屑表露无遗。

卓吾认为晋朝没有一个像样的帝王。从祖上起,司马懿就是一个表面恭顺内藏奸诈的奴才①,司马师就是一个强悍的权臣,司马昭是一个弑主的罪人,司马炎是一个浪荡公子,司马衷是一个弱智。

按照当世功业的大小,卓吾把帝王以外的人分为大臣、儒臣、外臣等类。大臣是济世的最高成就,代表人物有管仲和张良。儒臣和外臣的当世成就不如"大臣"高,但人格魅力和文章功业不容忽视。代表人物有苏东坡、李白和谢安。这样的人,如果受到朝廷重用,则可以成为国家栋梁,否则,他们也是人中龙凤、国家祥瑞②。

卓吾在《藏书》中对历史人物的褒贬与传统不尽相同。有些古今一致赞扬的人,卓吾指出缺点。

例如,在评论范仲淹时,他承认其"真有才智",但缺点是太计较名声,不是当宰相的材料③。

又如,汉朝立国之初,财政匮乏的条件下,萧何大兴土木,劳民伤财,主持建造豪华的皇宫未央宫,当刘邦提出反对意见时,萧何辩称辉煌的宫殿可以让民众感到威压,而且让后代不能逾越。历史上一般认为这是萧何有远见的表现,而卓吾认为这是诡辩。萧何把自己的丞相官邸建在穷僻的地方,还不修围墙,一般被认为是低调谦虚的表现,而卓吾认为这是虚伪做作、别有他图④。

再如,针对朱熹提出的"汉唐行事,非三纲五常之正",卓吾在文中此处连批两个"胡说",不屑之情溢于言表⑤。

对于大家普遍否定的历史人物,卓吾有时肯定其长处。

①《焚书》卷五《宋统似晋》

②"古今风流,宋有子瞻,唐有太白,晋有东山,本无几也。必如三子,始可称人龙,始可称国士,始可称万夫之雄。用之则为虎,措国家于磐石;不用则为祥麟为威凤——天下后世,但有悲伤感叹不与之同时者耳。孰谓风流容易耶?"(《藏书》卷三十九《苏轼》)

③《藏书》卷五十一《范仲淹》

④《藏书》卷九《萧何》

⑤《藏书》卷四十五《朱熹》

例如武则天是道学家最痛恨的篡位罪人之一，但卓吾肯定她的优点是"以爱养人才为心，安民为念"①。

公孙弘是汉武帝时的丞相，历史上被认为擅长阿谀奉承。有时在朝堂下与同僚商量好的奏议，在皇帝面前常常为了顺从皇帝意思而改口，为同僚所不齿，认为他是个大奸臣，至少不符合儒家刚正不阿或"文死谏"的正统形象。卓吾却提出"至忠者不忠"。公孙弘这样的人，往往勇于承认自己的过失，把功劳归于领导，既达到自己的端正的目的，又不让领导下不来台，这才是君臣或上下级相处的有效方式②。

齐王田建是秦始皇灭六国时齐国的最后一个君主，统治着战国末期最富饶的齐国，有着强大的军队，却拒绝参与各国对抗秦国的战争，让秦国坐大，在其他国家灭亡后对秦国和平投降，最终自己穷困潦倒，饿死在野外，在历史上一直被嘲笑和诟病。而卓吾认为，"天之立君，本以为民"，在残酷混乱的战国时代末期，以齐国之富，人口之众，动员全国参战的决定是很容易下的，而投降丢掉王位甚至生命的决定是不容易下的。齐王田建不肯以牺牲百万之众的代价捍卫自己的王位，在位的四十多年里，保全齐国无战乱，最终自己丢弃一切，选择了一条难走的路，独自承担屈辱，却拯救了齐国的"百万生灵"，从这个意义上说，是"有大功德于民"③。

在忠诚问题上，卓吾并不是无原则的投降派。他认为在君主昏庸暗弱和社会纷乱的时候，有权势的人应该担当起"安民""养民"的责任④，所以赞扬三国时劝刘禅投降的谯周通透，肯定在多个姓氏的朝廷担任要职的冯道尽责，这些都是在特殊的时代背景下保护民众的义举。肯定他们的行为，并不是支持凡事投降，也不能成为不忠诚的借口。

这些对历史人物的评价，成为日后卓吾的罪责，也是他被道学家称作是狂狷（狂妄、高傲）的原因。

卓吾当然知道自己被这样定性的坏处。人们有一个非常奇怪的习惯。每

①《藏书》卷五十六《李勣》
②《藏书》卷九《公孙弘》
③《藏书》卷一《田齐》
④《藏书》卷六十八《吏隐外臣》

个人都厌恶身边狂傲的人,谦虚低调成了处世的圭臬,然而却把真正狂傲的人捧为神明。这说明,狂狷的气焰超过自己的能力,必然吃苦头;但如果与能力相当,则狂狷就是恰如其分的。

古今那些伟大的人都有狂狷的特质。如舜、禹、汤武、姜子牙、周公等都是卓吾认定的狂狷的代表。管仲是"狂之魁",汉高祖是"狂之神";陶朱是"狂而哲",张良是"狂而义"。庄周、列御寇是道家的狂者。陶渊明纵情于山水,东方朔恣意于朝堂,都是"狂之上乘者"。李白、王维是"诗人之狂",杜甫、孟浩然是"诗人之狷";柳宗元是"文之狂",韩愈是"文之狷"。狂者不拘泥于教条,狷者更接近圣贤。

对《藏书》历史人物的定性大多在本年完成。这些定性,与官方正史比较时,卓吾隐隐感到固化的传统观念的压力,如同一个人在与千军万马作战。[①]他把这种感觉,写在了大闹天宫的情节里。(参照如下《西游记》原文)

这大圣一条棒,抵住了四大天神与李托塔、哪吒太子,俱在半空中,杀戮多时,大圣见天色将晚,即拉毫毛一把,丢在口中,嚼将出去,叫声"变!"就变了千百个大圣,都使的是金箍棒,打退了哪吒太子,战败了五个天王。

《西游记》第五回《乱蟠桃大圣偷丹　反天宫诸神捉怪》

①"故读史时,真如与百千万人作对敌。"(《续焚书》卷一《与焦弱侯》)

万历十二年甲中(1584)58岁

大炉锤炼

天窝书院坐落在黄安城外20里的天台山中,风景雅致,是耿家弟子集中学习的书房。卓吾刚到黄安时,正值耿家老人去世,定向、定理、定力三兄弟在家守孝,度过了一段共同切磋学问的和谐时光。

作为大哥的定向一直以来有两大忧虑,一是虽然他和三弟定力都在仕途上比较成功,耿家也渐渐成了有名望的大家族,但二弟定理一直很超脱,不但不去应试,还苦研佛理,于经济学问和家族产业一点都不关心;二是他的长子耿汝愚应试一直不中,对应试和仕途渐渐失去信心,甚至跟二叔定理越来越接近,学习他的超脱。这让定向对家族的未来深深感到担忧。

耿定向起初对卓吾的到来持欢迎态度,因为他在南京时就通过二弟耿定理认识了卓吾,对卓吾的人品和学识都非常认可。定向希望卓吾的到来能提高耿家子弟的应试水平。

经过前半生为生计的奔忙和儿女夭亡的挫折,卓吾已经演变成一个不求田产家业也不求儿孙满堂的"另类"。退休以后更是对这些身外之物不屑一顾,甚至嘲笑一心做官的人不顾自己的"性命"。定向对他的这些言论渐生反感。当年孟母三迁择邻而居,可见交游的师友的重要性。卓吾的影响渐渐成为定向的心病,他认为是卓吾带坏了自己的弟弟和儿子。

这其实是冤枉了卓吾。早在南京礼部任上刚认识耿定理时,卓吾就为定理的佛学修为所折服,那时卓吾还是一个"上进"的官员,所以不存在卓吾"带坏"定理的可能。

耿汝愚屡试不第主要原因是天赋不在于此。后来汝愚放弃应试专心在家著书,也不成功。十几年后,定向去世,家道衰落,渐渐穷困,汝愚为了家族的生计,开始经商,竟意外成功,成为当地富豪,年七十而终。一个人的天赋不一定在父辈所希冀的方向上,如果一定要按别人规划的人生之路去走,可能会非常痛苦。

卓吾向来推崇"顺其自然",强调摒弃思维的框框,勇于接受变化。事物的任何发展都蕴含着反向运动。当年定向作为家族成就最高的顶梁柱,为乡里所赞叹和欣赏,他对家族长久繁荣的规划和对子弟的要求都是当时最正确的决定,没有人能提出非议。他想不到的是,从更长的时间跨度上去看,让耿家得以持久保全的原因,并不是他的高官厚禄或对家族的严格管理,反而是他最失望、最不上进的弟弟,引入一个闲散的退休官员,教给了儿子顺着自己的本性去探索的能力。所以有理由怀疑定向所深恶的卓吾对耿家子弟的影响,反而成就了耿家的未来。这是后话。

当时的耿定向没有这样的远见,反而给卓吾写信,要求他多学习孔子,多讲授礼教,帮助子弟提高应试水平。这些居高临下的训导激发了卓吾的斗志。两人开始了论战。

卓吾回信认为,天生一人,自有一人之用,没必要按孔子的标准去补足自己,否则孔子之前的人都不成人了。①

卓吾举例,孔子不同弟子问"仁"是什么,孔子都根据弟子的特点给出不同的答案。这说明孔子也没有要求大家都向他学习,也不可能要求整齐划一。

而且这说明,孔子是真正的圣人,他的原则就是顺应天道和人的自然。爱财的就让他挣到钱,爱地位的就给他机会获取爵位,强有力的得到权力,擅长管理的成为官员,能力差的成为劳力或当差。各从所好,发挥所长,无一人之不中用,没必要强求一致。②

唐朝的韩愈落魄时,在路上碰到向皇帝进贡两只鸟的仪仗。看到那两只鸟享受锦衣玉食和官员开路的待遇,写下《二鸟赋》,感慨有才华的人不能施展,待遇还不如皇帝的两只鸟。定向借此文讽刺卓吾谈佛理只是让自己显得超脱和高深,其实就像那两只鸟一样甚不中用。真正能济世的是他自己这样

---

① "夫天生一人,自有一人之用,不待取给于孔子而后足也。若必待取足于孔子,则千古以前无孔子,终不得为人乎?"(《焚书》卷一《答耿中丞》)

② "是故圣人顺之,顺之则安之矣。是故贪财者与之以禄,趋势者与之以爵,强有力者与之以权,能者称事而官,懦者夹持而使。有德者隆之虚位,但取具瞻,高才者处以重任,不问出入。各从所好,各骋所长,无一人之不中用。"(《焚书》卷一《答耿中丞》)

融入体制的人，往小里说可以让家人不愁生计，让家族延续繁盛，往大里说可以用功名事业帮助别人。

这样的讽刺深深刺痛了卓吾。辩论中对自己伤害最大的并不是跟自己截然相反的观点，而是对方拿着自己观点来打击自己的痛处。卓吾在《藏书》中就致力于表达，人在社会生活中最高的境界是像张良、东方朔一样，在权力的中心发挥自己的才能、济世度人，在达到目标后归隐。定向的讽刺和批评，正是卓吾引以为憾的事。但卓吾也知道，这样的烦恼和刺痛正是修炼的契机，它只能让自己的学问更接地气，让自己更清醒地认识真正的大道。"凡是能揭示我弱点的都是我的老师，希望定向继续用大炉锤炼我[①]。"（参照如下《西游记》原文）

那老君到兜率宫，将大圣解去绳索，放了穿琵琶骨之器，推入八卦炉中，命看炉的道人，架火的童子，将火扇起煅炼。

《西游记》第七回《八卦炉中逃大圣　五行山下定心猿》

[①] "但能攻发吾之过恶，便是吾之师。吾求公施大炉锤久矣。物不经锻炼，终难成器；人不得切琢，终不成人。"（《焚书》卷一《答耿司寇》）

知音之失

麻城的周思久跟定向和卓吾都是好友,很能理解两者的矛盾和心情。有一次定理和卓吾一起去麻城龙湖拜访周思久,周思久精辟地指出,定向更重视儒家礼教("重名教"),卓吾则关注事物的本质("识真机"),准确总结了两人的行为特点,点出了两人矛盾的根源。卓吾对这个评价自然有一丝得意,但定理当时悠悠说出一句非常有禅意的话:"拆篱放犬!"

耿定理的意思是,这个评论把人归类,轻率地贴上标签,扣上帽子。就好像说"这小子一看就是个小偷"或"男人都爱喝酒"一样,是《金刚经》中所批判的"人相""众生相""法相",是片面的。这样的划分强调矛盾,而忽视了实质上的共性。要破除"相"的思维框框,就如同把篱笆拆了,把狗(思维)解放出来①。(参照如下《西游记》原文)

> 被二郎爷爷的细犬赶上,照腿肚子上一口,又扯了一跌。他睡倒在地,骂道:"这个亡人! 你不去妨家长,却来咬老孙!"
>
> 《西游记》第六回《观音赴会问原因　小圣施威降大圣》

耿定理仅用"拆篱放犬"四个字,就表达了《金刚经》最精华的思想,不由得人不佩服。

定理认为,大哥定向与卓吾的观念貌似矛盾,其实都是人性的一部分,都无可厚非。所以定理始终在大哥和卓吾之间扮演调停的角色。对这一点,卓吾一直非常感激,对定理的修养和理论修为也非常佩服,认为他是真正在人品和学识上都超过自己的人。能把大闹天宫的猴子降伏的人,恐怕也只能是这位"二爷"。

耿定理从小就聪颖过人,学问水平很高,唯一的"缺点"就是不以考取功名为念。经常一个人在空谷中徘徊,苦思冥想,还说自己是有眼的瞎子。或静坐

---

① "卓吾寓周柳塘(思久)湖上。一日论学,柳塘谓:'天台(耿定向)重名教,卓吾识真机。'楚倥(耿定理)诮柳塘曰:'拆篱放犬!'"(黄宗羲《明儒学案》卷三五《楚倥论学语》)

一室，终岁不出；或求友访道，累月忘归①。最后受邓豁渠和何心隐两位佛学大师的启发，终于悟道，充然自足。

当年卓吾与定理在南京刚认识的时候，定理就提出了一个难题问卓吾。背景是当年孔子让一个学生出去做官，学生说："我信心还不够。"孔子听了表示同意，认为这个学生有自知之明②。这说明，学习要以达到自信为目标。在另一个场合，孔子又说厌恶"自以为是"的人③。那么耿定理的问题来了："试看自信与自是，有何分别？"④卓吾回答说："自以为是，不可与入尧舜之道；不自以为是，亦不可与入尧舜之道。"意思是，不管是不是"自以为是"，矛盾的两边都不是答案。定理对这个回答非常满意，大笑而去，从此两人成了莫逆之交。

本年夏天，51岁的耿定理因病去世，卓吾伤心至极，写下《哭耿子庸》诗四首，赞叹他聪明过人⑤，将他尊为自己的老师⑥。回想起他曾经说过的话，他的劝慰像微风一样沁人心脾，他的批评像百发百中的箭一样击中要害，嬉笑怒骂都让人回味无穷⑦，他的去世让卓吾失去了唯一的知音，让他痛不欲生⑧。

失弟之痛让耿定向对卓吾的反感也达到了极点。之前有定理的调停，两人关系表面上还算融洽。定理去世后，定向的批评越来越不客气⑨。卓吾意识到，定向已经无意于研讨学问，而是在委婉下逐客令了。

本年秋，卓吾只身来到麻城周思久家，一起哀悼好友的离去。卓吾虽委婉表达了自己的尴尬处境，但没有直接提出离开黄安的想法。周思久像往常一样也没有表达留客之意。卓吾在小住几天之后又只好悻悻回到黄安。周家和

---

① 黄宗羲《明儒学案》
② 《论语·公冶长》
③ 《孟子·尽心下》
④ "学贵自信，故曰：'吾斯之未能信'；又怕自是，故又曰：'自以为是，不可与入尧舜之道。'试看自信与自是，有何分别？"（《焚书》卷四《耿楚倥先生传》）
⑤ "盖世聪明者，非君竟谁与？"（《哭耿子庸》其一）
⑥ "我是君之友，君是我之师。我年长于君，视君是先知。"（《哭耿子庸》其二）
⑦ "缓言微风入，疾言养叔射。分言杂俚语，无不可思绎。"（《哭耿子庸》其四）
⑧ "已矣莫我知，虽生亦何益？"（《哭耿子庸》其四）
⑨ "因他超脱，不以功名为重，故害我家儿子。"（《焚书》卷一《答耿司寇》）

耿家是亲家,与卓吾是朋友,所以不便表达对任何一方的偏袒。

麻城不留客,黄安在驱逐,泉州又不想回,卓吾感到平生未曾有过的孤立和寂寞①。

"孔、孟走遍天下,为了什么?无非为求知音、求同志"。②然而从他们的遭遇看,这件事实在太难。一两个同志知音都如此难求,谈何传道和普度众生?

在《西游记》观世音菩萨领佛旨东去寻找取经人的行文中,作者突然现身说法,感慨起自身的际遇来,诗句语气明显与观世音菩萨的身份不符。这说明,作者已经无意于完善那个虚构的故事了。那个满怀失落又不忍放弃希望的传道者,正是作者自己。(参照如下《西游记》原文)

> 万里相寻自不言,却云谁得意难全?
> 求人忽若浑如此,是我平生岂偶然?
> 传道有方成妄语,说明无信也虚传。
> 愿倾肝胆寻相识,料想前头必有缘。
> 《西游记》第八回《我佛造经传极乐　观音奉旨上长安》

---

① "此间自八老去后,寂寥太甚,因思向日亲近善知识时,全不觉知身在何方,亦全不觉欠少甚么,相看度日,真不知老之将至。盖真切友朋,生死在念,万分精进,他人不知故耳。自今实难度日矣!"(《续焚书》卷一《与焦弱侯太史》)

② "然世间真友难得,而同志真实友尤其难得。古人得一同志,胜于同胞,良以同胞者形,而同志者可与践其形也。孔、孟走遍天下,为着甚么?无非为寻同志焉耳。"(《续焚书》卷一《与吴得常》)

三分性情志

卓吾所塑造的虚拟人物孔若谷以及后来的悟空，都是将人性从人身上抽离，代表了一个人的识见或哲学观念，但明显不足以完整刻画一个人。更基础的，人还有生物层面的感情和欲望；更抽象的，人还有超脱自己识见和能力之上的精神层面的更高追求。这三个层面当然可以统一在一起，但大多数时候，特别是当我们遭遇困难抉择或犹豫彷徨的时候，三者的分离就愈发明显。所以，从不同的层面来认识人和评价人就变得非常有意义。

孔子最早将人的人格特点提炼出来描述。他在《论语》中说，"智者不惑，仁者不忧，勇者不惧"[1]，开创了最早的人格三分体系。卓吾认为孔子所讲的"智"就是一个人的识见，代表一个人的悟性，属于本性层面的东西；孔子所讲的"仁"，是情感层面的，决定人的沟通、技能、文采等生存能力；而"勇"是更高的精神层面的东西，代表一个人的理想和追求，可以衡量一个人的胆量[2]，这是他用识、才、胆三个维度评价人的来源。

在很多场合卓吾都使用这个三维体系评价人。如称赞朋友时他说："二公皆盛有识见，有才料，有胆气，智仁勇三事皆备[3]。"

他认为三者中"识"最重要，可以弥补才、胆的不足[4]。"有二十分见识，便能成就得十分才"，"空有其才而无其胆，则有所怯而不敢；空有其胆而无其才，则不过冥行妄作之人耳"。他以三国人物举例，劝刘禅开城门投降保全成都百姓的谯周，胜在"识"见高明；接替诸葛亮军权的姜维，空有一身胆量，没有识见，所以不能成事；接替诸葛亮丞相职位的费祎，有才干但识见不足，也不能成事[5]。而三者都具备的历史人物也有，比如学道的有释迦牟尼、老子和孔子，治理国家的有姜子牙、管仲和张良[6]。

---

① 《论语·子罕》
② "智即识，仁即才，勇即胆。"（《焚书》卷四《二十分识》）
③ 《焚书》卷二《与友朋书》
④ 《焚书》卷四《二十分识》
⑤ "蜀之谯周，以识胜者也。姜伯约以胆胜，而无识，故事不成而身死；费祎以才胜而识次之，故事亦未成而身死，此可以观英杰作用之大略矣。"（《焚书》卷四《二十分识》）
⑥ "三者俱全，学道则有三教大圣人在，经世则有吕尚、管夷吾、张子房在。"（《焚书》卷四《二十分识》）

　　卓吾主张国家选拔治理人才应该用这样的体系。他在《因记往事》里赞扬一个叫林道乾的海盗，其人虽占据台湾多次骚扰福建沿海，但在海盗中威望极高，"才识过人，胆气压乎群类"，多次机智躲过官兵围剿，手下随他出生入死毫无怨言。这是一个有"二十分识""二十分才""二十分胆"的人。卓吾认为国家真正应该做的就是挖掘和招安这样的人为国家和民众服务，而不是派一些只会讲道学的儒士去围剿，以至于劳民伤财，两败俱伤。

　　卓吾用他的三分法评价体系这样评价自己："余谓我有五分胆，三分才，二十分识，故处世仅仅得免于祸。若在参禅学道之辈，我有二十分胆，十分才，五分识，不敢比于释迦老子明矣。若出词为经，落笔惊人，我有二十分识，二十分才，二十分胆。呜呼！足矣，我安得不快乐！"可见对自己文笔的自信。

　　在识、才、胆的体系之外，他又认为"识"由"性"决定，"才"由"情"决定，"胆"由"志"决定，由此又衍生出性、情、志的体系。

　　例如他称赞李清照时讲到："余每谓宋三四百年情人才士，止李易安一妇人。"[1]可见他把"才"和"情"置于等同的观念。唐诗宋词的华丽，大多出自作者的才情。

　　推崇人性的一个重要推论，就是肯定欲望的合理性。如果把人的欲望完全否定，人何以生存和繁衍？六祖慧能已经意识到佛学不能与普通人的生产、生活相抵触，提出了在家在寺修行都一样的偈语，但传法还是在寺庙里。卓吾更进一步，承认情感和欲望是天然的，所有生理的和社会性的需求都是人性的一部分，无善无恶。所有的才华都由情感而来，所以情感和欲望既是灾难的祸根，又是生存的必需。

　　所以把心性赋予悟空之后，需要引入八戒承担"情"的"职责"。在这之外，让沙僧代表"志"，即人的理想和追求。（参照如下《西游记》原文）

　　　　　　黄婆矢志扶元老，木母留情扫荡妖。
　　　　《西游记》第六十一回《猪八戒助力败魔王　孙行者三调芭蕉扇》
　　　　　　留情亏木母，定志感黄婆。
　　　　《西游记》第六十五回《妖邪假设小雷音　四众皆遭大厄难》

① 李日华《味水轩日记》卷二

性情志越一致，人就越接近大道；越分裂，人的蒙蔽就越大。这是《西游记》中描写悟空和八戒、沙僧的合作和分歧所要表达的思想。这种思想，与朱熹的"存天理，灭人欲"截然不同。

卓吾在《西游记》中对人的性、情、志的普遍缺点进行了反思，心性和识见易被纷扰的假象蒙蔽，陷于"狂"妄，所以需要"悟空"，也就是透过假象识别真空和大道；感情易被欲望牵引，沉迷游"戏"和享乐，所以需要"悟能"，将情感转化成能力；志向易被纷扰的琐事吸引，从而迷"失"方向，所以需要"悟净"，找回自己的童心或"赤子之心"。

在《西游记》中，心性被比喻成千年难成的蟠桃、圣洁无瑕的嫦娥和晶莹剔透的玻璃盏；人性在性情志这些方面的疏失被比作"狂"妄偷吃蟠桃、"戏"弄嫦娥和"失"手打碎玻璃盏。哲理、禅意、文学和戏剧手法在卓吾笔下进行了令人叹为观止的糅合。（参照如下《西游记》原文）

我是灵霄殿下侍銮舆的卷帘大将。只因在蟠桃会上，失手打碎了玻璃盏，玉帝把我打了八百，贬下界来，变得这般模样。
……
我本是天河里天蓬元帅。只因带酒戏弄嫦娥，玉帝把我打了二千锤，贬下尘凡。
……
菩萨看罢，叹惜不已，作诗一首，诗曰：堪叹妖猴不奉公，当年狂妄逞英雄。
　　　　　　　　　　《西游记》第八回《我佛造经传极乐　观音奉旨上长安》

万历十三年乙酉(1585)59岁

鬼神之辨

1585年初春,在卓吾的多次暗示下,周思久终于向卓吾发出访问麻城的邀请。卓吾将妻女、女婿留在黄安,只身来到麻城。在家人眼里,他只是跟往常一样去麻城访问周氏兄弟,小住便回,而卓吾则是抱着定居的想法,带走了所有著书的手稿和资料,再也不想回来了。

周思久顾及与耿定向的交情,只是发出访问邀请,做个东道主,但不便直接出面留住卓吾,而是暂时让他住在女婿曾中野家。在意识到卓吾坚决不回黄安后,周思久的弟弟周思敬出资,购买民居供卓吾居住。

为了撇清帮卓吾安家的嫌疑,周思敬建议把这个民居改建成佛堂,成为一个朋友间探讨佛理的场所,还特意安排了另一个同样是居士的朋友曾承庵打理,同时照顾卓吾的生活。维摩诘是佛经中记载的一位在家修行的居士,正合卓吾和曾承庵的身份,故此这个民居被命名为维摩庵。对外名义上,曾承庵是维摩庵的主人,是他"执意"留下卓吾研讨佛学,这样就撇清了周思敬的干系,不至于触怒耿定向[1]。

后来卓吾在交代后事时,才披露真正出资购房的人是周思敬,并特别叮嘱要把维摩庵交还已迁居北京的周思敬[2]。

卓吾搬进维摩庵时,周思敬请来了麻城的名流来庆祝乔迁。这些人当中就有另一个官员邓东里。有的客人为助酒兴,还带来了歌妓。于是就有人看见歌妓出入维摩庵。本来民居被改建成佛堂已开始吸引人的关注,现在歌妓的出现立即成为麻城街头巷尾的热议话题。

古代官员携歌妓赴宴是很普通的事,周思敬还把这事写入了即兴赋诗的

---

[1] "今年三月复至此中……所幸菩萨不至终穷,有柳塘老以名德重望为东道主,其佳婿曾中野舍大屋以居我,友山兄又以智慧禅定为弟教导之师,真可谓法施、食施、檀越施兼得其便者矣。"(《续焚书》卷一《与弱侯焦太史》)

[2] "我初至麻城,曾承庵创买县城下今添盖楼屋,所谓维摩庵者,皆是周友山物,余已别有《维摩庵创建始末》一书寄北京与周友山矣。"(《焚书》卷四《豫约》)

序言中①。没有人因为此事抨击周思敬或邓东里，更没有人把这事联系到官员腐败或道德风化上去。但如果歌妓出入寺庙庵堂，大家就觉得气不过，好像舆论对和尚、道士的道德要求比官员还要高，尽管民众和官员都看不起和尚、道士这些职业。

卓吾喜欢听歌，喜欢唱歌。他认为饮食宴乐之际的音乐和戏剧，一样能激发人心中的义气，触动人的真心。②作为一个居士，他不戒酒肉，对朋友带歌妓赴宴也不反对，席间还向歌妓宣讲《维摩诘经》中的有关天女的典故。卓吾认为心怀坦荡的人可以跟任何人接触，地狱、天堂可以无所不至。但不料这事后来竟成为自己的罪名之一写入奏疏，上达天听。这是后话。

曾承庵虽然只有四十岁，但温和仁厚，醉心佛学，积累了很深的造诣，深得卓吾赞赏。卓吾对曾承庵操办维摩庵的事务并与其一起探讨性命的学问尤其感激，将他比作佛经记载的给孤独长者。这位长者曾经从一个王子手中买下一个园林请佛说法。后来如来在这里讲述了《金刚经》。

在维摩庵，卓吾继续《西游记》的写作。本年度完成的章节主要有太宗地府还魂和取经缘由。卓吾借朝堂辩论，阐述了自己对鬼神和佛学的看法。

不幸的是，在愉快交往了几个月后，本年秋，曾承庵因恶疮病故。卓吾写下长篇悼诗，怀念和感激这位新认识的朋友。

"我们能看到枝繁叶茂的大树，看不到它的根，但可以想见它的根深深扎入地下；我们可以看到泉水奔涌而出，看不到它的源头，但我们可以想见这水必然来自一个幽深的地方。我们能看到人生一世，其中那看不到的源头和决定人命运的机理又在哪里呢？为什么一个待人热情仁厚的智者在年仅四十岁就去世了呢？"③

一般的儒家学者往往恪守《论语》中孔子所说的"敬鬼神而远之"，鲜少谈及"怪力乱神"。卓吾则不然。早在南京为官时，他就与朋友推动印刷民间用鬼神和轮回故事劝善的《太上感应篇》。他认为佛家所讲的"因果"，就是儒家所

① 周思敬《李卓吾居士维摩庵新楼落成值元宵与邓东里诸公宴集》
② 《焚书》卷四《红拂》
③ "吾闻木有根，长大盖千尺。吾闻水有源，深厚著光泽。兹事大不然，彼苍固难测。忽忽年四十，遂为远行客。"（《续焚书》卷五《哭承庵》）

讲的"天人感应"①，而鬼神则是解释这种世界运转方式的必要形态。虽说对世界的认识即是心中之相，所以心中有的即是有，心中无的即是无，但后者只有悟道的人才能做到②。对于绝大多数人，哪怕是那些反对有鬼神存在的人，在危急时刻也知道祈祷，也有对未知的敬畏③。

这些论述表明，在卓吾的话语体系里，鬼神或轮回已经成为一种思维模型，或者表达人的心理状态的语言上的工具，而宣扬鬼神和轮回又成为一种教化方式。正如《心经》所表达的，既然万事万物都是心中之相，风动和幡动都归结为心动，那么心中的鬼神并不比万事万物更虚幻。鬼神既是"空"，也是"色"，与人的愤怒、思念等情绪一样真实、一样空幻。

孔子"敬鬼神而远之"当然是明智的，但后世反对鬼神存在的人往往关注他所讲的"远之"，而忽视了他所讲的"敬"。他又说"祭神如神在"，可见对祭祀非常重视。

古往今来无论官方还是民间都有郑重的祭祀和追思仪式，这些仪式有重大的教化意义，也有益于社会管理。④所以宣扬因果轮回和鬼神有益无害，甚至功德无量。（参照如下《西游记》原文）

太宗既放宫女、出死囚已毕，又出御制榜文，遍传天下。榜曰："乾坤浩大，日月照鉴分明；宇宙宽洪，天地不容奸党。使心用术，果报只在今生；善布浅求，获福休言后世。千般巧计，不如本分为人；万种强徒，怎似随缘节俭。心行慈善，何须努力看经？意欲损人，空读如来一藏！"自此时，盖天下无一人不行善者。

《西游记》第十一回《还受生唐王遵善果　度孤魂萧瑀正空门》

在《枕中十书》⑤中，卓吾讲了一个故事。有个人躺在床上养病，听见窗外树上有鸟叫，心里感觉很烦躁。等鸟飞走很久了，耳边好像还能听到。卓吾解

---

① 李贽《因果录序》
② "既悟之人，说无鬼亦可。"（《因果录》上卷《一元因果问答》）
③ 《焚书》卷三《鬼神论》
④ "若诚知鬼神之当敬，则其不能务民之事者鲜矣。"（《焚书》卷三《鬼神论》）
⑤ 《李贽全集续编》之《枕中十书》，凌礼潮整理，北京：首都师范大学出版社，2020。

释,心里在厌恶鸟叫的骚扰时,心不觉已经化成那只鸟。推而言之,恐惧疾病时,心就化为病灶;痛恨罪恶时,心就化为罪恶。可见所有导致自己不良情绪的鬼魅都藏在自己心里。对自己造成困扰的始终是自己的那颗心①。这样的观念,体现了卓吾的鬼神观,也构成《西游记》人魔对战的理论基础,正所谓"心生,种种魔生;心灭,种种魔灭"。

作为思想教化的一部分,卓吾支持以念经的方式超度亡灵。他在一篇祭文中说:"窃闻《阿弥陀经》等,《金刚经》等,诸佛真言等,众僧为尔宣言,再三再四,皆欲尔等度脱鬼伦,即生人天,或趣佛乘,或皈西方者,诚可听也。"②(参照如下《西游记》原文)

三藏方敲响木鱼,先念了净口业的真言,又念了净身心的神咒,然后开《度亡经》一卷。诵毕,伯钦又请写荐亡疏一道,再开念《金刚经》《观音经》,一一朗音高诵。诵毕,吃了午斋,又念《法华经》《弥陀经》。

《西游记》第十三回《陷虎穴金星解厄　双叉岭伯钦留僧》

---

① 《李贽全集续编》之《枕中十书》,凌礼潮整理,北京:首都师范大学出版社,2020。
② 《焚书》卷三《祭无祀文代作》

贞观十三年

处理完曾承庵的丧事，中秋已近，维摩庵已没有能跟卓吾探讨佛理的人，变得比以往更加静寂①。虽然卓吾对好友的失去倍感哀伤，但这样的环境也让他远离家庭和社交的琐事，静下心来继续他的写作。

卓吾离家住进维摩庵的消息很快传开。在河南辉县时结交的好友邓石阳来信，委婉批评卓吾，主要有三条"罪状"：第一，无儿也不续娶，不顾人伦和家庭；第二，宣扬佛理，有可能引导大众效仿弃妻儿于不顾的做法，扰乱社会治理；第三，有老家而不回，不能给先人祭祀扫墓，有违孝道。（参照如下《西游记》原文）

唐王传旨，着太史丞傅奕选举高僧，修建佛事。傅奕闻旨，即上疏止浮图，以言无佛。表曰："西域之法，无君臣父子，以三途六道，蒙诱愚蠢，追既往之罪，窥将来之福，口诵梵言，以图偷免。且生死寿夭，本诸自然；刑德威福，系之人主。今闻俗徒矫托，皆云由佛。自五帝三王，未有佛法；君明臣忠，年祚长久。至汉明帝始立胡神，然惟西域桑门，自传其教。实乃夷犯中国，不足为信。"

《西游记》第十一回《还受生唐王遵善果　度孤魂萧瑀正空门》

卓吾在祖父去世替父回泉州守制期间，把妻子黄氏留在河南，恰逢大旱，造成饥荒，那时邓石阳曾救济过黄氏，所以也算卓吾的恩人。尽管邓的这封信明显受到了耿定向及门徒的影响，但还算是以朋友身份来信好心相劝，出发点是善意的，所以卓吾还是耐心回信对三条"罪状"进行了辩解。②

对于"弃人伦"，卓吾认为自己从来没有放弃过家庭责任。

"从29岁去辉县当官，到54岁退休，至今已三十年，虽然没有给国家做出过什么大的贡献，但一直有俸禄收入，养活了整个家庭，安葬了父亲和祖父，也操办了七个弟弟妹妹的婚嫁。现在他们都各自有了儿孙，也不缺衣食。唯独自己连生四男三女，目前存活的只有一个女儿。马上六十岁的人，身体

---

① "悠悠天壤间，念我终孤立。"（《续焚书》卷五《哭承庵》）
② 《焚书》卷一《复邓石阳》

又弱，想要再继续养孩子也是不能胜任了。况且弟侄辈很多，不必非要由自己来传宗接代。这才来到湖北跟好友共同钻研学问，怎么能说是自弃于人伦之外？"

对于社会影响，卓吾表示，自从受朱熹影响，官方排斥道教和佛教为异端以来，已经几百年了，传统观念的压力显而易见。"之所以还是要学习儒家以外的理论，并不是为了惹大家生气，而是在这些理论里找到性命攸关的道理。况且国家从来没有明令禁止过宗教，佛教和道教的书籍依然被正统的文化机构收录，寺庙和道观也没有被毁灭，这说明国家认可这种现实，我们怎么可以认为它们多余呢？"①（参照如下《西游记》原文）

太宗召太仆卿张道源、中书令张士衡，问佛事营福，其应何如。二臣对曰："佛在清净仁恕，果正佛空。周武帝以三教分次：大慧禅师有赞幽远，历众供养而无不显；五祖投胎，达摩现象。自古以来，皆云三教至尊而不可毁，不可废。伏乞陛下圣鉴明裁。"

《西游记》第十一回《还受生唐王遵善果　度孤魂萧瑀正空门》

"如果说我学佛会让天下人效仿，从而放弃功名和妻儿，那也是无稽之谈，就像鸡蛋还没孵化就指控它打鸣扰民一样。求取功名、照顾家庭都是这个社会所需要的行为，我还没有愚蠢到反对这些事。何况，古往今来的高僧大德也有很多，都没有造成民众出家效仿的影响。我相信即便朝廷以杀头相威胁，逼迫大家都出家当和尚，仍然有宁愿受死也守着妻儿的人。我这么一个无关紧要的居士，说了几句闲言碎语，怎么可能让天下人都放弃功名妻儿来学佛呢②？这是永远不可能的事，千万不要杞人忧天。

"养儿防老之所以成为社会风俗，是指望孩子在父母老去的岁月能在床前照顾。然而现在的情况是，一些道学达人，哪怕父母八十有余，如果有了官位，

---

① "自朱夫子以至今日，以老、佛为异端，相袭而排摈之者，不知其几百年矣。弟非不知，而敢以直犯众怒者，不得已也，老而怕死也。且国家以六经取士，而有《三藏》之收；六艺教人，而又有戒坛之设：则亦未尝以出家为禁矣。则如渠者，固国家之所不弃，而兄乃以为弃耶？"（《焚书》卷一《复邓石阳》）

② "一无紧要居士，能以几句闲言语，能使天下人尽弃妻子功名，以从事于佛学乎？"（《焚书》卷一《复邓石阳》）

为尽快赴任恨不得马上把父母抛弃,全不念父母如风中之烛,灭在俄顷。这样的人不被责备,反而责备已经尽到义务的人,难道不是颠倒了吗?

"释迦牟尼是少年出家的。李耳西出函谷关不返,是老而出家的代表。孔子一直有家庭,但终身周游列国,在家时日不多。而且只听说孔子有一个妻子,一个儿子,即便妻子死后也没有再娶,没听过他有几房妻妾,为家族传宗接代的观念好像也很淡薄。孔子周游列国时,并非完全没有机会当官,但他还是持续奔走,好像求功名的念头也很淡薄。孔子甚至没有把父母葬在一起,扫墓的礼节也很简单。我们能说这些圣人都有'轻于功名妻子'的罪过吗?"(参照如下《西游记》原文)

> 百岁光阴似水流,一生事业等浮沤。
> 昨朝面上桃花色,今日头边雪片浮。
> 白蚁阵残方是幻,子规声切想回头。
> 古来阴骘能延寿,善不求怜天自周。
>
> 《西游记》第十一回《还受生唐王遵善果　度孤魂萧瑀正空门》

卓吾坚持,古今圣贤的心意是相通的,真理没有儒家或佛家的标签。儒家强调的修身为本①和"明明德"即是佛家要找的"本心"或"自性"②;儒家要达到的"至善",就是佛家的"无善无恶"的境界③。所以完全没有必要站在一家的立场上攻击另一家。(参照如下《西游记》原文)

> 菩萨起手道:"贫僧有愿在前,原说果有敬重三宝,见善随喜,皈依我佛,不要钱,愿送与他。今见陛下明德止善,敬我佛门,况又高僧有德有行,宣扬大法,理当奉上,决不要钱。贫僧愿留下此物告回。"
>
> 《西游记》第十二回《玄奘秉诚建大会　观音显象化金蝉》

万历十三年九月十二日深夜,卓吾坐在维摩庵寂静的书房,望着渐圆的明

---

① "自天子以至于庶人,壹是皆以修身为本。"(《大学》)
② "明德者吾之所本有,明明德于天下者,亦非强人之所本无。"(《焚书》卷一《答周若庄》)
③ "无善无恶,是谓至善。"(《焚书》卷一《答周若庄》)

月，感觉终于又可以静下来继续他的写作了。经过近四年的准备，期间先后遭受两位好友故去的打击、与耿定向长篇累牍的辩论、在黄安和麻城之间颠沛流离的波折，孙悟空和唐僧身世的铺垫都已经完成，终于可以出发走上取经之路了。卓吾感到一丝悲壮，又有一丝畅快。这是一个值得纪念的日子。

历史事实是，早在贞观初年，唐僧已经取经回国，而且也不是受唐太宗李世民的派遣。卓吾之所以把书中的出发年代定在贞观十三年并反复提及，一个原因是与真实的历史区分开，凸显小说的虚构性；贞观十三年也是他计算的慧能的生辰年代，所以以悟空从五行山下的再次出世向慧能致敬；更重要的目的，是纪念真实的写作时间：万历十三年九月十二日。（参照如下《西游记》原文）

却说三藏自贞观十三年九月望前三日，蒙唐王与多官送出长安关外。

《西游记》第十三回《陷虎穴金星解厄　双叉岭伯钦留僧》

万历十四年丙戌(1586)60岁

法天象地

1586年春天,卓吾犯胃病,持续一年多才痊愈①,严重影响了写书的进程。

这期间与耿定向的辩论持续升温,双方言辞越来越不客气。

《中庸》有言"君子之道,淡而不厌",是说君子安于平淡。耿定向也是心学大家,他在给卓吾的信中引用《中庸》里的这句话,提出要洗刷杂念,达到淡然的境界。

卓吾一看便知这是神秀"时时勤拂拭,莫使惹尘埃"的境界。如果内心的杂念需要辛苦的洗刷,那么这个杂念早晚会卷土重来。卓吾甚至认为耿定向连洗刷杂念的功夫也做不到,他对高官厚禄和田产豪宅的执着不可能被洗刷掉。卓吾并不反对人追求高官厚禄和田产豪宅,只不过反对一边追求财富和权力,一边表现出淡然的惺惺作态,或者一边在内心涌出无数私心杂念,一边辛苦地洗刷逃避,这才是真正的可怜。因为定向描述这个理论的文章题目叫《纪梦》,卓吾讽刺道:"世人都是白日里说梦话,您是梦里说正经话。"②

在《焚书》收录的卓吾书信中,绝大多数都是以通信人的尊称作为题目,如《与焦弱侯》或《答邓石阳》等,唯独这篇在题目中加了主旨,题为《答耿中丞论淡》。卓吾在文艺评论中多处用"扯淡"来批驳胡说八道的言论,所以这个题目实际是调侃耿定向"扯淡"。

玩笑归玩笑,卓吾还是给出了自己的看法。他认为,能做到平淡的方式只有一个,那就是"放开眼目",开阔识见。心胸宽广、眼界大的人,能把大事看成小事,自然就能淡然。就好像尧舜把禅位当成三杯酒一样的小事,把皇位看作浮云一般虚幻③。

---

① "我丙戌之春,脾病载余,几成老废,百计调理,药转无效。"(《焚书》卷二《答周柳塘》)

② "世人白昼寐语,公独于寐中作白昼语,可谓常惺惺矣。"(《焚书》卷一《答耿中丞论淡》)

③ "人能放开眼目,固无寻常而不奇怪。达人宏识,一见虞廷揖让,便与三杯酒齐观;巍巍尧、舜事业,便与太虚浮云并寿。无他故焉,其见大也。"(《焚书》卷一《答耿中丞论淡》)

卓吾最喜欢的宋代哲学家邵雍有一首《冬至吟》曰：

> 冬至子之半，天心无改移。
>
> 一阳初动处，万物未生时。
>
> 玄酒味方淡，大音声正希。
>
> 此言如不信，更请问庖牺。

这首诗所展现的静谧和宏大气势让卓吾爱不释手。它明里讲季节，却暗含认识宇宙时空循环往复的至理，又蕴藏《心经》的禅意。

卓吾将这首诗的前两句引用到《西游记》开篇中，以季节的循环推演宇宙的本初状态，以此追溯人性的源头。在融于大道的状态中，心性的气量如星空大海一样包容。世间纷扰，都成了大海中的一点浮沫。浓烈的酒喝起来跟水一样清淡，巨大的轰鸣也成了微弱的声音。所以，唯有博大，才是不求"淡"反而得到"淡"的方法。

为何人心能如此博大？佛说一粒沙可以包含大千世界。同样道理，世界万法也可以包含在人心之中。（参照如下《西游记》原文）

> 内外灵光到处同，一佛国在一沙中。
> 一粒沙含大千界，一个身心万法同。
>
> 　　　　　　《西游记》第十四回《心猿归正　六贼无踪》

《金刚经》里，如来在解释什么是"无我相、无人相、无众生相、无寿者相"时举例说，如果不是"无四相"，在当初歌利王割截他身体时应有怨怒。[①]这样博大的心量才是卓吾追求的目标。

卓吾在姚安做知府时，跟大理知府莫天赋是朋友。莫天赋是广东海康人，他讲过在家乡听到的渔民的传说。在浩瀚的水云中，浮着像山一样的大鱼。渔民刚看到的时候还以为是云雾，等中午太阳出来，浓雾散尽，才知道是远处的一条巨鱼。这条鱼自东向西，像太行山一样连绵不绝。渔民要划船走半个月才能与其错过。这难道是庄子所讲的能化成鹏的鲲？

---

① "如我昔为歌利王割截身体，我于尔时，无我相、无人相、无众生相、无寿者相。何以故？我于往昔节节支解时，若有我相、人相、众生相、寿者相，应生瞋恨。"（《金刚经》）

《庄子》开篇的《逍遥游》就试图表达同样的思想。麻雀只能在树枝之间跳跃,不理解鲲鹏的博大。而正是这种博大,让他们即便在世俗的磨难中被磕碰得遍体鳞伤也能畅然自若。①

卓吾喜欢这样的传说以及背后的寓意。豪杰之士,不都是这样面对苦难吗?

庄子面对麻雀一般小人的讥笑时,释迦牟尼面对歌利王的迫害时,孔子在列国逃亡的路上,不都是这样的心境吗?真正的豪杰,因其博大浩瀚,不可能符合那种被乡里之人交口称赞的人格标准,如果按世俗的眼光去寻找豪杰或圣贤,如同去井里钓鱼,怎么能够得到大鱼呢?如果迎合世俗的眼光而去追寻圣贤之路,岂不是南辕北辙②?

心量博大的人,不但能淡然平和,还可以做到虚怀若谷。

在《藏书》中,写到张良在圯桥上三次帮黄石公捡鞋、最后拜师学艺的故事时③,卓吾评道,"此非卓老不能也"(卓吾经常自称卓老)。只有拥有宽广胸怀的人,才能忍受侮辱;只有虚怀若谷的人,才堪传授道理。在《西游记》中,卓吾用这个故事作为触动悟空回心转意、愿意跟随唐僧继续修行的转折点。(参照如下《西游记》原文)

> 茶毕,行者回头一看,见后壁上挂著一幅圯桥进履的画儿。行者道:"这是甚么景致?"龙王道:"大圣在先,此事在后,故你不认得。这叫做圯桥三进履。"
>
> 《西游记》第十四回《心猿归正　六贼无踪》

心量博大,是卓吾认定度过苦厄的法门,也是他自号"宏甫"的用意。《史记》记载孔子为身高九尺六寸的"长人",卓吾也喜欢把眼界宽广后的自己比作"长人"④,并把这个思想体现为悟空的法天象地。(参照如下《西游记》原文)

---

① "北冥有鱼,其名为鲲。鲲之大,不知其几千里也;化而为鸟,其名为鹏。鹏之背,不知其几千里也;怒而飞,其翼若垂天之云。"(《庄子·逍遥游》)

② 《焚书》卷一《与焦弱侯》

③ 《藏书》卷十一《张良》

④ "向作矮子,至老遂为长人矣。"(《续焚书》卷二《圣教小引》)

他弄到欢喜处,跳上桥,走出洞外,将宝贝攥在手中,使一个法天象地的神通,把腰一躬,叫声"长!"他就长的高万丈,头如泰山,腰如峻岭,眼如闪电,口似血盆,牙如剑戟;手中那棒,上抵三十三天,下至十八层地狱,把些虎豹狼虫,满山群怪,七十二洞妖王,都唬得磕头拜礼,战兢兢魄散魂飞。

《西游记》第三回《四海千山皆拱伏　九幽十类尽除名》

卓吾的"达人宏识"不仅仅是哲学理论的侃侃而谈,他也把自己的理论用到实际问题中。

本年夏天,卓吾老友邓石阳的儿子邓应祁(号鼎石)任麻城县令。上任不久,麻城发大水,粮食歉收,粮价暴涨,饥荒蔓延。

邓鼎石鉴于卓吾与父亲的关系,以学生和侄辈的礼节给卓吾送来钱米,并请教救灾之策。卓吾根据当时的情境,回信建议,事急从权,可以用公款先托付有船的商人到长江上下游无灾处买米,将运来的粮食屯在船中停放码头。再由官府出面卖给百姓收回公款。

对于有钱人,可以保持公平的价格,但如果是灾民,为防止饿死人,则不管钱多钱少都发米,实行一定程度的福利救助。为牢牢把握财权和控制价格,所有人应当到官府交钱买米,由官府发放粮票,民众凭票到码头领米,而不是直接从商人处买米。这样做的目的,一方面让商人节省搬运成本,有钱可赚,从而有外出买粮的积极性,一方面平抑奸商哄抬的粮价,防止饿死灾民。

卓吾同时批驳朱熹讲过的"救荒无奇策",提出积极的社会治理思路。"世间何事不可处,何时不可救?"他还向邓应祁透露了自己无为而治的秘诀。无为而治并不是什么都不做,对可能发生的情况做到有所预判,棋先一着,才能做到事情发生时的无为而治①。

卓吾的信启发邓应祁,放开心胸,俯瞰全局,内心便会有无穷无尽的智慧。这也是卓吾借悟空的法天象地的神通所要传达的理念。

---

①《焚书》卷二《复邓鼎石》

心经提纲

卓吾与定向"论淡"的思想基础,其实来自于他深刻的佛学修养。

《坛经》记载了五祖弘忍选择衣钵的传承人时,大徒弟神秀的一首偈语:

> 身是菩提树,心如明镜台。
>
> 时时勤拂拭,莫使惹尘埃。

弘忍和慧能都看出这个"勤拂拭"的状态不是真正的"空",所以知道神秀没有找到"本心"。于是慧能回应说:

> 菩提本无树,明镜亦非台。
>
> 本来无一物,何处惹尘埃?

这个偈语把"空"的行为否定了,指出了"真空"的状态,境界自然更高。但更重要的问题是,如何达到这种状态?

卓吾在后来的一篇文章中根据《楞严经》等佛学著作给出了自己的见解:

如何找到自己的"本心"? 有些人认为,本心就如同什么都没有的虚空,只是由于各种杂念的侵扰才变得不空。一定要清除这些杂念,回到什么都没有本来状态。这里的问题在于,如果空是可以通过努力做到的,又怎么能称为"真空"? 这种空,是人为的空,就跟我们仰望苍穹看到的空一样,还不是真正的空①。

这种通过努力得到的空,依然是一种相("本欲为空,而反为色")。持有这种想法的人,必然以为心在身体之内,必须把外界的东西都空掉才行,孰不觉这个"空掉"的念头已经不是空了②。

正确的答案是,我们的心不在身体内部,也不在身体外面。从内到外,遍及山河大地,包括太空浮云,这些所能看到的东西都是我们妙明真心中的一点

---

① "世间有一种不明自己心地者,以为吾之真心如太虚空,无相可得,祇缘色想交杂,昏扰不宁,是以不空耳。必尽空诸所有,然后完吾无相之初,是为空也。夫使空而可为,又安得谓之真空哉! 纵然为得空来,亦即是掘地出土之空,如今人所共见太虚空耳,与真空总无交涉也。"(《焚书》卷四《解经文》)

② "以为心在色身之内,必须空却诸扰扰相,而为空之念复起矣。"(《焚书》卷四《解经文》)

物相而已①。或者说，我们所面对的所有山河大地和挫折困顿都不过是自己的心折射出的波澜。如果将心比作大海，万事万物如同大海中的浮沫。浮沫对于大海虽然微不足道，但大海没必要也无法空掉它；我们的真心也不是靠空掉这些相来显现的②。

从这些论述可以看出，卓吾与耿定向"论淡"的思想基础是《楞严经》。有了这个基础，再看《心经》中提到的解脱苦厄的办法就容易理解了。

《心经》中讲到"度一切苦厄"的方法，即色受想行识"五蕴皆空"；在"真空"状态中，"无无明，亦无无明尽，乃至无老死，亦无老死尽"。

《心经》的全名是《摩诃般若波罗蜜多心经》，简单翻译即"大智慧到彼岸"。在《坛经》中，慧能强调这个经的主旨是阐述"本性是佛，离性无别佛"。通过对其标题的解释，慧能精彩地概括了《心经》的精华思想。

他首先解释了"摩诃"的含义：

"何名摩诃？摩诃是大。心量广大，犹如虚空，无有边畔，亦无方圆大小，亦非青黄赤白，亦无上下长短，亦无瞋无喜，无是无非，无善无恶，无有头尾。诸佛刹土，尽同虚空。世人妙性本空，无有一法可得，自性真空亦复如是。善知识！世界虚空，能含万物色像：日月星宿，山河大地，泉源溪涧，草木丛林，恶人善人，恶法善法，天堂地狱，一切大海，须弥诸山，总在空中。世人性空亦复如是。善知识！自性能含万法是大，万法在诸人性中。若见一切人恶之与善，尽皆不取不舍，亦不染着，心如虚空，名之为大，故曰摩诃。"

然后他又解释了"般若"：

"心量广大，遍周法界，用即了了分明，应用便知一切。一切即一，一即一切，去来自由，心体无滞，即是般若。"

最后解释"波罗蜜"：

"何名波罗蜜？此是西国语，唐言到彼岸，解义离生灭。着境生灭起，如水

---

① "岂知吾之色身洎外而山河，遍而大地，并所见之太虚空等，皆是吾妙明真心中一点物相耳"（《焚书》卷四《解经文》）

② "是皆心相自然，谁能空之耶？心相既总是真心中所现物，真心岂果在色身之内耶？夫诸相总是吾真心中一点物，即浮沤总是大海中一点泡也。使大海可以空却一点泡，则真心亦可以空却一点相矣，何自迷乎？"（《焚书》卷四《解经文》）

有波浪,即名为此岸;离境无生灭,如水常通流,即名为彼岸;故号波罗蜜。"

最后他总结道:"摩诃般若波罗蜜,最尊最上最第一,无住无往亦无来,三世诸佛从中出。当用大智慧,打破五蕴烦恼尘劳。如此修行,定成佛道。"

慧能对《心经》的解释,明显融入了《楞严经》和《金刚经》的思想,不再强调"本来无一物",而是强调心量对万事万物的包含,人心在色、空之间的"去来自由",不凝滞,不执着。这就是解脱苦厄的智慧。

卓吾在云南鸡足山时,写成《心经提纲》,表述了自己对《心经》的理解。他对《心经》的解释强调两点:

第一,五蕴皆空。所谓得到"真空妙智"、到达"彼岸",或"共成无上正等正觉",不是什么高超的技艺,无非是观照真空、了无所得的状态,或者说是回归自己本来就有的、不生不灭的佛性的状态。人人都有佛性,所以人人都可以成就佛和菩萨的功果①。

第二,不滞于空。空和色都是人的想象的产物,真正的大道是"无所得"的状态,或者"无相"的状态。这个"相",包括万事万物,自然也包括"空",所以不能执着于"有",也不能执着于"空"。

卓吾对《心经》的解释继承了慧能的思想,从离相角度,强调空和色的相刓和等同。五蕴皆空和不滞于空,也正是《西游记》整部书所阐释的道理。这样的思想也构成唐僧取经历程的写作提纲。在比丘国之前强调前者,在灭法国之后强调后者。所以《西游记》的思想精华,其实早在1581年卓吾在云南写《心经提纲》时就已经形成。

《心经》的翻译非常精练。在"色即是空,空即是色"一句之后,其实还有"受即是空,空即是受""想即是空,空即是想""行即是空,空即是行""识即是空,空即是识"四句,一起组成"五蕴皆空"。但玄奘大师在翻译时,为了行文简练,将后四句浓缩成一句,即"受想行识,亦复如是"。

卓吾在设计《西游记》的情节时,将"五蕴皆空"的义理用西番哈咪国(色)、乌斯藏(色)、宝象国(受)、乌鸡国(想)、车迟国(行)、西梁女国(想和行)、祭赛

---

① "信乎尽大地众生无有不是佛者","菩萨岂异人哉,但能一观照之焉耳。人人皆菩萨而不自见也,故言菩萨,则人人一矣,无圣愚也。言三世诸佛,则古今一矣,无先后也。"(《焚书》卷三《心经提纲》)

国（对立的识）、朱紫国（不易分辨的识）等国名区分五蕴的义理。

在每个国家境内，多以两到五个故事展开。如西番哈咪国和乌斯藏等处是师徒聚齐的过程，突出"色即是空"；宝象国境内发生四圣试禅心、五庄观、白虎岭、碗子山、宝象国皇宫等情节，主旨为守护自己的庄严宝相，突出"受即是空"；乌鸡国境内包含平顶山、宝林寺、乌鸡国、火云洞、黑水河等情节，主旨是离相、无我，突出"想即是空"；车迟国境内包含皇宫斗法和通天河，批判错误的、导致修行迟滞的路径，突出"行即是空"；西梁国境内发生青牛精、破儿洞、都城、毒敌山等情节，主旨是诡计邪念之思量，突出"想和行即是空"；祭赛国境内发生真假猴王、火焰山、乱石山、荆棘岭等情节，主旨是两难抉择，突出对立的"识即是空"；朱紫国境内是小雷音、小西天、赛太岁、盘丝岭、黄花观等情节，主旨是分辨邪正，突出难以分辨的"识即是空"。在"五蕴皆空"讲完之后，狮驼国讲恐怖心；比丘国进行收束总结，救赎众心；灭法国境内包含陷空山和隐雾山，批判心陷于空；由此引出天竺五城入世修行。所以，《焚书》中的《心经提纲》既是作者读《心经》的心得，又是大半部《西游记》的写作提纲。（参照如下《西游记》原文）

此时唐朝法师本有根源，耳闻一遍《多心经》，即能记忆，至今传世。此乃修真之总经，作佛之会门也。

《西游记》第十九回《云栈洞悟空收八戒　浮屠山玄奘受心经》

万历十五年丁亥(1587)61岁

妻女归乡

1587年,即万历十五年丁亥,是卓吾人生中值得纪念的一年。卓吾生于1527年,即嘉靖六年丁亥,到这年正是花甲重逢的年岁。(参照如下《西游记》原文)

又问:"年寿几何?"道:"痴长六十一岁。"行者道:"好!好!好!花甲重逢矣。"

《西游记》第二十回《黄风岭唐僧有难　半山中八戒争先》

三月三日,在家人的极力要求下,卓吾从麻城维摩庵短暂回到黄安的家中看望妻女。由于耿定向的逐客令,卓吾无意回到黄安定居。卓吾几个月都不回家,家人无依无靠,所以也没有理由继续待在黄安。这个家庭需要从麻城和泉州之间做出　个选择。(参照如下《西游记》原文)

那三藏也只是如痴如蠢,默默无言。那妇人道:"我是丁亥年三月初三日酉时生……"

《西游记》第二十三回《三藏不忘本　四圣试禅心》

妻子黄氏的理想,是一直与卓吾生活在一起,做一个正常的四品官的夫人。虽然不必奢华,但要有自己的房产和土地,有家人和仆人陪伴。卓吾也曾提出让她搬到麻城维摩庵跟自己一起生活,但黄氏一直拒绝。她虽然并不抵制寺庙和佛教,但觉得把家安在庙里实在不伦不类,让人尴尬,甚至有一丝侮辱。(参照如下《西游记》原文)

三藏道:"女菩萨,你在家人,却有何好处?"那妇人道:"长老请坐,等我把在家人好处说与你听。怎见得?有诗为证,诗曰:春裁方胜着新罗,夏换轻纱赏绿荷;秋有新蒭香糯酒,冬来暖阁醉颜酡。四时受用般般有,八节珍馐件件多；衬锦铺绫花烛夜，强如行脚礼弥陀。"三藏道："女菩萨，你在家人享荣华，受富贵，有可穿，有可吃，儿女团圆，果然是好。但不知我出家的人，也有一段好处。怎见得？有诗为证，诗曰：出家立志本非常，推倒从前恩爱堂。外物不生闲口舌，身中自有好阴阳。功完行满朝金阙，见性明心返故乡。胜似在家贪血食，老来坠落臭皮囊。"

《西游记》第二十三回《三藏不忘本　四圣试禅心》

卓吾的特立独行一直困扰着黄氏。既然在黄安也见不到卓吾，而她自己又思念泉州老家的亲人，老家是泉州的女婿庄纯夫也有归家之念，经过激烈的争论，在明确卓吾留在麻城的决心不可动摇后，她终于同意携女儿女婿回泉州老家。

在《西游记》《四圣试禅心》一节唐僧所作的诗中，"出家立志本非常，推倒从前恩爱堂"一句，作为唐僧的话并不恰当。因为唐僧从未结婚，没有所谓的"恩爱堂"可"推倒"，所以这里的诗句其实是作者自述心声。

卓吾对妻女的生活做了精心的安排。他将自己四品官的退休金全数交予黄氏，所有泉州来的仆人都遣回，又有女儿、女婿和家乡众多弟侄辈的关照，料想生活没有困难①。

因为有女眷和家私随行，行动不能太速，从湖北黄安到福建泉州要走两个多月。为了避开炎热的夏天，他们决定等到暑期过后再启程。春天先遣人回泉州送信，收拾住处。

黄氏当时的想法，卓吾可能因为跟耿家的过节不愿回黄安。等家人都回到泉州，毕竟落叶归根，或许能说服他也回泉州。本年秋天，伏天一过，黄氏和女儿、女婿就踏上了回福建泉州的旅程。女婿庄纯夫虽然在学术上没有什么潜质，但为人忠厚，对家庭尽心尽责，卓吾不在家的时候都是由他来打理外部事务，所以卓吾对女婿的护送很放心，甚至都没来送行。

他在麻城维摩庵，写下《四圣试禅心》一节时，心中泛起一片秋意，隐隐有一丝不祥的预感。三月三日的那次分别，可能成为跟妻女的永诀。

---

① "后因寓楚，欲亲就良师友，而贱眷苦不肯留，故令小婿小女送之归。然有亲女外甥等朝夕伏侍，居官俸余以尽数交与，只留我一身在外，则我黄宜人虽然回归，我实不用牵挂，以故我得安心寓此，与朋友嬉游也。"（《焚书》卷二《与曾继泉》）

告别黄风岭

在引入"性"和"情"的象征人物悟空和八戒之后，卓吾在《西游记》里开始为"志"的概念铺垫，这就是黄风岭一节。卓吾以自己志向确立的经历来阐述志的重要性。

年轻时的卓吾，对道家和佛家的东西没有兴趣[1]。在四十岁的时候，见到了王阳明的书，才知道"得道真人不死，实与真佛、真仙同"[2]。

在王阳明学说的引导下，卓吾才开始系统研究"真正"的学问[3]。

在礼部任上的时候，卓吾在一篇散文中表达了自己对富、贵、贫、贱、穷、达、夭、寿的看法，也间接表达了自己的志向。"富莫富于常知足，贵莫贵于能脱俗；贫莫贫于无见识，贱莫贱于无骨力。身无一贤曰穷，朋来四方曰达；百岁荣华曰夭，万世永赖曰寿。"[4]

他的解释是，真正的富不是用财富的多少来衡量，而是心理上的知足；真正的贵不是用社会地位来衡量的，而是观念上的脱俗。没有见识的人，是非莫晓，贤愚不分，"黑漆漆之人"，也不知道自己的方向，这是真正的"贫"。"无骨力"的人，自己没有主见，或者以让主子高兴为主见，一定要依附于别人，眼里只有门户帮派，主子喜欢谁他就夸谁，主子讨厌谁他就骂谁，不知羞耻，跟一条下贱的狗没有区别。这种人没有什么本事，只能看别人脸色和风向生活，所以也分不清事情的轻重缓急，往往瞎着急，对下属颐指气使，把小事夸大，真正的大事视而不见，这才是真正的贫贱之人。

真正的"达人"，见识得到四方响应，能引发广泛的共鸣。真正的长寿，也不是看谁活得长。享年百岁，跟夭折差不多。名声超越自己的时代，成为名士大家，才是真正的长寿。而真正的永生，是像孔子那样，"万世永赖，无疆

---

[1] "余自幼倔强难化，不信学，不信道，不信仙释，故见道人则恶，见僧则恶，见道学先生则尤恶。"（《阳明先生年谱后语》）

[2] "不幸年甫四十，为友人李逢阳、徐用检所诱，告我龙溪先生语，示我阳明王先生书，乃知得道真人不死，实与真佛、真仙同，虽倔强，不得不信之矣。"（李贽《阳明先生年谱后语》）

[3] "五载春官，潜心道妙。"（《焚书》卷三《卓吾论略》）

[4]《焚书》卷六《富莫富于常知足》

上寿"①。

这时的卓吾，已经树立了"万世永赖"的志向，但受王阳明影响，理念上还是以儒学或心学为主。但王阳明的学说明显受到了佛学特别是慧能的影响，为卓吾打开了佛学的大门。在黄风岭一节，卓吾借唐僧向王老头问路，隐喻自己志向确立的过程。（王阳明有两个儿子，三个孙子）（参照如下《西游记》原文）

三藏方问道："老施主，高姓？"老者道："在下姓王。""有几位令嗣？"道："有两个小儿，三个小孙。"三藏道："恭喜，恭喜。"

《西游记》第二十回《黄风岭唐僧有难　半山中八戒争先》

五十岁时，在读了《金刚经》以后，卓吾才感到自己窥到了"生死之原"，从而才真正确立学佛的志向②。所以王阳明学说可以称为卓吾观念上的一个十字路口。王阳明理念受到了佛学的启发，但为了不与当时崇尚孔子和朱熹的政治氛围相抵触，他在阐述自己理论时，并没有脱离儒家语境，所以他指的路还是儒家的路（向东）。卓吾在他的路标上，悟到了西去的方向。（参照如下《西游记》原文）

那老儿摆手摇头道："去不得，西天难取经。要取经，往东天去罢。"三藏口中不语，意下沉吟："菩萨指道西去，怎么此老说往东行？东边那得有经？"腼腆难言，半晌不答。

《西游记》第二十回《黄风岭唐僧有难　半山中八戒争先》

---

① "解者曰：常知足则常足，故富；能脱俗则不俗，故贵。无见识则是非莫晓，贤否不分，黑漆漆之人耳，欲往何适，大类贫儿，非贫何为？无骨力则待人而行，倚势乃立，东西特赖耳，依门傍户，真同仆妾，非贱而何？身无一贤，缓急何以，穷之极也。朋来四方，声应气求，达之至也。吾夫子之谓矣。旧以不知耻为贱亦好，以得志一时为夭尤好。然以流芳百世为寿，只可称前后烈烈诸名士耳，必如吾夫子，始可称万世永赖，无疆上寿也。"（《焚书》卷六《富莫富于常知足》）

② "余自幼读《圣教》不知圣教，尊孔子不知孔夫子何自可尊，所谓矮子观场，随人说研，和声而已。是余五十以前真一犬也，因前犬吠形，亦随而吠之，若问以吠声之故，正好哑然自笑也已。五十以后，大衰欲死，因得友朋劝诲，翻阅贝经，幸于生死之原窥见斑点。"（《续焚书》卷二《圣教小引》）

在黄风岭的引子中,卓吾暗示了自己的学术倾向从儒家经心学向佛学转移的历史。回到现实,坐在维摩庵的书房中,他感受到的,却是以耿定向为代表的道学家的压力。这种压力,最初来自外部,但已幻化成自己的心,成为内心的魔障。这个魔障,像是黄风岭上鼓动着黄风迷雾的妖怪,动摇他的心志,打击他的信心,迷乱他的火眼金睛。但同时,也激发了他的斗志,更坚定了他西去的决心。

妻女走后,卓吾终于可以跟耿定向、跟黄安彻底告别了。"贱眷思归,不得不遣;仆则行游四方,效古人之求友。盖孔子求友之胜己者,欲以传道,所谓智过于师,方堪传授是也。吾辈求友之胜己者,欲以证道,所谓三上洞山,九到投子是也。"①

洞山和投子都是有道高僧的居处。古人为了求道,不辞劳苦,可以"三上洞山,九到投子"。孔子为了找到知音,也是奔波一生。卓吾对耿定向说,"要像孔子一样,去找比自己聪明的人,只有这种人才堪传授我的道"(暗示耿定向不够资格)。(参照如下《西游记》原文)

那老者道:"既如此说,也是个有来头的人。我这敝处,却无卖眼药的。老汉也有些迎风冷泪,曾遇异人,传了一方,名唤'三花九子膏',能治一切风眼。"行者闻言,低头唱喏道:"愿求些儿,点试点试。"

《西游记》第二十回《黄风岭唐僧有难　半山中八戒争先》

虽然卓吾一直尊敬孔子,但他对孔氏的门徒却越来越失望。在与耿定向决裂后,终于在本年声明自己是学佛的"异端",与孔氏之徒没有共同语言了②。

本年卓吾在病痛中写信给友人表示,自己几乎把"鳏寡孤独"四个字都占全了("鳏寡孤独合四民而为一身"),又加上病痛,每多活一天,便是在这个苦海中多沉沦一天。但是,反过来想,没有这样的对极苦的体味,便不理解极乐的滋味③。

---

① 《焚书》卷一《与耿司寇告别》
② "弟学佛人也,异端者流,圣门之所深辟。弟是以于孔氏之徒不敢轻易请教者,非一日矣。"(《焚书》卷二《答李如真》)
③ "多一日在世,则多沉苦海一日,诚不见其好也","不真实厌生死之苦,则不能真实得涅槃之乐"。(《续焚书》卷一《答友人书》)

在另一封信中说："如果只是为了应付人生一世，古人留下来的格言就足够了，半个字都不用再发挥。但我的心志颇大，不甘心为一世之人。"①

在漫天黄沙中，他挥手告别黄安，告别耿定向，告别那个在黄风岭上鼓动着黄风的黄风大王，也告别王阳明，坚定走上了向西的路。（参照如下《西游记》原文）

老者道："此去倘路间有甚不虞，是必还来茅舍。"行者道："老儿，莫说哈话。我们出家人，不走回头路。"遂此策马挑担西行。

《西游记》第二十回《黄风岭唐僧有难　半山中八戒争先》

---

① "若只作一世完人，则千古格言尽足受用，半字无得说矣。所以但相见便相订征者，以心志颇大，不甘为一世人士也。"（《焚书》卷一《复宋太守》）

万寿山下

麻城县令邓鼎石对卓吾的倚重让维摩庵的声誉迅速提高。有人来请教问题,有人来投靠,让卓吾又交到一些朋友,生活不像以前那样寂寞。他还喜欢到酒馆跟年轻人一起玩笑,喝酒唱歌,跟着他们四处游走。这些市井中的年轻人,不像有学问的老学究那样僵化,也没有故作高深的做作,没有循规蹈矩,没有虚伪的掩饰。跟他们在一起的时候,卓吾才感觉到青春和活力。

麻城的街头时常出现这样一个奇怪的老头——酒量不高但爱喝酒,饭量不大但爱吃肉,不爱说话但爱唱歌,住在维摩庵但常去酒馆凑热闹,传闻有家人但从未露面。

耿家的门徒也参与了卓吾与耿定向的争论。学术上的争论起初是受到了耿定向的授意,后来情况慢慢发生变化,对于卓吾为什么不回家以及为什么喜欢跟年轻人喝酒玩乐的猜测和联想,渐渐演变成了"吃瓜群众"的四处造谣甚至人身攻击。有人认为卓吾之所以不回家是因为爱嫖妓,有人说看到他白天在维摩庵同妓女一起洗澡,也有人说他没有儿子也不续娶是因为他是同性恋,更有人说亲眼看见卓吾光天化日之下到邻居家里调戏寡妇。

在一个理性的世界中,这些相互矛盾的谣言会自动抵消一部分,但在真实世界中,谣言的生命力跟它的娱乐性成正比,所以无关乎逻辑,反而互相加强,有愈演愈烈之势。

起初卓吾对这些谣言只当不知道,任其蔓延。他在给好友周思敬的信中说:"我性本柔顺,学贵忍辱。……只知进就,不知退去。……盖此忍辱孝顺法门,是我七八岁时用至于今。"①

但谣言传播很快,在北京的旧时好友也听到了,专门来信询问。卓吾哭笑不得,只好进行一番辩解。②

卓吾回信介绍自己的退休生活。"妻女回原籍后,大部分时间都在闭门读书写作。有时候吃饱饭,出去散步找年轻人聊天,听他们唱歌,互相说说笑话

---

① 《续焚书》卷一《与周友山》
② 《焚书》卷一《答李见罗先生》

逗乐,这些活动就跟健胃消食的药一样有效。①

"年纪老了力气也不够用了,所以游山玩水的心思也淡了,况且山水自在本心,原不必千里相寻。闲暇之外,唯有著书。当年司马迁觉得当世人没有人能理解他写的《史记》,曾说要'藏之名山'②,我的书恐怕也有如此命运。"③

对于携妓出入维摩庵,白昼同浴的谣言,卓吾却并未反驳。歌妓出入维摩庵是事实。卓吾有洁癖,白天洗澡也是事实。但这两个事实捏在一起就成了谎言。他不能承认这件事,因为谣言有捏造的成分。他也不能撇清自己,因为一旦解释,就要把朋友携妓赴宴的事实托出,周思敬和邓东里也脱不了干系,还可能搞得天下皆知。这种出卖朋友以自保的行径,卓吾是不屑为之的。所以,招妓一事,卓吾从未解释。

耿定向听到了这些谣言,不但不制止,反而假意给周思久写信询问,助力谣言的传播。他在没有任何证据证明这些传言的真实性的前提下,竟还装出帮助卓吾辩解的样子,说卓吾干的这些事都是"禅机",不同于普通人的低俗和享乐,所以一般人不会理解。这实际上是间接对谣言予以证实。

正面的攻击其实并不可怕,可怕的是这种貌似站在一条战线上,而实际从背后捅刀子的行为。人性之恶可见一斑。

自然现象是有规律的,自己的作为是可以控制的,而别人的人性及作为,无法预测,无法控制,一不小心就会引发灾难性的后果。卓吾在《西游记》中,多次借神仙的话传达了这样的思想。

悟空在斜月三星洞变松树卖弄时,菩提祖师批评他:"这个功夫,可好在人前卖弄? 假如你见别人有,不要求他? 别人见你有,必然求你。你若畏祸,却要传他;若不传他,必然加害,你之性命又不可保。"

悟空在观音院炫耀袈裟时,三藏道:"古人有云:'珍奇玩好之物,不可使见贪婪奸伪之人。'倘若一经入目,必动其心;既动其心,必生其计。汝是个畏祸

---

① "以故闭户却扫,怡然独坐。或时饱后,散步凉天,箕踞行游,出从二三年少,听彼俚歌,聆此笑语,谑弄片时,亦足供醒脾之用,可以省却枳木丸子矣。及其饱闷已过,情景适可,则仍旧如前锁门独坐而读我书也。"(《焚书》卷一《答李见罗先生》)

② 司马迁《报任安书》

③ "闲适之余,著述颇有,尝自谓当藏名山,以俟后世子云。"(《焚书》卷一《答李见罗先生》)

的,索之而必应其求可也;不然,则殒身灭命,皆起于此,事不小矣。"

悟空在向太上老君求取仙丹救活乌鸡国王时,老君道:"这猴子恁懒哩,说去就去,只怕溜进来就偷。"即命仙童叫回来道:"你这猴子,手脚不稳,我把这'还魂丹'送你一丸罢。"

火云洞一节,悟空借净瓶之水降妖时,菩萨说:"待要着善财龙女与你同去,你却又不是好心,专一只会骗人。你见我这龙女貌美,净瓶又是个宝物,你假若骗了去,却那有工夫又来寻你? 你须是留些甚么东西作当。"

甚至在悟空问佛祖青牛精出处时,佛祖首先考虑的也是避祸自保:"那怪物我虽知之,但不可与你说。你这猴儿口敞,一传道是我说他,他就不与你斗,定要嚷上灵山,反遗祸于我也。"

这些情节,虽极具调侃,却也反映了卓吾对人性之恶的深切体会。伟大的心灵,都在同一件事上下功夫,那就是提防人性。

周思久来信讲述了耿定向的话后,卓吾压抑着愤怒继续进行解释:

"胃病期间跟年轻人喝酒唱歌都是有的,恣意所适是治病的良方,不是什么禅机。关于寡妇的传言,是一个信佛的老太太,经常给维摩庵送水果供佛,极其虔诚,我约朋友去她家感谢。此人无儿女,但当时有三十多岁的嗣子在场,我怎么可能调戏她? 流言止于智者,没有调戏,也不是什么禅机。"①

这些谣言严重影响了卓吾的声誉,某些人的煽风点火行径也让卓吾内心感到暴怒,恨不得卷起漫天砂石,杀人泄愤。(参照如下《西游记》原文)

万窍怒号天喷气,飞砂走石乱伤人。大圣作起这大风,将那碎石,乘风乱飞乱舞,可怜把那些千余人马,一个个石打乌头粉碎,沙飞海马俱伤。

《西游记》第二十八回《花果山群妖聚义　黑松林三藏逢魔》

一方面,他是一个当事人,是受害者,他有权利暴怒;另一方面,他也是一个修行者,一个哲人,他在观察自己的情绪,寻求普遍意义上的解脱之道。

他知道,最烦恼的时候,也是觅得真机之时。众人的不理解和非难给他带来极端的孤独,这种极端的孤独带来的真切感受又给他力量。每当他走进书

①《焚书》卷二《答周柳塘》

房,关上门的一刻,总是能轻轻一跃,站到云端俯视。

在麻城城郊,除了芝佛院,还有另外两个庙宇,一个叫万寿寺,一个叫兴福寺。明玉原来是万寿寺的一个和尚,慕名来到维摩庵追随卓吾。因卓吾喜欢听忠义故事,明玉就把兴福寺开山第一祖无用和尚的故事讲给他听。

无用和尚原本是游历四方的僧人,早年来到兴福寺后,发现有地痞流氓侵扰寺僧,让僧人苦不堪言。无用和尚一时义愤,持竹枪与地痞搏斗,截杀17条人命,然后走到县衙自首请死。县令为他的正义行为所感动,意欲通过运作,并暗示其修改证词为正当防卫,判一个较轻的罪名以免死。无用和尚拒绝了县令的好意,自刎身亡,以死赎罪。兴福寺众僧为他"以身护法、以死卫众"的精神感动,将其供奉为开山第一祖。这个传统一直延续下来,至今祭祀。

卓吾听说了这个故事非常喜欢,赞扬无用和尚:"此僧若在家,即真孝子矣;若在国,则真忠臣矣;若在朋友,则真义士矣;若肯学道参禅,则真出世丈夫,为天人师、佛矣,可轻易也耶! 盖天地间只有此一副真骨头耳。不问在世、出世,但有此,百事无不成办也。"[①]

卓吾对无用和尚的暴怒感同身受,因为这正是他听闻那些侮辱自己的传言的反应。虽如此说,卓吾还是对无用的暴力行为和自己的欢喜做了反思。地痞流氓之害,毕竟不致死罪,对兴福寺僧人的侵扰,即如眼、耳、鼻、舌、身、意六个小毛贼作怪而已,冷静下来想,不该如此大开杀戒。自己对无用大开杀戒的欢喜,以及时常涌现的暴怒和暴戾的心魔,说明自己的心性并不见得比地痞流氓更高尚。

人们往往更容易忍受自然灾害和自身的病痛所带来的痛苦,但难以忍受人为的侵犯。庄子最早表达了这种思想,他举例说:在河面上,如果一条无人的船向自己的船漂过来,大家都知道积极应对,争取避开。但如果那条船上有人存在,人们就会暴怒,致力于谴责船上的人。是什么导致这两种截然不同的反应呢?

卓吾为自己反思,也为共通的人性反思。自己之所以心中易有暴怒的情绪,是因为傲慢的心性不容别人侵犯。自己虽然表面上像一个只求温饱的乞

①《焚书》卷四《附周友山为僧明玉书法语》

丐,但内心狂妄自大且爱虚荣①,性格狭隘,神色傲慢②,自认清高,看不起别人。(参照如下《西游记》原文)

> 童子笑道:"不瞒老师说,这两个字,上头的,礼上还当;下边的,还受不得我们的香火。是家师父诌偢出来的。"三藏道:"何为诌偢?"童子道:"三清是家师的朋友,四帝是家师的故人,九曜是家师的晚辈,元辰是家师的下宾。"
>
> 《西游记》第二十四回《万寿山大仙留故友　五庄观行者窃人参》

卓吾找到的解决暴怒的方式,还是应该时刻提醒自己忍辱的功力。"世事由来不可论,波罗忍辱是玄门。"③而忍辱的源动力,只能来自慈悲的心念。(参照如下《西游记》原文)

> 处世须存心上刃,修身切记寸边而。
> 常言刃字为生意,但要三思戒怒欺。
> 上士无争传亘古,圣人怀德继当时。
> 刚强更有刚强辈,究竟终成空与非。
>
> 《西游记》第二十六回《孙悟空三岛求方　观世音甘泉活树》

基于无用和尚的故事,卓吾虚构了万寿山五庄观的情节,以观音的慈悲,救赎暴怒的心性,复活了代表人功果和本心的23个人参果。

在确定了色、受、想、行、识"五蕴皆空"的写作提纲后,卓吾往往就地取材,基于当下的生活提炼和虚构故事,完成提纲中的义理诠释。所以,越是生活中的逆境,越能成为写作的好素材;境遇对自己的触动越真切,创作上越容易出彩。他时常感觉有一种神秘的力量在铺设他的境遇,提供着素材,并推动着他的笔,最后让他写下连自己都拍案叫绝的文字。

达到这种"通神"状态的秘诀,就是放下对小我的执着,放大心量,把持本心,顺其自然,深切体味生活的暗示及其普遍意义。在获得源源不断的灵感的同时,他也获得了创作的自由和乐趣。

---

① "志在温饱,质本齐人。"(《焚书》卷三《自赞》)
② "其性褊急,其色矜高。"(《焚书》卷三《自赞》)
③ 《焚书》卷六《得上院信》

夫妻师友

卓吾手头上与《西游记》和《藏书》同时进行的写书项目还有《初潭集》。《初潭集》与《藏书》一样，都是在辑录其他书上的人物言行进行分类整理的基础上，阐述自己的观点。所不同的是，《藏书》主要取材于史书，主要辑录帝王将相和文化名人的言行；而《初潭集》主要取材于焦竑编撰的《类林》和刘义庆的《世说新语》，多为不知名的小人物言行。卓吾把这些人物的言行重新分类，归入夫妇、父子、兄弟、师友、君臣等五大关系，从人的社会交互中体察人性。这是卓吾一贯坚持的从社会生活中寻找大道的理念。

卓吾认为，在五伦中，夫妻关系是人类最基本的关系，由此衍生出父子、兄弟等其他关系。夫妻关系蕴含世界运动发展的本质。从夫妻的交互中，可以洞察其他二元的交互，如天与地、阴与阳，等等。可以说，"天下万物都生于二"[1]，而不是生于一。一没有交互运动，无法生二。所以道家的"一生二"很让人费解，如果一能生二，那么就需要与"二生万物"完全不一样的机制，"道生一"的机制更是完全不同，这显然带来理论上的困难和缺陷。用佛学的理论来理解，将世界归于一就是有所执，有所执就入了法相。这也是卓吾用佛学理论同时改进儒家和道家理论的例证。

在卓吾之前，儒家只不过简单用"夫为妻纲"来规范夫妻关系，从来没有人像卓吾一样如此深入研究它，而且把夫妻关系引申开去，推演到理解其他的二元运动。后来卓吾在《杂说》中暗示，"余览斯记，想见其为人，当其时必有大不得意于君臣朋友之间者，故借夫妇离合因缘以发其端"，"小中见大，大中见小，举一毛端建宝王刹，坐微尘里转大法轮"。可见，卓吾在文学作品中探讨夫妻关系的真正目的，除了审视夫妻关系本身，还想以小见大，把它推广到理解君臣、朋友、兄弟等其他关系。

儒家用三纲五常来规范人际关系，如君为臣纲、父为子纲等，把重要的人伦关系都变成上下级或主从式的约束关系。卓吾不认可这样的规定。这些规定，抹杀了人伦关系中更重要的分工和协作，明显是不自然的，是人为的一厢

---

①《初潭集》卷一《夫妇篇总论》

情愿,简单且粗暴。

三纲五常的理论在操作上也没有取得好的社会效果。现实情况是,知音难觅,师友难逢,君臣难处,夫妻离心。大多数社会关系,都是"易离之交",甚至早上还很亲热,晚上就甩臂而去("朝摩肩而暮掉臂")。这些想法,除了理论上的意义,也反映了卓吾对自己遭遇的夫妻和朋友关系的一些思索。

在夫妇、父子、兄弟、师友、君臣等所有关系中,理想的状态是有分工、有补位、有合作,才能发挥最好的社会效用。

如果不是纲常,那维系这些关系的有效纽带是什么呢? 是利益和权势吗?

如果夫妻或朋友关系靠利益维系,"利尽则疏";如果靠权势绑定,"势去则反"。可见利益和权势都不是答案。

孔子与弟子的关系为我们提供了一个思考如何维系社会关系的绝佳例证[①]。他们的师友之交,"超然势、利之外",有共同的精神追求,所以无论孔子怎样困苦不得志,他的弟子都不会离他而去。这样的师友关系千载难逢,让人羡慕。

再看看历史上那些成功的君臣、父子、兄弟和夫妻关系,大多不是靠纲常来保证的。卓吾发现,理想的社会关系的共同特征,就是相互之间的理解和信任。这是任何交往中最宝贵的东西。只有理解和信任,才能产生精神层面的"共振"。这种"共振"和"知音",是巩固一切关系的坚韧纽带。

从白虎岭到宝象国的故事,就是卓吾把师友、夫妻、兄弟等关系体现在一个故事里从而影射人的"性"和"情"的关系的一次尝试。这样的类比,在古今中外的文学作品中都极其罕见,可以说是卓吾的独创。

《西游记》宝象国一节是卓吾虚构的一个凄美的爱情故事。天宫仙女厌恶了天上的枯燥生活,与天神奎木狼相约下界做个普通夫妻。但奎木狼有星职,不能长时间离岗,所以让态度决然的宫女先下界。为了有个安逸的生活,仙女选择在宝象国皇宫投胎,成了国王的三公主百花羞。等她成年后,奎木狼如约而至,把公主摄入碗子山波月洞,但此时的公主已是肉眼凡胎,记不起前世的

①《续焚书》卷二《论交难》

约定①。经过奎木狼多次吐露真心的劝说，公主在半信半疑之间，与他做了十三年夫妻。但时间并没有坚定公主的信心，反而又厌恶山洞的生活。她想做一个普通的公主，嫁入公侯豪门，有一个英俊潇洒的丈夫，而不是与面目丑陋的妖魔住在山洞里。百花羞借解救唐僧成功实现了回归正常人的生活，但同时也离散了多年的夫妻，亲手埋葬了前缘和爱情。

世人眼中成功解救公主的喜剧，却是卓吾眼中的悲剧。这个悲剧产生的原因，主要是夫妻双方没有成功建立信任，在精神追求上没有共同点。

奎木狼和百花羞的夫妻关系，如同白虎岭上唐僧和悟空的师友关系，也如同整个事件过程中悟空与八戒的兄弟关系，甚至唐僧与宝象国国王的君臣关系，均指向一个共同的话题，即信任。

从白虎岭经碗子山波月洞至宝象国都城的故事，是卓吾将五伦放在一个故事中，阐述自己二元思想的一次尝试。《西游记》义理的最高潮是九十三回的寿者相和法相之难，但最精彩的故事情节、最细腻的心理刻画和最独特的哲学思想却在宝象国。

在卓吾欣赏的君臣关系中，典型的就是东方朔与汉武帝的关系。东方朔的成功之处，学识渊博和机智幽默都是次要的，更重要的是，他成功建立了君臣的信任关系，让皇帝即便被讽刺、被否定也不认为是对自己的侵犯，并勇于改变自己的决定。信任的威力以至于此。这时的君臣关系，不是"君为臣纲"，而是志同道合。夫妻、父子、兄弟、师友莫不如此。所以，"同志"才是所有人际交互的最高境界。

"同志"这个词，是春秋时期的左丘明在《国语》中提出的，"同德则同心，同心则同志"。卓吾在作品中反复借用这个词②，用以描述夫妻、师友关系的最高

---

① 在另一篇文中卓吾也用了类似的叙事："一来苏家投胎，便不复记忆前身前事。"（《续焚书》卷一《与周友山》）

② 如："古人得一同志，胜于同胞，良以同胞者形，而同志者可与践其形也。孔、孟走遍天下，为着甚么？无非为寻同志焉耳。"（《续焚书》卷一《与吴得常》）；"夫唯君子超然势利之外，以求同志之劝，而后交始难耳。"（《续焚书》卷二《论交难》）；"眷属徒有家乡之念，童仆俱有妻儿之思，与我不同志也。"（《焚书》卷二《答刘晋川书》）；"然而贤者疑之，不贤者害之，同志终鲜，而公亦竟不幸为道以死也。"（《焚书》卷三《何心隐论》）；"且不待远求而自得同志之朋于家庭之内，祝余之叹，岂虚也哉！"（《焚书》卷二《复耿中丞》）

境界,取代三纲五常的说法。

从司马迁把东方朔写入《史记》的《滑稽列传》开始,古往今来的史家对东方朔的机智和幽默的肯定居多,但把他作为最让人敬佩的朝堂上的隐者而大加赞扬的恐怕少有。在《藏书》中,卓吾把东方朔列为"讽谏名臣"一类。在《西游记》中,蟠桃园偷桃和车迟国的斗法都取材于东方朔的民间故事。在万寿山一节,卓吾竟然插入悟空与东方朔互相调侃的情节,如同经常见面的老朋友一样,无法掩饰对他的喜爱。(参照如下《西游记》原文)

行者见了,笑道:"这个小贼在这里哩!帝君处没有桃子你偷吃!"东方朔朝上进礼,答道:"老贼,你来这里怎的?我师父没有仙丹你偷吃。"帝君叫道:"曼倩休乱言,看茶来也。"曼倩原是东方朔的道名。他急入里取茶二杯。

《西游记》第二十六回《孙悟空三岛求方　观世音甘泉活树》

信任不但是五伦的基石,卓吾还把他对五伦的理解引申到所有的二元运动。包括以孙悟空和猪八戒所代表的"性"和"情"的关系。

神秀"时时勤拂拭,莫使惹尘埃"一句,为什么境界还不够?这种境界,就好像弓箭瞄准了箭靶一样,说明这个人确立了得道的志向[1],但同时也说明离道还远。即便是偶尔达到得道的境界,也要日夜惶惶,唯恐失去。这种状态,终究还是要失去。

出现这种情况最根本的原因,是性和情的诉求相抵触。"情"容易受到眼、耳、鼻、舌、身、意等感官和欲念的诱惑,招惹"尘埃","性"要去"拂拭",显示了内心的争夺。

在得道的状态中,性和情的关系,就像鱼在水中游。鱼感觉不到水,水也感觉不到鱼,不知道谁依附谁。这就是慧能"本来无一物,何处惹尘埃"的状态。

人在性和情统一的状态中,无所谓道,也无所谓仁,无我无人,生死两忘,

---

[1] "志道如志的。"(《续焚书》卷一《与陆天溥》)

这才是解脱的状态。①"此乐现前,则当下大解脱,大解脱则大自在,大自在则大快活。世出世间,无拘无碍,资深逢源。故曰:'鱼相忘乎江湖,人相忘乎道术。'"

在《西游记》宝象国一节中,卓吾用一首偈语表达了与《焚书》中上述书信同样的意思。要像兄弟一样处理自己的心性和情感的关系,性情相合才是修行之本,离性从情从欲是痛苦困顿之由。性和情应齐心协力,应对世上种种色相和欲念的蒙蔽,除去对眼、耳、鼻、舌、身、意等感官和欲念的向往和执着,即是佛的境界。(参照如下《西游记》原文)

义结孔怀,法归本性。金顺木驯成正果,心猿木母合丹元。共登极乐世界,同来不二法门。经乃修行之总径,佛配自己之元神。兄和弟会成三契,妖与魔色应五行。剪除六门趣,即赴大雷音。

《西游记》第三十一回《猪八戒义激猴王 孙行者智降妖怪》

---

① "日用应缘,但如此做去,则工夫一片;工夫一片,则体用双彰;体用双彰,则人我俱泯;人我俱泯,则生死两忘;生死两忘,则寂灭现前,真乐不假言矣。"(《续焚书》卷一《与陆天溥》)

万历十六年戊子(1588)62岁

幌金绳

　　麻城虽是个小县城,但在当时是人杰地灵的诗书之乡,不但出了周氏家族的两个人官,还有时任御史的梅国桢家族。梅国桢虽为儒士,后兼武将,但酷爱佛学,并影响了家族成员多皈依佛教。本年初,梅国桢回家探亲,初次结识卓吾,对卓吾的学问造诣深为钦佩,此后时有往来,还鼓励自己的亲戚向卓吾请教佛学问题。

　　梅国桢之女梅氏寡居在家,在父亲的影响下也热衷佛学,并自号澹然,这时开始与卓吾通过书信探讨佛理。

　　随着卓吾在麻城的名气越来越大,求学问道的人也渐渐多起来,有学识的人总是为卓吾的学识所折服。又加上他跟县令邓鼎石的关系,很多人开始为接近邓鼎石而拉拢卓吾,积极向维摩庵捐款捐物。卓吾与梅家的交往带动了一批有钱、有名望家族的女眷向卓吾请教佛学问题并布施供养。

　　1588年春天,龙湖芝佛院的住持无念和尚邀请卓吾去芝佛院居住。卓吾欣然接受了这个邀请。

　　芝佛院是周思久、周思敬兄弟的私人家庙,早在1581年卓吾刚到湖北时就在这里小住过。芝佛院优美的湖山环境给他留下良好的印象,至今已多次访问。卓吾跟耿定向闹翻后,一度曾希望到芝佛院居住,但周思久不想介入这场辩论,不想让耿定向以为他站在卓吾一边,所以迟迟不肯邀请他来芝佛院。

　　无念佩服卓吾的学识,更看中卓吾的声望能给芝佛院带来的好处,这才在周思久的默许下对卓吾发出邀请。此时耿李争执的风头已过,料想耿定向不会因此记恨周家。周思久也乐得做这个人情①。

　　无念是麻城本地人,俗姓熊,名深有,僧号无念,比卓吾小17岁。虽然卓吾以其为友,但无念对卓吾的佛学修养非常认可,向来尊卓吾为师。起初卓吾也

---

① "守院僧无念者以好学故,先期为柳塘礼请在焉,故余遂依念僧以居。"(《续焚书》卷二《释子须知序》)

很喜欢跟无念交往，觉得他像个笑口常开的布袋和尚（五代时的高僧，后来成为弥勒佛的塑像原型）。但接触时间长了以后，他发现无念虽然聪明，但有个缺点，就是贪图钱财，喜欢奢侈的生活，热衷结交权贵、求人募捐以供养自己的奢侈生活①。（参照如下《西游记》原文）

三藏称谢未毕，只见那后面有两个小童，搀着一个老僧出来。看他怎生打扮：头上戴一顶毗卢方帽，猫睛石的宝顶光辉；身上穿一领锦绒褊衫，翡翠毛的金边晃亮。一对僧鞋攒八宝，一根挂杖嵌云星。

《西游记》第十六回《观音院僧谋宝贝　黑风山怪窃袈裟》

无念把卓吾接到芝佛院之后，果然打着卓吾的幌子，外加周氏兄弟的关系，到北京和南京四处化缘。虽然卓吾对无念的利用有些不满，但无念总归是芝佛院的住持，是自己的东道主，供养自己衣食用度，鉴于朋友和依赖关系，卓吾对他的行径有点失望但又很无奈，只好到处写信给捐助芝佛院的朋友表示感谢②。

所以尽管有这一点缺憾，卓吾还是很乐意住在芝佛院。他实在是喜欢这个远离城市喧嚣、环境优雅的地方。因为这样的山水和寂静，正是写书的绝佳场所。③

袁宗道后来对龙湖山水有这样的描写："龙湖一云龙潭，去麻城三十里。万山瀑流，雷奔而下，与溪中石骨相触，水力不胜石，激而为潭。潭深十余丈，望之深青，有如龙眠。而土之附石者，因而夤缘得存，突兀一拳，中央峙立。青树红阁，隐见其上，亦奇观也。潭右为李宏甫精舍，佛殿始落成，倚山临水，每一纵目，则光黄诸山森然屏列，不知几万重。"④

---

① "深有虽稍有向道之意，然亦不是直向上去之人，往往认定死语，以辛勤日用为枷锁，以富贵受用为极安乐自在法门，则亦不免误人自误者。盖定见有气骨而欠灵利，深有稍灵利而无气骨。"（《焚书》卷三《三蠢记》）

② "无念又作秣陵行，为训蒙师，上为结交几官，次为求几口好食、几贯信施钞而已。我所与者尽只如此，伤哉伤哉，不死何待也！"（《续焚书》卷一《与焦弱侯》）

③ "近居龙湖，渐远城市，比旧更觉寂寞，更是弟之晚年便宜处耳。"（《焚书》卷二《又与从吾孝廉》）

④ 《白苏斋类集》卷一四《龙湖记》

卓吾搬到芝佛院以后明显加快了写作进度。就像老年时的姜子牙一样，他现在也坐在了貌似悠闲的钓台上，但并不是为了享受钓鱼的乐趣。自古怀揣大才的人不一定被世道所用，但落在纸面上的思想却永远不会被磨灭。所以如果自己不能像姜子牙那样被周文王发现，成为匡扶天下的宰辅，那就效仿西出函谷关的老子，留下传世的著作吧。

石潭即事

岂为偷闲坐钓台，采真端为不凡才。

神仙自古难逢世，且向关门望气来。①

袁中道后来回忆他看到的卓吾在芝佛院的生活时说，卓吾每天刻苦读书、写书，有时一边写一边做出一些武打动作，写到得意处就解衣大叫，非常可爱。写累了或思路枯竭的时候，就拿起扫把扫院子。年轻的僧侣们经受不起这位老人和曾经的知府大人在庙里打扫卫生，老是想抢他的扫把，但总是被他喝退。他表示自己只是在做喜欢的事。②

在《枕中十书》中，卓吾引用了两个人的话阐述修身的方法。

列子曾说："孔子能废心而用形。"卓吾解释说，孔子待人接物，只用自己的行迹，而不动心，或者说身忙心闲，这是入世修身的方法。

贯休和尚在《寄山中伉禅师》中云："举世遭心使，吾师独使心。万缘冥目尽，一句不言深。"卓吾解释说，世人皆被心所奴役，而伉禅师独能制服其心，或者说是让心保持澄明，不受杂念滋扰。这是出世修身的方法。

无论出世还是入世，卓吾都强调身体的勤奋和心念的纯粹。这是他保持专注和保证产出的秘诀。

此时《西游记》写至乌鸡国。这一组情节要反映的义理是"想即是空"。其中涉及到的空幻的臆想，包括对安逸的追求（平顶山）、对得失的苦恼（宝林寺）、对琐事的怒火（火云洞）、对过往的怀念（衡阳峪）。平顶山一节就是讨论第一个话题，即对安逸的追求。

---

① 《续焚书》卷五《石潭即事四绝》
② "日以读书为事。性爱扫地……亦喜作书，每研墨伸楮，则解衣大叫，作兔起鹘落之状，其得意者亦甚可爱。"袁中道（《珂雪斋集》卷一七《李温陵传》）

《金縢》是《尚书》的名篇，记载了周公旦的一个故事。大意是讲周武王病重时，周公旦把愿意代武王死的祷词封到了一个盒子中，用金縢（金丝线编的绳子）绑好。后来武王儿子即位，怀疑周公有篡位的想法，但当他看到这个祷告词时就不再怀疑周公了。

历来这个故事被认为反映了周公的高风亮节，但卓吾却认为，周公"无风扬波，无事生事，一人好名，毒流万世"①。汉朝末期，权臣王莽就模仿周公演出了一模一样丑剧，取得大家交口称赞，从而为日后篡位打下舆论基础。所以金縢在卓吾眼里成了保持自己禄位的法宝。（参照如下《西游记》原文）

"你既认得，你快早走动，到老奶奶处，多多拜上，说请吃唐僧肉哩。就着带幌金绳来，要拿孙行者。"

《西游记》第三十四回《魔王巧算困心猿　大圣腾挪骗宝贝》

卓吾试图以平顶山的故事和自己的亲身体会说明，做一个劳碌的普通人，"用形""使心"才是养生处世之道。世间的权、利、禄、名，貌似是获得人生安逸的宝贝，但其实是束缚人心性的绳子和消磨人意志的陷阱。所以，闲适的心魔不可有，大家都追求的那些宝贝也可放弃。

在这样勤奋的写作中，卓吾的著述初具规模。本年，他写信给焦竑总结了退休以来的成果②。除了焦竑已经知道的进行中的《藏书》和刚刚完成的《初潭集》，他还打算把朋友的往来通信结集出版，名曰《焚书》；经典注释再出一套系列，名曰《说书》。（参照如下《西游记》原文）

唐僧谢之不尽道："徒弟啊，多亏你受了劳苦！"行者笑道："诚然劳苦。你们还只是吊着受疼，我老孙再不曾住脚，比急递铺的铺兵还甚，反复里外，奔波无已。因是偷了他的宝贝，方能平退妖魔。"

《西游记》第三十五回《外道施威欺正性　心猿获宝伏邪魔》

①《续焚书》卷四《读金縢》
②《焚书》卷一《答焦漪园》

乌鸡无相

卓吾到哪里都能立即成为人们热议的焦点，这并非卓吾所愿。他知道有的是因为钦佩他的学识才想接近他，更多的人是出于对这位辞掉知府的职位到庙里扫地的传奇人物的好奇。他的身世、言行甚至服饰都成为人们在街头巷尾的谈资。道学先生们表达的则是对这种"弃家叛教"行为的批评。

卓吾感慨，人们把他当作异端，是因为心中的顽固的观念（"相"）太深了。孔子在《论语》中讲到一句模糊的话，"攻乎异端"，成了大家义正词严批判跟自己观念不同的人的理论依据，历史上制造了太多冤案。而实际上，大家并不真正懂得什么是"圣人"，什么是"异端"，只不过沿袭父辈或老师的说辞；而父辈和老师也是从先前的儒学家那里听来的，这些儒学家是从孔子模糊的一句话那里推测的。孔子说我不是圣人时（"圣则吾不能"），大家不当回事，认为是他谦虚（卓吾认为这是孔子无我相、人相、众生相的表现，先贤的理念是相通的），而孔子说"攻乎异端"时，就默认要攻击道教和佛教了①。

先儒们臆测得出的结论，成了父师辈背诵的经典，无知的后辈们蒙上自己的眼睛和耳朵不用，单单背诵别人的话，并以为真知。最后形成了"万口一词""千年一律"的金科玉律②。

在佛家理论里，这种思维的框框被称为"相"，包括很多方面。对自我感受的坚持被称作"我相"，对人我的区分被称作"人相"，对人群的贴标签行为被称作"众生相"，对历史传统和成见的坚持称为"寿者相"，对教条和规则的顽固坚持称作"法相"，这些都是释迦牟尼在《金刚经》中用大量篇幅谆谆告诫人们需要摆脱的思维陷阱。只有摒弃这些"相"的束缚才能找到自己的本心（"应无所住，而生其心"）。

---

① "人人非真知大圣与异端也，以所闻于父师之教者熟也；父师非真知大圣与异端也，以所闻于儒先之教者熟也；儒先亦非真知大圣与异端也，以孔子有是言也。其曰'圣则吾不能'，是居谦也。其曰'攻乎异端'，是必为老与佛也。"（《续焚书》卷四《题孔子像于芝佛院》）

② "儒先亿度而言之，父师沿袭而诵之，小子矇聋而听之。万口一词，不可破也；千年一律，不自知也。不曰'徒诵其言'，而曰'已知其人'；不曰'强不知以为知'，而曰'知之为知之'。至今日，虽有目，无所用矣。"（《续焚书》卷四《题孔子像于芝佛院》）

卓吾认为他有责任帮助人们破除这种思维的盲目和惯性,方法就是启发大众放开心胸,从不同的角度观察事物。这是他在乌鸡国宝林寺一节里所要表达的思想。(参照如下《西游记》原文)

行者道:"兄弟,若依老孙看时,把这青天为屋瓦,日月作窗棂,四山五岳为梁柱,天地犹如一敞厅!"

《西游记》第三十六回《心猿正处诸缘伏　劈破旁门见月明》

卓吾有一颗伶俐而又顽皮的心。人们说他背叛圣人,他就在搬到芝佛院后,在佛堂里挂上了孔子像。他的借口是为了从众,表明自己跟大众没有不同,是没有"众生相"的表现①。而事实上,在道学家眼里,在佛堂挂孔子像的行为,是对大众观感的挑衅。几乎没有人真正理解他的意思。他只不过在破除儒、释这些教派对人们施加的思维禁锢而已。其实整部《西游记》都在阐释这个道理。

不仅如此,本年初夏,他还把自己的头发剃掉,开始穿僧衣。

家人已数次来信催他回泉州,这让卓吾不胜其扰,表示自己已经落发出家,不理俗事②,他还写了四首诗以言出家之志:

薙发

空潭一老丑,薙发便为僧。

愿度恒沙众,长明日月灯。

其二

有家真是累,混俗亦招尤。

去去山中卧,晨兴粥一瓯。

其三

为儒已半世,食禄又多年。

欲证无生忍,尽抛妻子缘。

---

① "余何人也,敢谓有目?亦从众耳。既从众而圣之,亦从众而事之,是故吾从众事孔子于芝佛之院。"(《续焚书》卷四《题孔子像于芝佛院》)

② "其所以落发者,则因家中闲杂人等时时望我归去,又时时不远千里来迫我,以俗事强我,故我剃发以示不归,俗事亦决然不肯与理也。"(《焚书》卷二《与曾继泉》)

其四

大定非关隐,魂清自可人。

而今应度者,不是宰官身。①

而对友人,他却表示剃发是对攻击他是异端的人的还击②。

本年卓吾还写了《三教归儒说》寄给友人,提出儒释道在出世和追求真理这个宗旨上是一致的③。这是《金刚经》所倡导的"无法相"的具体应用。"以闻道为心"的颜回死后,孔子也感叹没有好学的人了。现在儒家这帮"阳为道学、阴为富贵"的道学家们都不懂得这个浅显的道理。所以要想在这样的世道上追求真理,哪怕是像颜回一样做个真正的儒士,也"不可以不剃头当和尚矣"。

这样一来,对于要求他回家的家人,卓吾成了和尚;对于心怀叵测、爱看热闹的"吃瓜群众",卓吾成了在佛堂拜孔子像的秃头怪人;对于痛心疾首要求自己不要背叛儒教的旧日好友,卓吾又成了颜回一样真正有理想的儒士。人们总喜欢给自己和别人贴上标签,然后根据标签的框框去思考,哪怕这种行为给自己和别人带来无尽烦恼。幸好卓吾早年在菩提祖师那里学会了七十二变,可以通过这样的身份切换时而安慰、时而挑战一下别人的神经。

对于芝佛院僧众,卓吾又换了说法。他声明他的剃发不是剃度。只是因为夏天出汗多,头皮痒,剃发凉快凉快,而自己仍然是一个在家修行的居士,所以可以继续四处喝酒、吃肉、唱歌、说笑话,或者仅是一个在芝佛院帮佣的扫地僧。

与普通扫地僧气质截然不同,卓吾平日与人交往非常随性。对于自己欣赏的人,怎么玩笑都可以;对于话不投机的人,则一言不发,不顾及礼貌④。背后有传言说他高傲看不起别人,不能容人,不容易接近。卓吾干脆写了一篇

①《焚书》卷六《薙发》

②"此间无见识人多以异端目我,故我遂为异端以成彼竖子之名。"(《焚书》卷二《与曾继泉》)

③"儒、道、释……期于闻道以出世一也。"(《续焚书》卷二《三教归儒说》)

④"其忻赏者,镇日言笑,意所不契,寂无一语。"(袁中道《珂雪斋集》卷一七《李温陵传》)

《自赞》①，既是自我解嘲，也是继续挑战众人观念。

他自我"赞美"道："我这个人性格急躁，气度狭小，神色高傲，言辞粗俗，内心狂乱痴迷，行为轻率，跟人交往表面亲热但其实朋友很少。这是因为我跟人交往时，总是挖掘人的缺点，不愿肯定别人的长处；对自己厌恶的人，不但不愿理睬，终生都想着陷害。我真正的志向只求温饱，但表面却装作跟伯夷、叔齐一样气节高贵；我其实就是一个在外面要饭、回家给妻子吹嘘自己地位崇高的齐人②，但却自称道德高尚。分明是一点也不愿意救济别人，但总是批评别人借口太多；分明是一个毫毛不拔的小气鬼，但认为一贯主张'为己'的杨朱没有仁爱之心。大家都讨厌我这种口是心非、喜欢叛逆的人。当年子贡问孔子：'做一个乡里人都称赞的人好不好？'孔子说'不好'；又问：'做一个乡里人都讨厌的人怎么样？'孔子也说'不好'。像我这样的人品，真是不可救药啊。"

毕竟，"若为追欢悦世人，空劳皮骨损精神。年来寂寞从人谩，只有疏狂一老身"。③

在内心深处，卓吾其实早就把自己当成僧人。他作为姚安知府访问云南鸡足山时，曾写诗自称是"太守"和"孤僧"④。这两个身份，哪个更接近大道？他的表象可以在儒官和僧人之间变换，他的心一直像唐僧一样在求索。他选择的道路向西，但他找到的"最上乘"的大道，却非儒、非道、非释。

> 华严真法海，彼岸我先登。
>
> 雨过千峰壮，泉飞万壑争。
>
> 山中迎太守，物外引孤僧。
>
> 寄语传经者：谁探最上乘？

---

① "其性褊急，其色矜高，其词鄙俗，其心狂痴，其行率易，其交寡而面见亲热。其与人也，好求其过，前不悦其所长；其恶人也，既绝其人，又终身欲害其人。志在温饱，而自谓伯夷、叔齐；质本齐人，而自谓饱道饫德。分明一介不与，而以有莘借口；分明毫毛不拔，而谓杨朱贼仁。动与物迕，口与心违。其人如此，乡人皆恶之矣。昔子贡问夫子曰：'乡人皆恶之何如？'子曰：'未可也。'若居士，其可乎哉？"（《焚书》卷三《自赞》）

② 《孟子·离娄章句下》

③ 《续焚书》卷五《石潭即事四绝》

④ 《续焚书》卷五《钵盂庵听诵华严并喜雨二首》

无己无患

古代对于没有儿子的人，到了老年，为了照顾病苦和继承家业，往往由家族指定一个嗣子。在黄安时，卓吾的弟弟就把自己的刚成年的儿子李贵从泉州遣来，作为嗣子照顾卓吾起居。卓吾起初非常不情愿，认为自己有个女儿就足够传宗接代了，也没有什么家业需要继承，所以不肯承认这个嗣子。但黄氏坚持留下了李贵，并帮他操办，在黄安娶妻生子，还有了一个儿子叫李四官。卓吾妻女回泉州后，留下了李贵一家到麻城继续照顾卓吾。卓吾搬到芝佛院后，贵儿一家三口就继承了维摩庵，并时常到龙湖看望卓吾。

本年夏天，贵儿在一次午后到龙湖冲凉，不幸溺水而死。这个突然的打击让卓吾痛苦难耐，辗转反侧，不能入眠。他喜欢的龙湖却带来如此的厄运。卓吾甚至开始"痛恨此潭水"。

> 哭贵儿
>
> 水深能杀人，胡为浴于此？
>
> 欲眠眠不得，念子于兹死！
>
> 其二
>
> 不饮又不醉，子今有何罪？
>
> 疾呼遂不应，痛恨此潭水！
>
> 其三
>
> 骨肉归故里，童仆皆我弃。
>
> 汝我如形影，今朝唯我矣！①

卓吾不能自已，感觉自己的灵魂也随着贵儿沉入了湖底。他多么希望有个龙王能在湖底用定颜珠保存住贵儿的身体，自己能到太上老君那里要一颗还魂的金丹来呀。

在给贵儿的祭文中，卓吾承诺贵儿的儿子就是他的孙子，会抚养他成年，但希望安排贵儿的妻子改嫁，不必为贵儿守寡②。他希望贵儿的魂魄守着自

---

① 《焚书》卷六《哭贵儿》
② "汝妇当更嫁，汝子是吾孙。汝魂定何往？皈依佛世尊。"（《续焚书》卷五《哭贵儿二首》）

己,皈依佛教,超脱轮回①。

　　难以忍受的痛苦,让卓吾更加向往彻底的解脱。世上不存在没有烦恼的人,只有消灭了这具肉身,才能没有患难。没有患难,烦恼才能消失。老子说:"若吾无身,更有何患?"所以只有悟到"出世之旨"才能达到无己的状态②。这是乌鸡的来历。

　　麻城的女居士明因来信向卓吾请教"自性"的佛理③。自性是慧能在《坛经》中反复强调的本心或佛性,也常常在后来的禅语中称作"主人公""本来面目"或"真爷娘"。找到"真爷娘",是得道或开悟的别称。卓吾回信告诉她,我们需要找的这个自性或"真爷娘"有无尽的神通,"假爷娘怕事,真爷娘不怕事:入火便入火,烧之不得;入水便入水,溺之不得"。(参照如下《西游记》原文)

　　逢君只说受生因,便作如来会上人。一念静观尘世佛,十方同看降威神。欲知今日真明主,须问当年嫡母身。别有世间曾未见,一行一步一花新。

　　　　　　　　《西游记》第三十八回《婴儿问母知邪正　金木参玄见假真》

---

①"汝但长随我,我今招汝魂。存亡心不异,拔汝出沉昏。"(《续焚书》卷五《哭贵儿二首》)
②"世固未闻有少烦恼之人也,唯无身乃可免矣。老子云:'若吾无身,更有何患?'无身则自无患,无患则自无恼。吁!安得闻出世之旨以免此后有之身哉!"(《焚书》卷二《复李渐老书》)
③《焚书》卷四《观音问》

思乡难息

祸不单行,在处理完贵儿的丧事之后,卓吾得到了更大的打击。八月初,女婿庄纯夫风尘仆仆从泉州赶来报丧,告知卓吾,岳母黄氏已于当年的闰六月病故。

女儿在家守住灵柩,希望庄纯夫把卓吾接回老家料理丧事。庄纯夫用了四十多天才从泉州赶到麻城,从盛夏一直走到了秋凉。

让众人感到诧异的是,卓吾听到这个消息面无表情。他告诉女婿,自己不回去了,让他稍事休息后,赶回去帮助女儿操办丧事。第二天,他将写好的一幅字交给女婿,嘱咐他回家刻成墓碑,上书"李卓吾妻黄氏之墓 卓吾老子书",然后匆匆将女婿送上归程。

"有生就有死,如同有日就有夜。死了不能复生,如同过去的时间不能复返。人没有不想活着的,也没有不感伤逝去的,但都得不到永生,也不可能不失去。既然不能永生,那么就不必追求永生;既然不能避免死亡,那么死亡可以不必伤心。不必为死去的人感到悲伤,反而应该对活着的人悲伤。所以不要伤感死亡,还是伤感活着吧。"[①]卓吾这样安慰自己。

过去的一年,黄氏一直来信催他回家。他像一只努力挣脱束缚的风筝,而黄氏就像牵着风筝的线。当断开时,风筝才体会到那根线的意义所在。当他努力再去抓住那根线时,自己却堕入无边的黑暗。(参照如下《西游记》原文)

　湖泊江河天下有,溪源泽洞世间多。人生皆有相逢处,谁见西方黑水河?唐僧下马道:"徒弟,这水怎么如此浑黑?"八戒道:"是那家泼了靛缸了。"沙僧道:"不然,是谁家洗笔砚哩。"

《西游记》第四十三回《黑河妖孽擒僧去　西洋龙子捉鼍回》

隐隐之中,自己似有牵挂,当那份牵挂被淡忘时,斯人已逝。送走女婿后,

[①] "生之必有死也,犹昼之必有夜也。死之不可复生,犹逝之不可复返也。人莫不欲生,然卒不能使之久生;人莫不伤逝,然卒不能止之使勿逝。既不能使之久生,则生可以不欲矣。既不能使之勿逝,则逝可以无伤矣。故吾直谓死不必伤,唯有生乃可伤耳。勿伤逝,愿伤生也!"(《焚书》卷四《伤逝》)

卓吾才知自己牵挂依旧。他一遍遍回忆着黄安离别的情景，体验黄氏在归乡路上的孤独。在卓吾心中，黄氏已经幻化成了故乡。此前的故乡，全是痛苦和世俗的记忆，而现在，因为黄氏，那个地方变得可亲可爱起来。他的心越过千山万水，回到泉州海边。在家乡小院的树荫下，再与妻子聊聊天。（参照如下《西游记》原文）

　　三藏闻言，默然沉虑道："徒弟啊，我一自当年别圣君，奔波昼夜甚殷勤。芒鞋踏破山头雾，竹笠冲开岭上云。夜静猿啼殊可叹，月明鸟噪不堪闻。何时满足三三行，得取如来妙法文？"行者听毕，忍不住鼓掌大笑道："这师父原来只是思乡难息！"

《西游记》第四十三回《黑河妖孽擒僧去　西洋龙子捉鼍回》

哭黄宜人

结发为夫妇，恩情两不牵。

今朝闻汝死，不觉情凄然！

其二

不为恩情牵，含凄为汝贤。

反目未曾有，齐眉四十年。

其三

中表皆称孝，舅姑慰汝劳。

宾朋日夜往，龟手事香醪。

其四

慈心能割有，约己善持家。

缘余贪佛去，别汝在天涯。

其五

近水观鱼戏，春山独鸟啼。

贫交犹不弃，何况糟糠妻！

其六

冀缺与梁鸿，何人可比踪？

丈夫志四海,恨汝不能从![1]

第二年春天,庄纯夫的信才到,报告丧事已毕,顺便提及耿定向和耿定理的三弟耿定力正在福建提学副使的任上,也出资协助办丧,并已上表朝廷申请对黄氏进行诰封表彰[2]。

卓吾写下了深情的回信[3]:

"丧事已毕,可喜可喜!人生一世,如此而已。我们相伴四十余年,彼此都已经非常熟悉了,她的突然离去,让我心中难以割舍。就像在湖北做客这么多年,心中也渐渐把这里当作了第二个故乡,一样不忍突然离去。你岳母一生辛勤拮据,孝友忠信,损己利人。回想起夫妻恩情,相敬如宾,临别犹难割舍。她的所作所为、她的成就、言谈和品德都让我思念。只有在外讲学一事她不尽支持,稍稍可憾,其余都是一般人难以达到的。我虽然有铁石心肠,也不得不感慨万千。何况在她弥留之际,我们两人天各一方,都来不及永诀!罢了,罢了!

"自从你来到湖北报丧,我没有一夜不梦到她,但梦里的她跟没死一样。难道她的魂魄真的到我这里来了?还是因为我的思念,我的魂把她的魂招来?她平生谨慎,从不肯轻易到佛堂,主要是因为看不开,到一下又何妨?对于灵魂来说,哪有什么男女的分别和忌讳,哪有时空远近的区隔,哪有什么人世间礼法的拘束和妨碍?要是还跟旧日一样拘碍不通,则终无出头之期矣。只要这个灵魂还在,便知道此身不死,自然无所拘碍,何必自己再加一些拘碍呢?无拘无碍,便是西方净土,极乐世界,更无别有西方世界也。

"纯夫可以将我这封信焚告你岳母之灵,让她知道我的意思。不要贪图托生之乐,再进入人世轮回,不然还是蒙蔽受苦;也不要贪图待在天上享受供养,忘却前生自由自在的夙念,否则还是积累果报,不能超脱。

"依你岳母的为人,必然能留在天上。虽然在天上,记住我的话,不要忘却,等我寿终之时,就来接我。让我们时刻相依,不至于错过。如果她能把魂魄暂时留在芝佛院我身边就更好了,可以看到平时跟我交游的那些我所敬爱的灵魂,归依他们,等着我。千万不要再去托生。纯夫一定要焚香化纸钱,苦读三

---

[1]《焚书》卷六《哭黄宜人》
[2] 耿定力《诰封宜人黄氏墓表》
[3]《焚书》卷二《与庄纯夫》

五遍，对灵叮嘱，明白诵说，让你岳母知道。"

巨大的痛苦让卓吾不能自持，但好在他有分身法，那被思念之魔掠去的是肉身和情感，他的真性总是能在他关上书房门、拿起毛笔的一刻就轻轻一跃，跳在空中，手握金箍棒，准备战斗。（参照如下《西游记》原文）

这阵风，原来就是那棹船人弄的，他本是黑水河中怪物。眼看着那唐僧与猪八戒，连船儿淬在水里，无影无形，不知摄了那方去也。

《西游记》第四十三回《黑河妖孽擒僧去　西洋龙子捉鼍回》

卓吾希望黄宜人能看到他正在写的《西游记》，能理解自己的追求，能原谅他的离家不归，能体味他平日所讲的成佛到底是怎么一回事。

忆黄宜人二首

其一

今日知汝死，汝今真佛子。

何须变女身，然后称开士。

其二

我有一篇书，颇言成佛事。

时时读一篇，成佛只如此。[1]

不想家的办法，就是跟朋友喝喝酒、聊聊天。中秋傍晚，黄安的酒友刘近城带着酒来到庙里赏月，卓吾带他一起看看龙湖的草木鱼鸟。

举网澄潭下，凭阑看得鱼。

谁将从事酒，一问子云庐？

水白沙鸥净，天空木叶疏。

中秋今夜月，尔我独踌躇。[2]

客人来了就陪着聊聊天，把客人送走了就跟落花说说话。湖面微风吹来，细草摇动，凄凉的月光洒在湖边沙滩上。在异乡做客久了，难免会想家，跟朋友聊聊旧事可以缓解一下思乡之苦。桌上的琴和书还没来得及整理，独自坐

---

[1]《续焚书》卷五《忆黄宜人二首》
[2]《焚书》卷六《中秋刘近城携酒湖上》

在窗前观赏将要消失的晚霞。(参照如下《西游记》原文)

龙王见了,魂飞魄散,慌忙跪下叩头道:"大圣恕罪!那厮是舍妹第九个儿子。因妹夫错行了风雨,刻减了雨数,被天曹降旨,着人曹官魏徵丞相梦里斩了。舍妹无处安身,是小龙带他到此,恩养成人。前年不幸,舍妹疾故,惟他无方居住,我着他在黑水河养性修真,不期他作此恶孽。小龙即差人去擒他来也。"

《西游记》第四十三回《黑河妖孽擒僧去　西洋龙子捉鼍回》

有客开青眼,无人问落花。

暖风熏细草,凉月照晴沙。

客久翻疑梦,朋来不忆家。

琴书犹未整,独坐送残霞。①

---

① 《续焚书》卷五《独坐》

万历十七年己丑(1589)63岁

陈家庄

1589年,卓吾63岁。《西游记》的写作到了通天河和陈家庄,完成了篇幅的一半。(参照如下《西游记》原文)

老者捶胸道:"可怜!可怜!说甚么令郎,羞杀我等!这个是我舍弟,名唤陈清,老拙叫做陈澄。我今年六十三岁,他今年五十八岁,儿女上都艰难。我五十岁上还没儿子,亲友们劝我纳了一妾。没奈何寻下一房,生得一女,今年才交八岁,取名唤做一秤金。"

《西游记》第四十七回《圣僧夜阻通天水　金木垂慈救小童》

从1582年构思至今,整整过去了七年时间。这期间卓吾从黄安到麻城维摩庵,最后到芝佛院,经历了诸多的波折。自己生了一场大病,两个好友和两个亲人先后故去,一个论敌还在偶尔搅动他的思绪。《藏书》同步推进,史料依旧堆积如山。写作的过程真的会像自己给唐僧订的计划那样,用十四年的时间走完全程吗?那时自己就七十岁了。人生七十古来稀,时不我待。在为唐僧庆幸十万八千里走完一半的同时,他也提醒自己加快写作速度。所幸,整部书的构思已经完全成型,语言运用也越来越得心应手,后半部已是水到渠成的事了。

《西游记》车迟国的章节,是用来诠释《心经》中的"行即是空",探讨人类行为的虚幻性。车迟国又分为两个场景,一个是批判追求灵异和魔术的修行,另一个场景在陈家庄,集中体现卓吾对人生路径选择的哲思。

焦竑比卓吾小13岁,到今年正好50岁。他天资聪慧,学识渊博。卓吾喜欢跟他谈论学问,好几次想去南京找他,也一直想邀请他来湖北小住。但焦竑一直不为所动。他背负着家族的期望,在知天命的年纪,还在刻苦攻读,一定要求取一个功名。

卓吾曾写信劝他："你的盖世聪明,不用在钻研哲学和性命的学问上,反而把一生的力气花在应试文章上,而且水平还很好,这是你的不幸啊。你虽然身体还好,但已近知天命的年岁,现在不研究生死的学问,他年功名到手,事务性的工作会更多,到了精力渐衰的时节,就什么都干不成了。功名富贵,道理上都知道是身外物,但落实在行动上时,老是放不下,性命反倒成了次要的东西,这怎么能行?"①

卓吾并不反对求取功名,因为功名也是济世的一种重要方式。但他更主张顺其自然,反对对功名的执着。(参照如下《西游记》原文)

那二位欠身道："你等取经,怎么不走正路,却蹿到我这里来?"

《西游记》第四十七回《圣僧夜阻通天水　金木垂慈救小童》

卓吾所谓的"性命"和生死的学问,不是普通人所谓的长生不老,也不是道家的炼丹术。他曾说,那种致力于通过艰苦修炼将元神脱离躯壳的努力,以及炼丹吃药获得长生的法门是多么可笑呀。只要把持自己的本心,不要受到种种色相和法相的迷惑,则道力、法力、神力自然在那里,不会消失②。这是车迟国批判的一种邪路。(参照如下《西游记》原文)

> 人身难得果然难,不遇真传莫炼丹。
> 空有驱神咒水术,却无延寿保生丸。
> 圆明混,怎涅槃？徒用心机命不安。
> 早觉这般轻折挫,何如秘食稳居山！
>
> 《西游记》第四十六回《外道弄强欺正法　心猿显圣灭诸邪》

虽然卓吾对功名得失看得很轻,但对于君臣朋友之间的忠义却看得很重。最显著的一个例子是他生平多次表达对关羽的敬重,称其"忠义贯金石,勇烈

---

①《焚书》卷二《与焦从吾》
②《焚书》卷三《李中溪先生告文》

冠古今"[1]。他认为关羽所表现出的忠义精神,将与天地同久[2]。所以,在陈家庄悟空拯救的两个小儿之一,就取名为陈关保。(参照如下《西游记》原文)

老者道:"舍弟有个儿子,也是偏出,今年七岁了,取名唤做陈关保。"行者问:"何取此名?"老者道:"家下供养关圣爷爷,因在关爷之位下求得这个儿子,故名关保。

《西游记》第四十七回《圣僧夜阻通天水　金木垂慈救小童》

卓吾的规劝没有动摇焦竑求取功名的决心。本年春,焦竑又赴北京应试,高中状元。京城马上传出焦状元的传奇故事。

这个故事的原型发生在北宋,被南宋学者洪迈记录在《夷坚志》中。一个叫焦蹈的学子,在赴京赶考途中,行至半路时,随行的仆人捡到一个别人不小心丢失的首饰,一看便知非常珍贵。焦蹈发现时,已经快到京城。他不顾考期临近,坚持原路返回寻找主人,最后终于物归原主,但自己也错过了考期。正当万念俱灰的时候,京城传来消息,因考生不慎,考场失火,桌椅和房梁被烤焦,考期被迫推迟。这使得焦蹈绝处逢生。最后焦蹈不但赶上考试,还高中状元。于是京城就有人将那场把考场烤焦的大火认作为姓焦的考取状元的暗示,所以有民谣称"考场不失火,哪有状元焦"。

京城的学子借这个典故,恭维焦竑是第二个"状元焦"。普通人不知"状元焦"的典故,错把宋朝焦蹈的故事安在了明朝焦竑的身上。于是焦竑成了拾金不昧、好人好报的典型被传颂。

焦竑的高中,让卓吾由衷感到高兴。虽然考场失火的传闻是张冠李戴,但也促使卓吾思考人生道路的选择。卓吾对焦竑不要执着于功名的规劝,其实是在暗示,有时大家眼中的正路反而是邪路。而典故中焦蹈用自己的坚持证明了,有时弯路才是直路。这个半路传奇,正好用来探讨行动的空幻性。

卓吾把这些思考都反映在陈家庄的情节中。急于踏冰过河的唐僧,貌似选择了一条正路,但实际上是醉心于功名,放弃了陈家庄救人,不顾眼下的功

①《焚书》卷三《关王告文》
②"唯义不朽,故天地同久。"(《焚书》卷四《题关公小像》)

果,所以其实是一条邪路;为人为彻,全始全终,可能会成为一条给自己带来麻烦的弯路,但事实上却是一条直路。究竟哪种行为是"空",哪种"不空",让读者自己辨别。

高中状元后的焦竑随即任职翰林院编修。卓吾知道,他跟焦竑一起修道的愿望,不大可能实现了。其实卓吾一直赞成大隐于朝,如果焦竑能利用自己的功名进入国家中枢为民造福也是好事。但可惜他已有半百,这样的年纪已经很难继续向上了。

1589年是硕果累累的一年。卓吾不但完成了上一年开启的车迟国和西梁女国的收尾,还一口气从诠释"识即是空"的祭赛国和朱紫国写到了收束《心经》的狮驼国和比丘国。在龙湖静谧的山谷中,他文思像泉水一般喷涌,不可遏止。他要跟生命赛跑,所以一刻也不想耽误。他偶尔怀疑自己是否过于贪婪,在一个寺庙里当扫地僧竟然比当知府时还要忙碌。这种对名声和功德的追求,与那些辛苦经营的大众何异?(参照如下《西游记》原文)

陈老道:"河那边乃西梁女国。这起人都是做买卖的。我这边百钱之物,到那边可值万钱;那边百钱之物,到这边亦可值万钱。利重本轻,所以人不顾生死而去。常年家有五七人一船,或十数人一船,飘洋而过。见如今河道冻住,故舍命而步行也。"三藏道:"世间事惟名利最重。似他为利的,舍死忘生,我弟子奉旨全忠,也只是为名,与他能差几何!"

《西游记》第四十八回《魔弄寒风飘大雪　僧思拜佛履层冰》

麻城城东二十里的龙湖,是个让人既爱又恨的地方。

龙湖及周边是周思久家的私人庄园,他在退休后曾写下《钓台记》描述这里的绝佳地理位置:"去家二十里而近有湖,前瞰龟岭,后枕玉山,左右重冈,抱若城郭,盖胜境也。"[1] 在湖中心有一块巨大的石头,像乌龟探头一样从水面凸出来,横约三丈,长约六丈。周思久让人在上面盖了一个茅屋,运上土栽了竹子和花卉,修成门径。每当夏天下雨的时候,溪水猛涨,冲击到石头上,"如喷雪溅珠",并发出怒号,声响之大,"咫尺不闻人声"。等到水平浪静的时候,"鸥

---

[1] 乾隆年间《麻城县志》下卷三《钓台记》

浮鱼跃"，周思久会带着酒，划一叶小舟到茅屋喝酒唱歌。从远处看，这个小岛在水雾蒸腾中活像一只踏浪前行的巨龟。（参照如下《西游记》原文）

须臾那水里钻出一个怪来，你道怎生模样：

方头神物非凡品，九助灵机号水仙。

曳尾能延千纪寿，潜身静隐百川渊。

翻波跳浪冲江岸，向日朝风卧海边。

养气含灵真有道，多年粉盖癞头鼋。

《西游记》第四十九回《三藏有灾沉水宅　观音救难现鱼篮》

1581年刚到龙湖时卓吾就写诗提到这个貌似踏浪巨龟的小岛，称为"皎皎空中石"[①]。如今卓吾住在湖边，天天看着这个巨龟，不禁感慨时光飞逝，自己的"前程"又在何方。

暖日和烟上碧楼，无情最是此溪头。

伤心欲问前程事，不肯斯须为我留。[②]

卓吾一直以来都觉得自己与水有缘[③]。他在泉州出生，到辉县做官时，附近苏门山又有众多泉水，号称百源。那里有北宋大学问家邵雍的故居，所以邵雍又被称为百源先生。那时卓吾又觉得跟邵雍有缘，给自己起了一个号：百泉居士。现在搬到龙湖，又是临水而居。然而在这里，先后遭受失子失妻之痛，这片湖水一会儿变成了漆黑的黑水河，一会儿又变成波浪滔天的通天河，时常禁锢自己继续前行的心。

卓吾的理智提醒自己，缘分仅仅是一种错觉。自己生在水边，在水边做官，并不能说明水能给自己带来好运。住在水边遭受丧亲之痛，也不是水带来的厄运。水无善无恶，心中那无法前行的禁锢，不是水带来的，而不过是心中错误的归纳和推演，也即寿者相在作怪罢了。所以能将自己陷入深渊的，是各种欲望和妄想；能将自己拔出沉沦的，只有自己的心性。（参照如下《西游记》

---

① "皎皎空中石，结茅俯青溪。鱼游新月下，人在小桥西。入室呼尊酒，逢春信马蹄。因依如可就，筇竹正堪携。"（《焚书》卷六《初到石湖》）

② 《续焚书》卷五《石潭即事四绝》

③ "吾泉而生，又泉而官，泉于吾有凤缘哉！"（《焚书》卷三《卓吾论略》）

原文）

　　行者不言语，侧耳再听，那师父挫得牙响，哏了一声道："自恨江流命有愆，生时多少水灾缠。出娘胎腹淘波浪，拜佛西天堕渺渊。前遇黑河身有难，今逢冰解命归泉。不知徒弟能来否，可得真经返故园？"行者忍不住叫道："师父莫恨水灾，经云，土乃五行之母，水乃五行之源。无土不生，无水不长。老孙来了！"

《西游记》第四十九回《三藏有灾沉水宅　观音救难现鱼篮》

圈套之惑

万历十四年（1586年），麻城东南200里外的蕲春爆发农民起义，领头的叫梅堂。万历十六年（1588年），梅堂被官军俘获杀害，刘汝国成为首领。这个刘汝国做过石匠和武术教头，文化水平不高，但熟读《水浒传》，提出"顺天安民，铲富济贫"的口号，自称"顺天安民王""替天大元帅""统兵元帅"，带领起义军在黄安和太湖之间攻城略地，迅速扩大势力。

一时麻城人心惶惶，特别是官员和富户，纷纷捐款捐物，参与官兵对起义军的围剿。万历十七年（1589年），刘汝国在太湖县被俘获，押解至安庆处决。死前遗言："朝政腐败，天怒人怨，削富济贫，顺天应人，义无反顾。事既不成，死又何憾，不屑富贵饵也。"（参照如下《西游记》原文）

呆子定了性，止不住腮边泪落，对骷髅点头叹云："你不知是：

　　那代那朝元帅体，何邦何国大将军。

　　当时豪杰争强胜，今日凄凉露骨筋。

　　不见妻儿来侍奉，那逢士卒把香焚？

　　谩观这等真堪叹，可惜兴王霸业人。"

　　　　　　　　《西游记》第五十回《情乱性从因爱欲　神昏心动遇魔头》

卓吾向来喜欢侠士和忠义故事。听说刘汝国对《水浒传》和宋江的模仿，心中又多了一份同情。一部小说的力量对普罗大众的影响以至于此，甚至超过了道学家们推崇的四书五经。这也坚定了他继续以白话写作的信心。

刘汝国的死让麻城的富户们松了一口气，大家张灯结彩，庆祝失而复得的太平盛世，麻城的街头洋溢着节日般的祥和。这样的太平盛世，不仅仅是富户的追求，也是刘汝国的追求，更是所有普通民众的追求。是什么原因让大家在目标一致的情况下反而用战争解决问题呢？（参照如下《西游记》原文）

孙行者等候良久，作诗纪兴曰：

　　风清云霁乐升平，神静星明显瑞祯。

　　河汉安宁天地泰，五方八极偃戈旌。

《西游记》第五十一回《心猿空用千般计　水火无功难炼魔》

卓吾从普遍人性的角度反思战争的起因。

在自然状态下,社会的发展导致总有一部分人,能把财富像滚雪球一样做大,而一部分人要陷入贫困。这是一种自然规律。然而,成全自己的东西也能毁灭自己。富人对财富的占有,不但助长了自己的占有欲,更能激发穷人的占有欲。这也是一种自然规律。这时,人就有一种用掠夺的方式对贫富不均进行纠正的冲动。财富平均分配是人类的美好愿望,但古往今来的激烈实践往往都引发巨大的社会动荡。

卓吾坚定反对社会动荡。实际上,他对帝王将相功绩的主要评价依据,不是得位的正当与否,也不是清廉克己的程度,而是在多大程度上让民众享受安定繁荣。

天下太平的最大敌人,是占有欲。春秋时期鲁国的权臣季氏发动战争,对弱小邻国进行掠夺,被孔子斥为"虎兕出于柙"。这是卓吾塑造一个拿着圈套取万物的兕怪(青牛精)的出处。

儒家的治理者提出了仁义、礼乐这些概念,又设置法律、禁令引导,然后用宫室、衣服、车马、冠婚、丧祭区分人的等级,启发人们无穷的欲望,就像洪水泛滥滔天,涌出去再也收不回来。这是道家对儒家的批判。虽然世异时移,发动战争的借口有了新的面貌,但贪婪和占有欲却没有改变。只不过仁义、礼乐变成了民主、自由,争夺的衣食车马变成了石油、矿山和铸币权。所以卓吾对大多数战争起因的分析仍然有效。科技的发达并没有解决人们内心的困扰。

卓吾认可老子的观点。只有削弱人心的占有欲望,坚固他们的气节,才能减少悖乱和争盗。在老子的基础上,卓吾提出纠正掠夺心和占有欲的原则,是人人内心的"均平物我"。只有先解决人内心的失衡,才能真正实现天下太平。

在麻城的节日气氛里,在龙湖静谧的山谷中,卓吾让悟空上下求索,最终让老君缚住青牛,就是提醒人们:以强治强或以盗治盗都不是解决战争问题的办法。真正的平叛,要从人心里的结症开始治疗;真正的天下太平,源自人心的均衡。只要人缚不住心中的青牛精,战乱就不会止歇。(参照如下《西游记》

原文）

　　德行要修八百，阴功须积三千。均平物我与亲冤，始合西天本愿。魔咒刀兵不怯，空劳水火无惩。老君降伏却朝天，笑把青牛牵转。

　　　　　　　　《西游记》第五十三回《禅主吞餐怀鬼孕　黄婆运水解邪胎》

西梁女国

在《西游记》两界山到流沙河的"色即是空"、宝象国的"受即是空"、乌鸡国的"想即是空"、车迟国的"行即是空"之后，西梁女国的情节，意在阐释由"想"引发的"行"的空幻性。在表面上，它包含喝水怀孕、女儿国假结婚、琵琶洞遇险等貌似独立的神话故事，但更深的层次上，它是一个探讨阴谋诡计危害性的寓言。这一点，已经在《孤往山人评注西游记》①中阐明。本书中所要揭示的，是这段章节写作的背景以及作者更深层次的想法。

前一年夏天，邓应祁送来了论何心隐的文章，卓吾大为触动。何心隐（1517—1579），原名梁汝元，早年因批评大奸臣严嵩遭通缉，改名何心隐，仍从事讲学著述。与卓吾的经历相似，何心隐也是从儒学转向心学，最终理念上实现三教归一。晚年他因触怒内阁首辅张居正，被献媚张相的湖北地方官员以"妖人"罪名逮捕，杖毙于监狱。他死于卓吾辞官的前一年，当时就已名扬天下，是著名的殉道者。何心隐还是耿定理的恩师，卓吾对他倾慕已久。

后人对何心隐褒贬不一，卓吾总结了批评他的人所指出的三项弱点②。

第一是弃人伦。在君臣、父子、兄弟、夫妇、师友五伦中，何心隐舍弃前四种，只置身于师友之间，过于偏执，不是世人学习的榜样。

第二个弱点是处世不知变通。《论语》里表达了儒家推崇的处世态度，特别是对待上级要恭敬严谨。而何心隐特立独行，言辞激进地批评当权者，让人抓住把柄，以致不能自保。

第三个弱点是学术观点太理想化。大道本来基于人性，学问贵在平易。倡导的理念越是有违于普遍观点，招致的反对就越多；不迎合普通人的诉求，会让大家感到不安。这都是自取灭亡的行径。

虽然卓吾并未见过何心隐，但他对何心隐有一种真切的理解和同情。这是因为，世人对何心隐的批评，与对卓吾的批评如出一辙。

卓吾认为上述批评言论代表了那些道学家的想法。他们所谓的"普遍观点"是指儒家教条，他们所谓的"普通人的诉求"就是享乐安逸。这些人根本不

①《孤往山人评注西游记》，上海：上海辞书出版社，2022。
②《焚书》卷三《何心隐论》

懂得学问学的是什么,求索真理求的是什么,怎么敢讥讽何心隐?

卓吾认为坚持求索真理并为此付出生命的人是真正的英雄。特别是读何心隐的文章,"一泻千里,委曲详尽",感受他的人格力量,对当权者"略无一毫乞怜之态","如诉如戏",举重若轻[①]。

最让卓吾感到气愤的是,当时耿定向与张居正和主杀何心隐的湖北官员李义河都有交情,而何心隐是耿定理的老师,也认识耿定向,所以耿定向能救也应该救何心隐,但耿定向不顾正义、不顾友情,在何心隐入狱后选择沉默不言,间接成为杀害何心隐的共犯[②]。

耿定向缄默不言的原因,表面上,是因为当时张居正为维持统治秩序正在全国推行禁止异端讲学活动,而耿定向不便干预政府决策。但实际上,耿定向对二弟定理与宗教和江湖人士走得太近一直有不满,他乐得看到自己不喜欢的人消失在二弟生活中。这是耿定向自己心里的小算盘,所谓的心怀鬼胎。

在儒家的政治气氛中,大家都温顺地对待上级的决定,所以在何心隐入狱后,没有任何说话有分量的人站出来为何心隐辩解,所有当权者都只知道媚上和明哲保身,都丢掉了正义和大丈夫气概,这是卓吾写到《西游记》女儿国一节处,隐晦对当时缺乏阳刚之气的社会风气进行批判。(参照如下《西游记》原文)

> 圣僧拜佛到西梁,国内衔阴世少阳。
> 农士工商皆女辈,渔樵耕牧尽红妆。
> 娇娥满路呼人种,幼妇盈街接粉郎。
> 不是悟能施丑相,烟花围困苦难当!
> 《西游记》第五十四回《法性西来逢女国　心猿定计脱烟花》

机构固定模式的磨炼让人不再有棱角,这其中"更聪明"的人为博上位只能靠阿谀奉承和个人效忠,滋生奴才文化。这种人往往把锐气留给下属,在上级那里就成了奴仆或太监。

在何心隐被杖杀的那一刻,全中国只有何心隐一个男子汉大丈夫,其他人

①《续焚书》卷一《与焦漪园太史》
② 黄宗羲《明儒学案》卷三五《恭简耿天台先生定向》

都成了被阉割了锐气的女儿国的民众。在这样的社会中,每个人都在盘算自己的得失,心怀鬼胎,没有大义。

少为人知的是,何心隐原名梁汝元。在西梁女国这个名字中,除了表达"思量"之意,也是"思梁"的谐音,以纪念梁汝元。

历史上心怀鬼胎的典型代表就是曹操和司马懿。他们都是为了攫取权力,或不惜杀害无辜,或使尽阴谋诡计。

使用阴谋诡计是聪明人的普遍行为,心怀鬼胎的目的其实是想走捷径,因为捷径往往能带来短期的好处。但缺点是,自己被自己营造的假相所吞噬,反过来让自己受害。卓吾举例①,曹操的子孙被司马氏反噬,司马氏的子孙又被鲜卑所辱,可见报应不爽、奸诈无益。

为了表达唐僧师徒的心怀鬼胎,卓吾设计了子母河喝水怀孕的离奇故事。对阴谋的坚持和热衷,如同守护堕胎泉水的如意真仙。只有打败这个心魔,抛弃鬼胎,才是正道。

据《晋书》记载,广东省南海县有一处泉水,名曰"贪泉"。由于当地出了几个贪官,就有了"一歃怀千金"的说法。意思是即便是清廉的官员到这里,一饮("歃"即"饮")这里的水,就成了贪官。这里的"怀千金"是心里怀有贪图钱财想法的意思。卓吾在两个层面上用这个典故,表面成了喝水怀孕的神话,而隐含的意思正是这个典故的原意——心怀鬼胎。这是西梁女国子母河情节的出处。

卓吾写两性的"情"和"欲",达到了古典小说少有的深度。在"四圣试禅心"一节,他探讨的仅仅是家庭生活对人的吸引,着意讲心志。在宝象国,他探讨夫妻之间的信任问题,意在提炼所有二元关系的共性。在西梁女国,他开始剥离家庭和夫妻关系讲情思,但重点反映的主题是阴谋诡计的危害,情思只是一个顺带展开的例证。在火焰山一节,借牛魔王的妻妾关系开始讲欲望。后来在盘丝洞,才深入到单纯写"欲"。所以,在剖析情欲的隐秘程度上,他利用这几个故事逐步推进。依次,情在衰减,欲在加强,心理的隐秘性在加强,可见作

---

① "吾是以知天之报施果不爽也,吾又以知谲之无益、奸之受祸也。故作《谲奸论》以垂鉴焉。"(《续焚书》卷二《谲奸论》)

者的笔触越来越险峻，越来越大胆，越来越犀利。其他的故事，如禅林寺的老鼠精成亲、天竺的假公主成亲，只是魔心侵占真心的比喻，而不是写情欲。

所有的经史、轶闻、奇思和感怀都在卓吾脑中激荡，重新排列组合，构成从未有过的东西。所有真实的遭遇在他脑海中映射成虚幻的比喻，所有虚构的情节在他笔下又直刺人心，体现超乎生活更深刻的真实。这种主宰和恣意让他无比兴奋。他喜欢这种感觉。在这种创作中，他得到了无与伦比的自由。

二心之辨

1589年夏天,天气炎热,太阳炙烤着大地,湖北一带的农田逐渐枯竭,这种情况一直持续到秋后。

卓吾笔耕不辍,内心也像是燃烧着一团火。这团火带给他写作的激情,也消耗着他的身体,让他苦不堪言,甚至希望能用稍微腹泻的方式泄泄火[①]。(参照如下《西游记》原文)

他三个正都争讲,只见那路旁有座庄院,乃是红瓦盖的房舍,红砖砌的垣墙,红油门扇,红漆板榻,一片都是红的。三藏下马道:"悟空,你去那人家问个消息,看那炎热之故何也。"

　　　　　　　　　　《西游记》第五十九回《唐三藏路阻火焰山　孙行者一调芭蕉扇》

虽然卓吾一直以勤勉作为养生的秘诀,但他深知,勤勉和多欲,只有一线之隔;身忙和心忙,只有一步之遥。矛盾转化的关键所在,在于欲望的多少。自己时时感到的燥热,除了天气原因,更源自急于求成的欲望,但这也是欲罢不能的事。而相互矛盾的概念的转化,正是下一步在祭赛国的情节里要探讨的。

火焰山一节特有的主题是烦躁。这是继万寿山五庄观的受辱暴怒、火云洞的怒火心魔之后的更深层次的心理活动。这三个故事的区别在于,受辱暴怒是别人强加的"受"如何引起自身的被动反应,体现的主题是"受即是空";而怒火心魔往往并不是别人强加的,是自己的"想",体现的主题是"想即是空";火焰山的烦躁完全是自己欲望之"识"在作怪,体现的主题是"识即是空"。

在烦躁这个主题之上,火焰山还归于祭赛国的对立观念斗争的整体范畴里。这种对立观念,卓吾称之为"二心""两头"或"多头"。

早在卓吾与耿定向辩论之初,他就尖锐地指出过耿定向的虚伪。他在给耿的信中挖苦道:"你真正的目标为了光宗耀祖谋求高位,这才是你的本心,你只不过不愿承认这个本心,反而标榜自己'为往圣继绝学',表现出行为和本心的严重脱节。"究其执迷不返的原因,正是"多欲"。卓吾给他的建议是,效仿古

[①] "弟苦不小泄,是以火盛,无之奈何,楼下仅容喘息。"(《焚书》卷一《答周柳塘》)

人养心的诀窍，致力于修行"寡欲"的功夫。①

卓吾还建议耿定向，要做到言行一致，可以学学市井平民，经商的只说赚钱，耕田的只说收成，这才是"凿凿有味"的"有德之言"②。

这种诛心的言论，引发了耿定向的暴怒。其实卓吾完全是从自己亲身的体验出发提炼人性。他投向论敌的匕首，都从自己身上磨砺过，甚至是刚从自己伤口上拔出来的，所以才能刀刀见血。

与祭赛国的写作相呼应，本年他给焦竑写信再次探讨这种言行不一致的现象。明里讲道德仁义，私里为富贵荣华，造成"身心俱劳"的现象比比皆是，包括过去的自己——一方面不喜欢官场的束缚，向往自由；一方面又喜欢当官的好处，舍不得那个位子。这种"两头照管"的行为，是困扰人心的普遍问题③。

在历史上，即便是伟大的人物，也难免陷入这样的两头照管或"二心"，带来的灾难比比皆是。卓吾认为典型的例子就是诸葛亮。

诸葛亮曾对后主刘禅说，不管我们讨不讨伐曹魏，都有可能被它消灭，不如起兵讨伐，或许有成功的可能。这种言论说明诸葛亮已经知道后主统治下的蜀汉必亡，而他又想通过速战消灭曹魏，以获得侥幸的生存。就好像病入膏肓，吃药已经无效了，但还是坚持下猛药，希望能侥幸治愈。这又是何苦呢？恐怕只要司马懿和曹真还在，这种侥幸一定不会成功④。

六出祁山，连年动众，驱使无辜百姓向千里外转运粮草，无数士兵战死沙场。因为对民众的索求多，所以在连年征战的情况下还要"兼施仁义"；欲望多导致目标多，顾不过来，反而最终"无功徒劳"。这样的失误，就算是诸葛亮这样的大圣人也无法避免。历史上对诸葛亮过多赞誉，殊不知他那催人泪下的《出师表》，要吞噬多少士兵鲜活的生命，多少家庭要经历妻离子散的破碎。这就是诸葛亮一生的最主要的"功业"。

---

① 《焚书》卷一《答耿司寇》
② "所讲者未必公之所行，所行者又公之所不讲，其与言顾行、行顾言何异乎？以是谓为孔圣之训可乎？翻思此等，反不如市井小夫，身履是事，口便说是事，作生意者但说生意，力田作者但说力田。凿凿有味，真有德之言，令人听之忘厌倦矣。"（《焚书》卷一《答耿司寇》）
③ 《焚书》卷二《复焦弱侯》
④ 《焚书》卷五《孔明为后主写申韩管子六韬》

一边致力于爱民，一边又致力于报主；一方面可以对战局作详尽的谋划，另一方面却又贪图侥幸的成功。这是典型的双头人、二心人的做法。"南征北讨无休歇，东挡西除未定哉"。这是在说人心多欲的状态，但原型不是唐僧或悟空，而是《焚书》中批评的诸葛亮。（参照如下《西游记》原文）

> 人有二心生祸灾，天涯海角致疑猜。
> 欲思宝马三公位，又忆金銮一品台。
> 南征北讨无休歇，东挡西除未定哉。
> 禅门须学无心诀，静养婴儿结圣胎。
> 《西游记》第五十八回《二心搅乱大乾坤　一体难修真寂灭》

这种两头照管，极像一个人既要跟自己的妾生活，又照管着自己的妻。（参照如下《西游记》原文）

> 那女子一听铁扇公主请牛魔王之言，心中大怒，彻耳根子通红，泼口骂道："这贱婢，着实无知！牛王自到我家，未及二载，也不知送了他多少珠翠金银，绫罗缎匹。年供柴，月供米，自自在在受用，还不识羞，又来请他怎的！"
> 《西游记》第六十回《牛魔王罢战赴华筵　孙行者二调芭蕉扇》

卓吾将《藏书》中的人物进行检索，从历史经验的角度指出解决二心问题的思路。

墨子崇尚俭朴，天下人认为他一毛不拔，他也在所不惜；商鞅和韩非子推崇法度，世人批评他们残忍刻薄，但他们不会放在心上。张仪、苏秦是纵横家，后世认为他们反复不讲信誉。为了达成目标，他们自然也不会顾及别人的眼光。而谯周、冯道这样的人，都是在二心之中做出艰难抉择的人，哪怕背负叛徒和奸臣的骂名。所以要想成就大事，必须不能瞻前顾后，首尾兼顾。这是商鞅变法之所以能成功、吴起之所以打胜仗的原因。

另一个极端就是庄周一类的人，他担心高官厚禄遭人嫉妒，认识到名声的拖累，所以宁愿当一只在淤泥里滚爬的乌龟，或者一只在江海里游弋的鱼，致力于保全自己，并写成辉煌灿烂的《庄子》，同样成就了万世之功，让世世代代都艳羡不已。

卓吾强调"选一"而不是"执一"。在纷杂的牵扯中，在相互矛盾的诉求中，人必须选择一个方向，成就事业，但并不是说这个方向就是真理。如果认为这个选择就是永恒不变的答案，那就落入了"执一"。"执一"的后果，就是向它的反面转化。商鞅和吴起都成就了事功，但他们自身也遭到了报复，这是成事所不得不付出的代价，所以他们仍然值得赞颂。

最让人鄙视的是儒家的道学家们，往往追求两头兼顾，所以就有了范仲淹的"居庙堂之高则忧其民，处江湖之远则忧其君"之论。卓吾问，难道天下真可以有"两头马"乎?（参照如下《西游记》原文）

那牛王腔子里又钻出一个头来，口吐黑气，眼放金光。被哪吒又砍一剑，头落处，又钻出一个头来。一连砍了十数剑，随即长出十数个头。

《西游记》第六十一回《猪八戒助力败魔王　孙行者三调芭蕉扇》

卓吾在礼部任上认识了内阁大臣赵文肃。这个人貌似没有什么本事，说话也大大咧咧，曾有一次对官员们说："我这个嘴，张子这个脸，也做了阁老，始信万事有前定。只得心闲一日，便是便宜一日。"[1]

卓吾对他的这个表态非常欣赏，多年以后对原话还记忆犹新。他认为这句话透露了处理二心问题的诀窍。"怕作官便舍官，喜作官便作官；喜讲学便讲学，不喜讲学便不肯讲学。此一等人心身俱泰，手足轻安，既无两头照顾之患，又无掩盖表扬之丑，故可称也""世间功名富贵，与夫道德性命，何曾束缚人，人自束缚耳"。

卓吾反思自己，虽然现在没有了功名利禄的渴望，但还有传世功业的迫切追求。偶尔，也会陷入对家庭生活的怀念。这恐怕也是不可兼得的两件事。

女婿每次到来，卓吾都说一些绝情的话，冷酷地把他赶走，但每次自己的心都被他带走，被对妻女的思念掳去。自己就像龙湖那个心思不净的老龙王，放纵女婿，把佛塔（身体）中的真心偷去，享受家庭生活的滋养。

女婿是一个老实巴交的普通人，他没有任何恶意。真正把自己掳去的，是

[1]《焚书》卷二《复焦弱侯》

心念里的貌似湖北一带传说中的九头鸟。上面的头想一飞冲天,腹中伸出的头想要享受尘世安逸。

他的理性告诉自己,那些妻女的召唤,对家庭生活的留恋,不是自己真心所希冀的,而是一种虚幻的诱惑。就算自己现在回到泉州,也得不到想象中的安逸和圆满。这些诱惑只能把自己拖入无尽的幻想和思念当中,带不来任何的益处。而在这种妄念中,自己陷入沉沦,成了奔波劳碌的行尸走肉。

当年释迦牟尼就是因为知道守着这些世间的荣华和舒适不会找到解脱人生苦厄的办法,所以毅然放弃妻儿和王位出家。这才是卓吾要效仿的人。①

基于这些想法,他设计了碧波潭的情节,用自己的真性,在情感的配合下,剿除自己思家的妄念,给自己时常燥热的身体下一剂清凉药。(参照如下《西游记》原文)

不多时,到了一座山中,那牛王寂然不见。大圣聚了原身,入山寻看,那山中有一面清水深潭,潭边有一座石碣,碣上有六个大字,乃"乱石山碧波潭"。

　　　　《西游记》第六十回《牛魔王罢战赴华筵　孙行者二调芭蕉扇》

需要澄清的是,卓吾反对头绪多和欲望多,但并不反对相互矛盾的观念共存。卓吾观照自己的内心,经常发现有两种互相冲突的观念在激荡。比如有时自己是一个慈眉善目的长者,以普度众生为己任,有时又像是一个侠客或魔王,每每看见卑劣的人,恨不得手起刀落,除暴安良,即便知道这样做会有不好的后果,死且不悔②。(参照如下《西游记》原文)

①"出家者终不顾家,若出家而复顾家,则不必出家矣。出家为何? 为求出世也。出世则与世隔,故能成出世事;出家则与家绝,故乃称真出家儿。今观释迦佛岂不是见身为净饭王之子,转身即居转轮圣王之位乎? 其为富贵人家,孰与比也? 内有耶输女之贤为之妻,又有罗睺罗之聪明为之儿,一旦弃去,入穷山,忍饥冻,何为而自苦乃尔也? 为求出世之事也。出世方能度世。夫此世间人,犹欲度之使成佛,况至亲父母妻儿哉! 故释迦成道而诸人同证妙乐,其视保守一家之人何如耶? 人谓佛氏戒贪,我谓佛乃真大贪者。唯所贪者大,故能一刀两断,不贪恋人世之乐也。"(《焚书》卷三《书黄安二上人手册》)
②"每见世人欺天罔人之徒,便欲手刃直取其首,岂特暴哉! 纵遭反噬,亦所甘心,虽死不悔,暴何足云!"(《焚书》卷二《答友人书》)

那沉雷护闪,乒乒乓乓,一似那地裂山崩之势,唬得那满城人,户户焚香,家家化纸。孙行者高呼:"老邓!仔细替我看那贪赃坏法之官,忤逆不孝之子,多打死几个示众!"

《西游记》第四十五回《三清观大圣留名　车迟国猴王显法》

行者近前道:"老官儿,似这等不良不肖、奸盗邪淫之子,连累父母,要他何用!等我替你寻他来打杀了罢。"

《西游记》第五十六回《神狂诛草寇　道昧放心猿》

卓吾认为,矛盾的相互运动和转化是必然的,甚至是良性的。就如同有佛必然有魔,这是一把双刃剑。越是修为高的人,瞬间转化的魔性越大。这种魔性,如同心中的佛性一样不可遏制。这是二元运动的必然,事物发展的必然。所以有佛,就有招致恐怖的大鹏;有长生不老的愿望,就有吃人的白鹿。这是一对矛盾,不可能只取其一,不取其二。恰如自然界中的火,有时是灾难,这是魔的一面,有时是生生化化的动力,这是佛的一面。人应对自身佛性和魔性的方法,不是消灭它,而是要意识到它的必然性和转化的机理,将心中的魔性转化成佛性。

《维摩诘经》言,"直心是道场""直心是净土"。卓吾提倡顺其自然的"率性而为",目的是强调减少多种欲望的牵扯,而不是执着于一端。为什么不能执着一端,哪怕是"好"的一端?

因为打着正义的旗号,杀的人可能更多;打着清廉的旗号,毁灭的民财可能更多。事物总是在不自觉中走向自身的反面。

慧能大师临死前把弟子们叫到身边,告诉他们自己总结的36个相互矛盾的概念,如有与无、动与静、凡与圣,等等。其实矛盾的两面不止36对,它们存在的意义,在于从众多维度上反映了这个世界的两面性。这是他深悟佛学色空理论和老子的"反者道之动"的思想的例证。这些相互矛盾的概念,只是表面上矛盾,本质上无二无别,所以都不是大道,但它们的对立和相互运动却反映了大道的特性。所以在描述大道的特性时,为了体现表述的完备和圆满,又不得不借助这些相互矛盾的概念。

王阳明站在儒家的立场上,强调"良知",而王畿作为继承他衣钵的弟子,发展了这个说法，强调无善无恶，更偏向禅宗。在矛盾双方的认识上，卓吾更认可王畿的观点①。"两般还是无心药"，以无心无念为药，不执著于任何一端②，这与慧能的思想一脉相承。但在根源上，其实还是《金刚经》的"不入法相"。

后世有人认为卓吾是一个没拿定主意的史学家，因为他的一些表述充满矛盾。比如他称秦始皇是千古一帝，又骂他杀人过于歹毒；认为曹操是大英雄，又认为他太奸诈不得好报。卓吾甚至经常把矛盾体现在一句话中，如夸曹操"老奸真英雄"，如此等等。殊不知，这也是不入相的表现。人性的矛盾和复杂，除了多欲，也有天然的对立因素在作用。那种非要把一个人归作一类的做法，才是卓吾所不屑的行为。他把人性的这种复杂性，试图表述在《西游记》的魔幻故事中，特别是在祭赛国的情节里。

---

① "先生神游八极，道冠终古；夭寿不二，生死若一。吾知先生虽亡，固存者也。其必以我为知言也夫！其必以我知先生也夫！"（《焚书》卷三《王龙溪先生告文》）
② "善与恶对，犹阴与阳对，柔与刚对，男与女对。"（《焚书》卷一《又答京友》）

荆棘岭

1589年，泉州老乡黄克晦来到芝佛院拜访卓吾。

黄克晦号吾野山人，是著名诗人，比卓吾大三岁，是卓吾早年在泉州服丧时认识的当地名流。他虽一生布衣，但在泉州名气很大，号称诗、书、画"三绝"，最擅长作诗，平生喜游历，处处留诗。

黄克晦自认识卓吾以后有多次造访，见面就赠诗，现有记载的给卓吾的赠诗达13首。隆庆五年（1571年），卓吾在南京刑部任上时，黄克晦曾到南京拜访，有数首诗相赠，其中一首是：

> 湖上经过遍，重来兴自赊。
>
> 半堤入春水，数里出桃花。
>
> 举首怜山色，低头惜草芽。
>
> 谁言游客子，处处可忘家。①

1589年是《西游记》写作成果最丰硕的一年。卓吾整年都处于写作的兴奋期，一刻也不想被俗事耽误。但碍于三十年老友的面子，也不得不停下笔来，接待这位老乡。但不出所料，这位同乡诗兴大发，坚持与卓吾诗酒唱和，几天都不肯离去。早年卓吾对他的诗才还非常佩服，但现在看来却都是套路式的无病呻吟。

卓吾认为，写诗要"发于情性，由乎自然"，写诗的出发点是基于作者情性的独特感悟，目的是抒发情怀，而不能单纯描写景色或事件，没有思想或情绪的体现。②

黄克晦的诗，对仗工整，韵律和谐，但往往为了格式或韵律而牺牲内容的表达，或者说是在凑字，抒发的情绪也有严重套路化倾向。与这样的对手唱和，卓吾并不费力，但他认为黄在浪费自己的时间。

在交谈中，黄克晦对自己结交的高官朋友如数家珍，并向卓吾炫耀刚认识的汝宁知府林云程，表示林对他非常敬重。他就是随林云程的车驾来到湖北的。他给林云程说自己跟卓吾的关系非常好，所以专程赶到麻城小住几天。

---

① 《春日同陈山人、李比部、黄参军重过太平堤》，泉州历史网《泉州人名录·黄克晦》

② 《焚书》卷三《读律肤说》

黄克晦的本意,可能是看到卓吾孤苦伶仃一个人在庙里,故意多陪他聊聊天,解解闷。他不曾意识到卓吾正处在创作的高峰期,将对他的应酬视为累赘。期间黄克晦还提出让卓吾归乡和纳妾的建议,让卓吾彻底失去了耐心。

把黄克晦打发走后,卓吾就写了一封言辞激烈的信给焦竑。黄克晦早年在南京时已通过卓吾认识了焦竑,也时有造访。卓吾在信中称,黄克晦表面上非常洒脱,以山人野老自居,但行为上借展示自己诗才的机会到处结交高官,着意于钱财,实质上是"打秋风"的高手,极像当今道学先生的做派,说一套做一套。

在给焦竑的信中,卓吾罕见地飙起脏话,竟形容黄克晦对高官的依附是"饿狗思想隔日屎",完全不顾及礼貌。我们从《焚书》中不得而知黄讲了什么话,但从《西游记》荆棘岭一节,或许可以推测是黄克晦关于纳妾的建议激怒了卓吾。(参照如下《西游记》原文)

三藏听言,遂变了颜色,跳起来高叫道:"汝等皆是一类邪物,这般诱我!当时只以砥砺之言,谈玄谈道可也;如今怎么以美人局来骗害贫僧! 是何道理!"

《西游记》第六十四回《荆棘岭悟能努力 木仙庵三藏谈诗》

骂完黄克晦,卓吾又反思自己,是否跟黄克晦一样,也是奔走于高官之门求得利益的商人,披着佛教徒的外衣欺世盗名[1]?

怀着这种既厌恶又自省的心情,卓吾写下了荆棘岭一节。作为祭赛国相互对立的"识"的一个总结,文中展示了世人"二心"的种种表现:表面自谦,实爱吹嘘;表面文采飞扬,实际肚里空空;表面向你请教,却喜欢指摘你的疏漏;表面与你情投意合,实际信念上背道而驰;表面尊重你,却喜欢强人所难;表面庄严郑重,实际上猥琐卑鄙[2]。

就算当了和尚,踏在西方极乐世界的土地上,还是免不了世间的礼节应酬。恐怕机智的周旋和装聋作哑的逃避都不是解决问题的办法,而不把这些

[1]《焚书》卷二《又与焦弱侯》
[2]详见《孤往山人评注西游记》,上海:上海辞书出版社,2022。

羁绊放在心上，达到无心、无念时，魔自消退。(参照如下《西游记》原文)

为人谁不遭荆棘，那见西方荆棘长！

《西游记》第六十四回《荆棘岭悟能努力　木仙庵三藏谈诗》

寓贬于褒

卓吾对朱熹,有一种仇人般的愤怒。

他年轻时就怀疑朱熹的学说[①]。例如,朱熹提出,"非礼勿视(勿听、勿言、勿动),便是天理;非礼而视(而听、而言、而动),便是人欲"。并以"四勿"作为约束人们行为的准则。不合乎礼的规则就不能视、听、言、动,而礼的规则是道德权威定的,也就是不服从道德权威的礼法就是大逆不道。

卓吾认为朱熹的解释曲解了圣人的本意。除了妄加臆断,还人为地往礼教上加入自己认定的规则,以至于将一些糟粕奉为天理。裹小脚也是礼,谁该不该结婚、该不该出门,怎么表达自己的喜怒哀乐都成了礼。这样的理论,让整个社会都生活在条条框框里,束缚心性,吞噬活力。推行这样的理论跟吃人没有什么区别。

卓吾曾以王安石和朱熹为例,说明君子的危害。

历史上对王安石的评价总是比较宽容,认为他变法虽然没有取得好的效果,但他的动机是好的,只不过在性格上比较偏执,甚至他的失败有些可怜。卓吾指出,一般人都知道小人能误国,但不知道君子更能误国。小人误国犹可解救,君子误国危害更大。这是因为,君子做事"本心无愧",所以做起事来胆子更大,志向更坚决,谁都无法制止。同样道理,清官造成的危害可能比贪官还要大。贪官只是盘剥当时的百姓,而清官可能贻害万世。[②]朱熹就是这样的君子和清官。

孔子还说过"四毋",即毋臆、毋必、毋固、毋我,意思是不凭空臆断、不武断绝对、不固执拘泥和不自以为是。卓吾结合"四毋"解释"四勿",认为"非礼勿视"的礼是性情的自然,是天理,而不是个别人定的规则。人所同者才是礼,自己独有的就不是礼;天生的是礼,后天人为的就不是礼。这样解释,让孔子的思想不再有内在矛盾,所以才是对圣人言论的正确理解。卓吾认为朱熹轻言天理,打着天理的旗号推行自己臆测的理解,是不自量力的表现[③]。

---

① "稍长,复愦愦,读传注不省,不能契朱夫子深心。"(《焚书》卷三《卓吾论略》)
②《焚书》卷五《党籍碑》
③《焚书》卷三《四勿说》

卓吾的"由中而出者谓之礼"，明显是试图建立禅宗的"本心"和儒学的"礼"的联系，用禅宗的精华思想改造儒学，或统一两家圣贤的思想。他提出自己独创的"五无"理论，即"语言道断，心行路绝，无蹊径可寻，无涂辙可由，无藩卫可守，无界量可限，无扃钥可启"，是《心经》的"诸法空相"和《金刚经》"不入法相"的翻版，也是慧能"本来无一物"的境界。真理是无路之国。这样的断言，来自于一种信念，即所有圣贤悟到的最精深的道理，在真理或大道层面，一定是相通的。这是三教归一的理论基础。

焦竑考中状元以后，成为皇太子的讲师，在北京搜集了大量的书籍，经常给卓吾寄来好的篇目。本年焦竑寄来了新出版的剧目《朱紫阳断案》请卓吾欣赏①。

紫阳是朱熹的别号，所以在剧中朱熹被尊称作朱紫阳。

《朱紫阳断案》取材于朱熹的真实故事。一个耍小聪明的穷人花钱刻了一块自家祖先的墓碑偷偷埋在一个富人祖坟地里，然后污蔑富人抢占他的祖坟。朱熹实地勘察时，差役挖出了穷人家的墓碑，竟然没发现是新埋，就把那块坟地判给了穷人。后来朱熹知道上当了，纠正了这个冤案，但在历史上留下了笑柄。

《朱紫阳断案》这个剧目的写法，表面完全是褒奖朱熹，把他塑造成刚正不阿、明察秋毫的青天大老爷，但处处包含讽刺和贬抑，明眼人马上能看出朱熹的晦暗不明和急于求成。这样的写法和论调，让卓吾大为赞赏，认为"善作者纯贬而褒意自寓，纯褒而贬意自存"，夸奖作者"真大手段，大见识"。卓吾完全理解作者的意图。明朝官方一直推崇朱熹，如果直接讽刺朱熹，容易惹上不必要的麻烦。用"寓贬于褒"的手法，既达到讽刺的目的，又不容易被正统的道学家们挑出毛病来。

在祭赛国之后，卓吾按写作提纲正要表达"识即是空"这个范畴中不易区分的"识"。因为心性受到蒙蔽，所以身心都处在劳碌奔波当中。按原计划，这一组情节发生的国名为本钵（奔波）国。（参照如下《西游记》原文）

---

① 《焚书》卷二《又与从吾》

众僧跪告："爷爷,此城名唤祭赛国,乃西邦大去处。当年有四夷朝贡:南,月陀国;北,高昌国;东,西梁国;西,本钵国。年年进贡美玉明珠,娇妃骏马。我这里不动干戈,不去征讨,他那里自然拜为上邦。"

《西游记》第六十二回《涤垢洗心惟扫塔　缚魔归正乃修身》

受《朱紫阳断案》的启发,他把孙悟空塑造成一个嫉恶如仇、乐善好施、无所不能的神医,开出药方的药效赛过治百病的太岁。但在不经意的地方,透露出他是对自己受到薄待而心生不忿,故意为了取得厚待才卖身为奴。

为了向《朱紫阳断案》致敬和暗示同样的写作手法,卓吾临时决定把此节的国名命名为朱紫国,取代原计划中的本钵国。让传说中成仙的张紫阳出场,送上棕衣保护金圣宫娘娘的贞操,让赛太岁住在獬豸洞中,而獬豸是传说中公平执法的神兽,以此组成《朱紫阳断案》的谜语。

卓吾对朱熹的痛恨不止于此。在收束《心经》义理的比丘国,借拿小孩心脏做药引的妖道形象,继续对朱熹进行影射。

卓吾在一篇短文中这样讽刺朱熹："有一道学,高屐大履,长袖阔带,纲常之冠,人伦之衣,拾纸墨之一二,窃唇吻之三四,自谓真仲尼之徒焉。"[1] 这位道学家声称"天不生仲尼,万古如长夜"。有人讽刺他说,难道孔子之前的人都是白天举着蜡烛走路的?

在《西游记》比丘国一节,卓吾不便引入儒士和官员形象,只好塑造一个道士形象影射道学家朱熹,"头上戴一顶淡鹅黄九锡云锦纱巾,身上穿一领箬顶梅沉香绵丝鹤氅。腰间系一条纫蓝三股攒绒带,足下踏一对麻经葛纬云头履"。与他在《焚书》中塑造的朱熹形象一致。朱熹死后被追封为太师,所以这个妖道成了国丈。

不但清官可能会误国,大圣人更可能贻害无穷。任何一个圣人,他的佛性和魔性一样大,他成就丰功伟业的能力,跟他毁灭破坏的能力一样强。大盗做坏事是在明处,大家都看得到,而圣人导致罪恶的后果更隐蔽,不易被人发现,因而危害也更大。所以大圣人比大盗更值得提防。朱熹就是这样的大圣人。

朱熹曾说,"禅学最害道","大而万事万物,细而百骸九窍,一齐都归于无。

①《焚书》卷三《赞刘谐》

终日吃饭，却道不曾咬着一粒米，满身著衣，却道不曾挂着一条丝"，"异端之害道，如释氏者极矣"。朱熹推崇老子和庄子，认为《金刚经》等佛学经典是佛教徒窃取老、庄的观点伪造的[1]。

卓吾认为朱熹对佛教的轻视是因为他不理解佛理。

"他只看到世人出家削发、膜拜佛像，而不知道无知的人只是执相求佛，通过这些表相来认识佛正是佛理所反对的。真正的佛理，即心是佛，求的是自己的心。《金刚经》的意思是人性坚利，像金刚一样，物不能坏，所以能压制魔心，普渡众生。这也是为什么五祖弘忍为六祖慧能说法，讲到'应无所住而生其心'时，六祖豁然大悟，当即见性成佛，这是多么伟大的一刻呀！

"朱熹反对见性成佛的说法，其实反对的是那些不顾家庭和社会责任只求拜佛成仙的人，如果人能正心诚意，哪怕是每天都读《金刚经》，又有什么罪过呢？

"朱熹一生博览群书，百家九流靡不淹贯，竟然对于道家炼丹修仙的书《周易参同契》也有研究，还写了一本书叫做《周易参同契考异》，这说明他并不像批佛时表现的那些义正词严，其实是心术不正。"（参照如下《西游记》原文）

那国丈闻言，付之一笑，用手指定唐僧道："呵！呵！呵！你这和尚满口胡柴！寂灭门中，须云认性，你不知那性从何而灭！枯坐参禅，尽是些盲修瞎炼。俗语云，坐，坐，坐，你的屁股破！火熬煎，反成祸。更不知我这修仙者，骨之坚秀；达道者，神之最灵。携筇瓢而入山访友，采百药而临世济人。摘仙花以砌笠，折香蕙以铺裀。歌之鼓掌，舞罢眠云。阐道法，扬太上之正教；施符水，除人世之妖氛。夺天地之秀气，采日月之华精。运阴阳而丹结，按水火而胎凝。二八阴消兮，若恍若惚；三九阳长兮，如杳如冥。应四时而采取药物，养九转而修炼丹成。跨青鸾，升紫府；骑白鹤，上瑶京。参满天之华采，表妙道之殷勤。比你那静禅释教，寂灭阴神，涅槃遗臭壳，又不脱凡尘！三教之中无上品，古来惟道独称尊！"

《西游记》第七十八回《比丘怜子遣阴神　金殿识魔谈道德》

---

[1] "道教有《老》《庄》书，却不知看，尽为释氏窃而用之，却去仿效释氏经教之属。譬如巨室子弟，所有珍宝悉为人盗去，却去收拾人家破釜！"（《朱子语类》卷一二五）

"《大学》提到，'所谓诚其意者，毋自欺也'，又说，'有所好乐，则不得其正'。这正是朱熹的问题，心有所住，不得自在。

"《大学》又说，'心不在焉，视不见，而听不闻'，意思是心不在那里，看到了也跟没看到一样，听到了也跟没听到一样。这就是朱熹的见解站不住脚、没有生命力的原因。

"只有做到《金刚经》所讲的'无所住'，才能做到虚心，虚心才能做到博大和公正，才能不滞于外物，心中不被外物占据，就不会毁坏，这是'心性坚利'的意思。

"只有'心无所住'，心性才能保持灵动，心性灵动才可以顺应自然，永不停息，所以才不会覆灭。这就是《中庸》所讲的'至诚无息'（真心诚意才能体察生生不息的大道）之理，也是心性'物不能坏'的道理。"（参照如下《西游记》原文）

三藏闻言，急合掌应道："为僧者，万缘都罢；了性者，诸法皆空。大智闲闲，澹泊在不生之内；真机默默，逍遥于寂灭之中。三界空而百端治，六根净而千种穷。若乃坚诚知觉，须当识心：心净则孤明独照，心存则万境皆清。真容无欠亦无余，生前可见；幻相有形终有坏，分外何求？行功打坐，乃为入定之原；布惠施恩，诚是修行之本。大巧若拙，还知事事无为；善计非筹，必须头头放下。但使一心不行，万行自全；若云采阴补阳，诚为谬语，服饵长寿，实乃虚词。只要尘尘缘总弃，物物色皆空。素素纯纯寡爱欲，自然享寿永无穷。"

《西游记》第七十八回《比丘怜子遣阴神　金殿识魔谈道德》

"《金刚经》所剖析的是普遍的人性，揭示了普遍真理，而愚蠢的人不相信，聪明人又做出牵强附会的解释，都找不到真心，导致让人性生生不息的真知灼见被掩盖了。这是一种自欺的行为。所以《金刚经》反复强调'应生无所住心'。有这样的心，才能跟我这种'不忠不孝削发异服者'商量本来面目！"[1]

以上引用的卓吾的这篇《金刚经说》，主要用佛家和儒家的理论批驳朱熹，而在《西游记》里，借唐僧在金殿上的辩论，主要用道家的理论批驳朱熹。结合起来看，有异曲同工之妙，显示了卓吾对三教理论的融会贯通。

朱熹推崇阴阳二气说。在狮驼国，悟空陷入妖怪的法宝"阴阳二气瓶"，燥

[1]《续焚书》卷二《金刚经说》

热难耐,这是影射宋儒学说禁锢下的社会氛围。鲁迅在《呐喊·自序》中将礼教的束缚比作一个"绝无窗户而万难破毁的"铁屋子,与恐怖狮驼国的"阴阳二气瓶"类似。而卓吾在比丘国关于用人心作药引的情节,也可以对应鲁迅在《狂人日记》中关于礼教"吃人"的比喻,以及小说《药》中的人血馒头的寓意。可见,最顶级的文学创作者在写作手法上心有灵犀。

卓吾对朱熹现象的反思超过了朱熹本身。他真正反对的是相,或者说是条条框框僵化的思维方式。这就是他设计了白鹿和寿星这一对矛盾,并让寿星来降伏妖鹿的原因。长寿之心,人皆有之,不管是追求形体的不坏,还是追求思想的长存,都是好事,所以长寿是佛的一面。长寿随之而来的弊端就是拘泥和僵化,在条条框框里寻求安全感,不愿突破自己的经验,还致力于束缚别人,以至于吞噬心灵、吃人,这是魔的一面。这正是释迦牟尼把这种顽固依赖经验的思维方式称作寿者相的原因。

万历十八年庚寅(1590)64岁

入世修行

从陷空山到隐雾山,是"五蕴皆空"到"普渡众生"的过渡。如果说"五蕴皆空"指出了心中之"相"的虚幻,"普渡众生"则是这些"相"的运用。

怎么认识我们的真心或本心的状态呢?就像用浮沫来认识大海,我们可以通过心中之相来认识真心。卓吾提出了"山河大地即清净本原"[①]。

清净本原和世间物相如同盐和水的关系,盐有味,水无味,盐与甜、酸、苦、辣一样,是表相,不是本质。但离开味的表相,也不可能认识水的无味。没有任何味道的感觉,就没有味道这个概念,更没有无味和有味的区别。所以我们可以通过具体的味道认识"无味"。

"清净本原"就是我们的本心或不被蒙蔽的心性,它是无色无味的,无法用具体的形相来描述,所以要从山河大地这些表相里间接认识它。特别是不可能把山河大地从心中或从眼中拿掉之后才能认识清净本原,我们必须在山河大地的印象之中认识清净本原,他们是一体的。认识到这一点,第一,认为什么都是虚空的观念是"执着于空",是消极的、错误的;第二,把"空"和"有"割裂开来理解也是错误的,所以必须承认"有",从"有"认识"空";第三,必须在社会中、在与别人的交互中,认识自己和本心,从烦恼中获得菩提智慧。关起门来打坐或强制自己进入"淡然"的境界离真正的悟道相去甚远。这是此论的真正目的。(参照如下《西游记》原文)

土地道:"那妖精摄你师父去,在那正南下,离此有千里之遥。那厢有座山,唤做陷空山,山中有个洞,叫做无底洞。是那山里妖精,到此变化摄去也。"

《西游记》第八十一回《镇海寺心猿知怪　黑松林三众寻师》

[①]《焚书》卷四《观音问》

所以,"心即是境,境即是心"①,两者不可分开理解,如果能体察到本心,自然明了,也不必区分。虽然不是风动也不是幡动,而是心动,但我们可以反过来,用风或幡的状态认识自己的心在怎样动。这既是卓吾的世界观,也构成《西游记》的写作手法。那动人心魄的狂风、面目狰狞的妖魔,都是作者对心境的刻画。

大道无相,但我们观察大道的运作只能通过相。大道不是穿衣吃饭,但我们只能通过穿衣吃饭这些琐事认识大道。大道无所谓善恶,但我们大多数时间通过区分善恶以获得完整的认识。无所谓有无,我们只能用局限甚至自相矛盾的语言文字来描述。

语言文字所表达的并不是真理,甚至大多数情况下都是认识真理的障碍。但是不用语言文字,一味苦修,更容易迷失方向、一无所得。所以虽然"万物皆备于我","本自具足",但还是需要从经义入手,借助语言文字的帮助认识真理。在这之上,才能言及摆脱语言文字的束缚。

慧能大师说,佛法在世间,不离世间觉;离世觅菩提,恰如求兔角。大道就蕴含在人和人的关系当中,通过接受这些折射来认识本心。卓吾则进一步强调"直心而动",在本年给友人的信中说:"念佛时但去念佛,欲见慈母时但去见慈母,不必矫情,不必逆性,不必昧心,不必抑志,直心而动,是为真佛。"②

龙湖附近另一座寺庙里有个叫若无的和尚,是麻城本地人,家里还有两个孩子,都交由母亲看管。因为母亲身体很好,故若无专心修行,极少回家看望。后来若无听说有个叫作金刚山的地方远离尘世喧嚣,是学佛圣地,便想去求学,就把这个决定写信告知母亲。母亲也有很高的佛学修养,托人回信道:

"我自从你八岁守寡至今,一年老一年。你舍我出家也就罢了,而今又要远去。想当年你师父是等父母都去世了才出家的。等我死了你再离开麻城也不迟。虽然你平时也不回家帮忙,主要是小病小灾我也不会麻烦你。我不牵挂你,你也不用牵挂我,两不牵挂,彼此俱安。当下这就是僻静处,何必去远方求静?

---

① "心即是境,境即是心,原是破不得的,惟见了源头,自然不待分疏而了了在前矣。"(《续焚书》卷一《复陶石篑》)
② 《焚书》卷二《为黄安二上人三首》

"你是从求学的角度考虑问题,是道情,我想的是世情。世情过得,就是道情。暂且不说我的年纪大了,就是两个孩子你也要看顾。你师父出家后,遇到荒年也回家照顾孩子,一定是他心里过意不去才这样做。如果不顾孩子,让他们流落街头,于心何忍?碰到这样的情况,再打坐静修时,你动心不动心?如果不动心,不合情理;如果动心,又怕人笑话你修行不够,所以只能隐忍着过日子。这两者孰真孰假,孰优孰劣?让我说,还是动心管管孩子,才能让自己的心踏实下来,这反而是不动心;如果坚持不管孩子,看上去是不动心,但心中隐隐作痛,反倒是动心。你仔细体会一下,是不是把心安好就是本心,就是金刚圣境?你如果只是按别人的话去做,不体察自己的真心,那就是心被境牵制了,就是不会安心。龙湖不安静,你要去找金刚山;到了金刚山如果还是心不安静,要去哪里呢?你终日讲道,我今日与你讲心。你可以去问问你师父,如果修道取决于环境,那你应该去找这个金刚山;如果在心,可以不必远行。如果你心不静,莫说到金刚山,纵到海外,更不会安静。"①

卓吾读了这封信,感慨说:"恭喜家有圣母,这样的母亲能培养出真佛来!时刻以心为师,她的话都是金玉良言,她的叮嘱都是发自心髓的至言,颠扑不可破。我们这帮学究的话,都是隔靴搔痒,说不到点子上,如同画饼充饥,从来喂不饱人,还让人笑话,自己还不知道羞耻。跟这封信相比,我之前给你的信都是虚张声势,恐吓愚人,缺乏这样的真情实意,所以都可以烧掉了,千万别让人看见,说我平生尽是说道理害人去也。

"希望若无能把母亲的这封信挂在佛堂,让念佛学道的人时时看到,这样大家都知道去念真佛,不肯念假佛矣。能念真佛,即是真弥陀,纵然不念一句'弥陀佛',阿弥陀佛亦必接引。何也?念佛者必修行,孝则百行之先。如果念佛名的人孝行有亏,那么阿弥陀就成了缺乏孝行的佛了,那也就不是佛了。

"言出至情,自然刺心,自然动人,自然令人痛哭,想若无必然与我同也,未有闻母此言而不痛哭者也。"

卓吾对布施的理解,首先是家庭责任,然后才推及到普罗大众。

他表示,庄子所谓的"槁木死灰",还有一些或自残或焚身的高僧,都是对

---

① 《焚书》卷四《读若无母寄书》

应佛法中小乘的境界。致力于大乘的人，应"度尽众生，方证菩提"①。而度尽众生的起点，就是照顾好自己的家人。(参照如下《西游记》原文)

长老立定身，叫："悟空，那个人也解他一解。"行者道："他是甚么人?"长老道："他比我先拿进一日。他是个樵子，说有母亲年老，甚是思想，倒是个尽孝的，一发连他都救了罢。"

《西游记》第八十六回《木母助威征怪物　金公施法灭妖邪》

---

① 《李贽全集续编》之《枕中十书》，凌礼潮整理，首都师范大学出版社，2020。

凤仙法雨

《西游记》从凤仙郡开始进入《金刚经》的诠释。如果说之前《心经》的诠释更侧重个人修行，或以持戒为主的修行，在这之后则更侧重布施的方法。作为大乘和小乘的分界，卓吾认为布施比持戒更重要。[①]

一般认为的布施，是富人救助穷人或向庙里捐钱，而卓吾更强调地方官员对民众的爱护和引导。在与为官的朋友书信中也经常鼓励以"施泽于民为心"，则"天地日月昭鉴"，"名位不期高而自高"[②]。

他自己的为官生涯也贯彻这样的思想。1578年刚到姚安，就自题一副楹联挂在大堂上：

> 从故乡而来，两地疮痍同满目。
>
> 当兵事之后，万家疾苦总关心。

卓吾治理姚安的施政方针，主张政令清简，以德化人，无为而治，但强调潜移默化的影响。[③]他对"万家疾苦"的关心，除了普通意义上的管理，还有文教和心理上的疏导。

他在姚安任上看到无论汉族还是少数民族都敬拜关羽，他就借势对民众宣扬关公的忠义精神，鼓励姚安民众在家中供奉关公。他在文告中表彰关公的忠义和刚烈，"某等来守兹土，慕公如生，欲使君臣劝忠，朋友效义，固因对公之灵，复反覆而致意焉。"[④]

与其他地方官郡守不同的是，卓吾鼓励大众念佛，他认为悟道没有诀窍，学佛的方法没有高低之分。"天地与我同根，谁是胜我者；万物与我为一体，又谁是不如我者"。所以口诵佛号"阿弥陀佛"和念经就是最方便、也是最首要的

---

① "佛说六波罗蜜，以布施为第一，持戒为第二。""持戒固重，而布施尤重也。布施者比持戒为益重，所谓青于蓝也。"（《焚书》卷三《篁山碑文代作》）

②《续焚书》卷一《与方讱庵》

③ "先生为姚安，一切持简易，任自然，务以德化人，不贾世俗能声。其为人汪洋停蓄，深博无涯涘，人莫得其端倪，而其见先生也不言而意自消。自僚属、士民、胥隶、夷酋，不化先生者，而先生无有也。此所谓无事而事事，无为而无不为者耶。"（《焚书》卷二《又书使通州诗后》附《顾冲老送行序》）

④《焚书》卷三《关王告文》

体察本心的方式。①

　　卓吾在行文中喜欢把道理的布施比作雨水的浇灌。例如，1583年得知王畿去世后，卓吾写下祭文，称赞他"随地雨法"六十年，令洙、泗渊源（孔子家乡曲阜在洙水和泗水之间），"沛乎决江、河而达四海"②。

　　在郡守任上，卓吾的"雨法"只是一时一地；而现在，他的万世"雨法"，就是他眼下的书。

　　本年第一版《焚书》在麻城刻印。此书收入1590年以前所写的书信、史论、杂著和诗歌。在序言中，还提到了《焚书》的"别录"，名为《老苦》。佛家以生、老、病、死总结人生之苦，"老"包含从小到老的整个过程，所以"老苦"实则成长的烦恼，这是卓吾为《西游记》起的别名。《焚书》和《西游记》在观点和时间顺序上完全对应，只不过一个是文言，针对的读者对象是学者；一个是口语，针对的是大众。两者都是卓吾的布施或"雨法"，帮助大众找到自己的真心，或者坚固不坏的自性。（参照如下《西游记》原文）

　　所谓一念回天，万民满望。全亏大圣施元运，万里江山处处阴。好雨倾河倒海，蔽野迷空。檐前垂瀑布，窗外响玲珑。万户千门人念佛，六街三市水流洪。东西河道条条满，南北溪湾处处通。槁苗得润，枯木回生。田畴麻麦盛，村堡豆粮升。客旅喜通贩卖，农夫爱尔耘耕。从今黍稷多条畅，自然稼穑得丰登。风调雨顺民安乐，海晏河清享太平。

　　　　　　　《西游记》第八十七回《凤仙郡冒天止雨　孙大圣劝善施霖》

---

① "我谓念佛即是第一佛，更不容于念佛之外复觅第一义谛也。"（《焚书》卷四《念佛答问》）
②《焚书》卷三《王龙溪先生告文》）

玉华传道

卓吾认为"学无常师"。他不曾拜一个人为师，也不接受别人拜其为师。但他时时在学习，在心中已经无数次拜别人为师。①他认为朋友和老师是一回事，看到比自己高明的人跟着学就是了，没必要拜师。当年有人问子贡，孔子的老师是谁？子贡说夫子哪里都能学习，没有固定的老师。②

"世人不知道朋友即老师，误以为只有拜了四拜的那个人才是老师，又不知老师也是朋友，仅仅把结交亲密者称为朋友。如果你不能从朋友那里学到东西，就不必交这个朋友了；如果你不能把心腹的话告诉老师，也不必有这个老师了"。③因为这样的理由，卓吾特意强调师友是五伦之一，以取代朋友。

一个人的成就，在于在多大程度上找到自己的本心，挖掘其中的宝藏，而跟谁是其老师无关。我们从来不会认为李白的诗写得好是因为找到了一个好老师，也从来没有人推崇苏东坡的老师。成就非凡的人当然有老师，但显然老师并不是他们出类拔萃的原因。

有为官的朋友想让子弟来拜卓吾为师，均被卓吾谢绝。他发现一旦成为别人的老师，便想着去教别人，自己就不进步了。这是孔子之后才出现的坏习气。周代的姜子牙到八十岁还是河边钓鱼的老头，根本不求别人知道他，老子出函谷关被关令尹拦住，不得已才写了五千字教育别人。所以卓吾"情愿终身为人弟子，不肯一日为人师父"④。

还有人找到卓吾要出家学佛，卓吾也认为没有必要出家。自己住在芝佛院是为了躲避应酬，如果真想学佛，出家、在家都是一样的。当世就有很多在家甚至为官的菩萨，如周思敬，把做官和成佛当成一回事。一旦悟道，心念顿时与诸佛相通（"得则顿同诸佛"），不受是否剃度、是否住在寺庙里这些表相的约束。

话虽如此说，但卓吾不收徒有另一层考虑。他曾对焦竑说过，千万不要跟

①《焚书》卷二《为黄安二上人三首》
②"夫子焉不学，而亦何常师之有？"（《论语·子张》）
③《焚书》卷四《征途与共后语》
④《焚书》卷一《答刘宪长》

没有根器(资质差)的人谈学问,他们不是为名就是为利,跟这种人说话没有意义。①

卓吾欣赏的后辈,是比自己聪明的年轻人。他认为资质高于老师才堪教授。面对络绎不绝前来拜师的人,卓吾都以非常谦下的态度回绝。虽然很多晚辈都称他为师,但他在书信中总是称小一辈甚至两辈的学生为师、公、兄,自称弟、愚。

然而公安"三袁"的出现让卓吾耳目一新,立刻有了收徒的念头。

公安"三袁"是袁宗道、袁宏道、袁中道三兄弟的合称。在公安小有名气,听说了卓吾的传奇故事,专程去麻城拜访。到了麻城,却没有在芝佛院找到卓吾。到大街上打听,有人说经常见他提一个篮子,醉醺醺地在街上走,说的话跟疯子一样。②

卓吾就是以这样的形象开启了与三袁的交往。随着双方的相互了解,卓吾对三兄弟的灵气特别欣赏,把自己的学说倾囊相授。三兄弟从此也多次拜访卓吾。

袁中道后来根据记忆整理了三兄弟向卓吾问学的部分对话。③(以下分别称袁宗道、袁宏道、袁中道为伯修、中郎、小修)

伯修问圣人和凡人的区别,卓吾答:"不必论圣凡异同,你先说何者为圣,何者为凡?"

伯修谈学道的目的时说:"人不学道就还有生死。"卓吾言:"诸佛也没有在生死之外。"伯修问:"那佛与众生的区别是什么?"卓吾答:"有甚众生?"

以上两则都是卓吾启发伯修突破自己心中的众生相。

卓吾批评伯修过于关注细枝末节,强调要做豪杰、增强心力。卓吾给伯修举了几个豪杰的例子,告诉他自己强调的心力到底为何物。

第一个例子是杜甫。"现在的人只知道杜甫诗之妙,不知道杜甫是什么样人。安禄山叛乱中,杜甫千辛万苦找到了皇帝,刚谋到了一个职位,还没来得及救助妻儿,就马上推荐岑参为官。你看是何等心肠?"

---

① "世间无根器人莫引之谈学,彼不为名便是为利,无益也。"(《焚书》卷二《又与从吾》)
② "常提一篮,醉游市上,语多颠狂。"(袁中道《珂雪斋集》附录二《柞林纪谭》)
③ 袁中道《珂雪斋集》附录二《柞林纪谭》

关于杜甫,还有一个例子。"现在的人如果穷困潦倒寄居人下,肯定要千方百计奉承主人。而杜甫寄居在严武门下时,有一次酒后,竟瞪眼喊了一声:没想到严挺之有这么不堪的儿子! 你看是何等气岸!"

小修当时在场,质疑说:"当时严武有生杀大权,如果因为此言被杀,再有豪气也无用。"卓吾答:"他当时胸中豪气按捺不住,没时间考虑杀与不杀,就算被杀也顾不得。"

第二个豪杰的例子是司马迁,卓吾认为他才是天下大侠。李陵投降匈奴后,大家都避之不及,而司马迁挺身为他说好话,非但把自己孤立了,且背负不忠不义的骂名,根本无法向人解释自己的动机。没有好处,没有美名,只有不可预测的罪责。他在这种情况下仍能挺身而出,完全是激于义气,后世那些博名声的人根本无法跟他相提并论。

卓吾补充,这些豪杰所显示的精神力量,是学道的人致力于在内心挖掘的,而不是模仿这些行为。"没有豪杰可学。一模仿就是死路。人人各有一段精彩。所以要做自己。学有所成,自然是豪杰。"

小修问:"学道需不需要天赋?"卓吾答:"有'骨头'(心力上的资质)的人方可学道。"他举了一个例子说明。

曾经有很多人都想拜王阳明为师,王阳明一看资质力量不够的,即说"湛甘泉是大圣人,可以跟他学"。湛甘泉还以为王阳明推崇自己,殊不知是王阳明把不堪教育的人都推出去,专心寻找"好汉"。当时王畿还是个日日混迹于酒馆和赌场的浪荡子,王阳明见了却认为他资质不同凡响,但王畿极厌恶讲良知的人,见都不愿见他一面。王阳明便日日让门人饮酒赌博。王畿知道了很奇怪,问这些门人:"你们都是讲道学的酸腐儒生,为什么干这些事?"门人答:"我们这里天天这样,王老师在家也这样。"王畿很诧异,求见阳明,后来心悦诚服拜他为师。王阳明要找的徒弟,是见识要比老师还高的人。唯有这样的人才能传承衣钵。以后的事实果然证明,王畿成为最能发扬王阳明学说的人。

虽然卓吾对学生资质要求非常苛刻,但不追求完美的人。他容忍人的小毛病,认为病处也是好处。他表示,如果一个人没有缺点,就是死物。比如伯修承认自己最大的问题就是缺乏力量,没有自信。卓吾反而劝慰他说:"你比较稳，一旦明白了，都是扎扎实实自己的东西。"伯修又担心自己胆子太小。卓吾安慰他，见识大了，胆子自然大。

小修后来回忆有一次三兄弟陪卓吾在月下饮酒聊天，大家谈论各人性格。卓吾评价小修有侠气，而侠气来源于"情"，是古今豪杰所同有的特质。他讲了一个自己年轻时拜访某著名人物的故事，询问此人对于著名心学大家颜钧遭人陷害入狱的看法。此人竟不理会，没有表现出一毫同情。卓吾当即知道他不是什么豪杰，因为他对于别人的愁苦没有同情心，这样的人不可交。

什么是侠？卓吾给三袁解释，"侠"字，左边一个"人"字，右边一个"夹"字，意思是能扶危济困、能夹持人的人叫作侠。在危难之中，得此一人则安，失此一人则危，可以被人依靠的人，才能叫作侠。现在的人不知道侠的真正含义，反而以为会击剑、能为人报仇的人才是侠，太可笑了。

卓吾一直强调的"骨头"，既包含刺入肌肤的真，又包含强大的心力，让三袁大开眼界、大受启发。三袁从来没有从其他同时代的人身上感受到这样的真气和力量！对力量、"提得动"的强调，是卓吾独有的教学方式，这正是他在《西游记》中一直强调金箍棒重量的原因，也是在金平府一节传授力量的寓意。（参照如下《西游记》原文）

行者才教三个王子就于暴纱亭后，静室之间，画了罡斗，教三人都俯伏在内，一个个瞑目宁神。这里却暗暗念动真言，诵动咒语，将仙气吹入他三人心腹之中，把元神收归本舍，传与口诀，各授得万千之膂力，运添了火候，却象个脱胎换骨之法。

《西游记》第八十八回《禅到玉华施法会　心猿木母授门人》

后来袁宗道谈论对老师的印象时说，"龙湖老子手如铁""胆气精神不可当"[①]。袁宏道称读老师的书，"愁可以破颜，病可以健脾，昏可以醒眼，甚得力"[②]。这样的表述，可见三袁在卓吾那里感受到的是"力量"，他们学到的是"心力"，而非具体的知识。

①《白苏斋类集》卷一
②《袁中郎全集》卷二《李宏甫》

袁宏道后来有《怀龙湖》诗数首,回忆当年的求学生涯,将卓吾比作老子和批评孔子的楚人接舆:"老子本将龙作性,楚人元以凤为歌","敢向乾坤寻胜览,只因李耳在西湖"。

卓吾认为三袁都是天下名士,但又各有特点。老大的特点是"稳实",老二的特点是"英特",老三的特点是有"侠气"。他最喜欢的是老二袁宏道。称其"识力、胆力皆迥绝于世,真英灵汉子",可以托付大事。①

袁宏道自号"石公",取自"圯桥进履"典故中的张良的老师黄石公。卓吾将自己的心力传给了他,曾在送别诗文中,祝愿他也能找到传承衣钵的张良。②

---

① "已复同太史(指宗道)与小修游楚中诸胜,再至龙湖晤李子。李子语人,谓伯也稳实,仲也英特,皆天下名士也。然至于入微一语,则谆谆望之先生(指宏道),盖谓其识力、胆力皆迥绝于世,真英灵汉子,可以担荷此一事耳。"(袁中道《珂雪斋文集》卷一八《吏部验封司郎中中郎先生行状》)

② "路逢进履者,定知过圯桥。"(《续焚书》卷五《答袁石公八首》)

寇员外

1590年，卓吾64岁，经过九年的写作，《说书》已出版，《焚书》已付印，《西游记》也终于到了收尾阶段。这是个值得纪念的年份。在《焚书自序》中他记下"余年六十四矣"。这是《焚书》的序言，也是《西游记》的序言。（参照如下《西游记》原文）

员外面生喜色，笑吟吟的道："弟子贱名寇洪，字大宽，虚度六十四岁……"

《西游记》第九十六回《寇员外喜待高僧　唐长老不贪富贵》

虽然这些年的辛苦写作有了比较满意的成绩，卓吾也提醒自己莫忘初心。①《金刚经》说"菩萨不受福德"，是提醒布施自有回报，不要把自己的布施当作功劳，像珍宝一样搜集功业。那样做就成了一个大贪②。大贪如同大寇，此即寇洪的来历。

姚安上任之初，卓吾发现姚安城内经常发生火灾，原因是民众多用木板建房，密密挨在一起，很容易助长火势蔓延。针对这种情况，卓吾发布三项政令：一是对新建房提倡土砖建墙，并拉开房屋间距；二是在现有房屋密集处掘井，以方便救火；三是建造火神庙，在思想上提高民众对火的敬畏。

姚安的火神庙供奉华光大帝，又称五显灵官，是福建、台湾和广东一带传说中的火神。在农历九月二十八日火神诞辰时，正是容易发生火灾的干燥天气，民众会把易燃的稻草、木屑等捆成一束，放在家门口，由巫师或和尚挨家收取，集中起来放在纸船上，推入河中焚烧，称为"送火灾"。届时大家都到火神华光大帝庙祭祀，祈求一年平安。

这三项政令大大减少了姚安城的火灾和生命损失，一直为后人所称道。这是卓吾的历史功绩之一，但在他的著作中从未标榜。

卓吾离任后，百姓为纪念他的功绩，将他下令建造的火神庙称为光明宫，把卓吾的告示和亲笔撰写的《光明宫记》刻在石碑上。卓吾离任后，继任的地

---

① "种德君子当知所发心矣。"（《续焚书》卷四《栖霞寺重新佛殿劝化文》）
② "三毒五戒，以贪毒为最先。"（《续焚书》卷四《栖霞寺重新佛殿劝化文》）

方官不信鬼神,反对迷信活动,遂终止了光明宫的祭祀活动。没有官方推动,这项善政终被废止。几年之后,卓吾听说光明宫已被损毁。

正是"是非成败转头空",他现在的功业,又有几人能记取?(参照如下《西游记》原文)

> 那二老正在那里闲讲闲论,说甚么兴衰得失,谁圣谁贤,当时的英雄事业,而今安在,诚可谓大叹息。
>
> ……
>
> 长老至前,见是一座倒塌的牌坊,坊上有一旧扁,扁上有落颜色积尘的四个大字,乃华光行院。长老下了马道:"华光菩萨是火焰五光佛的徒弟,因剿除毒火鬼王,降了职,化做五显灵官,此间必有庙祝。"遂一齐进去,但见廊房俱倒,墙壁皆倾,更不见人之踪迹,只是些杂草丛菁。
>
> 《西游记》第九十六回《寇员外喜待高僧 唐长老不贪富贵》

所以正当三书和《西游记》初步成型的时候,卓吾也在思考自己的生平功业。我们看到了隐含在《西游记》中的四条时间线。

第一条时间线,是从儒释道圣人诞生到唐朝慧能大师这一千二百年的历史,也是东方哲学发展一千二百年的时间脉络。主要以孙悟空的经历来体现。

第二条,既然是借唐僧的故事,当然要体现唐僧取经的时间线。但卓吾并不意在反映唐僧的真实故事,所以时间上把真实的历史事件推后,迁就了慧能出生的日期,还把唐太宗的贞观年号延到了取经归来的贞观二十七年。所以这一条时间线是虚构的。

第三条,是原本构思的作者生平时间线。在1582年甚至更早,卓吾就明确了写书的初衷,即反映自己悟道的经历,影射自己的生平。所以这条时间线又分为三段。从出生到1567年这四十年的时间,是疲于奔命、不得解脱的四十年,对应孙悟空取经前的经历。从40岁接触王阳明学说(黄风岭),到50岁读《金刚经》(比丘国),再到51岁任姚安知府(凤仙郡、铜台府火神庙),直至54岁云南鸡足山(百脚山)悟道,共十四年的时间,对应取经的时间线。这个最初的设想随着写作过程随时涌入新的素材和想法被渐渐冲淡。

第四条时间线,是自己退休以后隐居在黄安和麻城的经历。这个时间线是作者随手取材，顺应写作历程中的遭遇，将自己日常感悟提炼成妖魔故事，归纳为修行义理，与《焚书》中的书信和评论所反映的事件和情绪几乎完美对应，且借书中人物对话留下自己写作时年龄的记号，所以这条时间线最明显，盖过了原来设想的时间线。本书主要依靠这条时间线，并基于《焚书》的书信重现写书的过程，间或顾及第三条时间线。

基于真心和真实的感悟，人可以融入大道，从一个人的心就可以看到千千万万人的心。从自己的经历得到的真实感悟，可以帮助千千万万人解脱苦厄，共证彼岸。这是作者将自己的生平和感悟进行普遍意义上的推演的目的所在，也是《西游记》"释厄"的含义所在。

在象征唐僧功德心魔的寇员外被强盗杀害后，悟空赶至地藏王菩萨处，为其求情，最终将64岁的寇员外延寿十二年。这其中离奇的巧合是，此时64岁的卓吾，他的寿命也只剩十二年了。（参照如下《西游记》原文）

行者即别了，径至翠云宫，见地藏王菩萨。菩萨与他礼毕，具言前事，菩萨喜道："寇洪阳寿，止该卦数，命终不染床席，弃世而来。我因他斋僧，是个善士，收他做个掌善缘簿子的案长。既大圣来取，我再延他阳寿一纪，教他跟大圣去。"金衣童子遂领出寇洪，寇洪见了行者，声声叫道："老师！老师！救我一救！"行者道："你被强盗踢死。此乃阴司地藏王菩萨之处，我老孙特来取你到阳世间，对明此事。既蒙菩萨放回，又延你阳寿一纪，待十二年之后，你再来也。"

　　　　　　　　　　《西游记》第九十七回《金酬外护遭魔蜇　圣显幽魂救本原》

自序三书

卓吾在本年付印的《焚书》自序对姚安离任后的写作进行了总结：

"这些年有书四种：一曰《藏书》，评判上下数千年是非，普通人未必容易接受，所以像司马迁对《史记》的期望一样，应该藏于山中留给后世能欣赏它的人，故名《藏书》；一曰《焚书》，主要是与朋友往来的书信，针砭当世学者的顽疾通病，既然切中要害，他们必然想要绞杀这本书，所以这是一本应该焚毁的书，不容易留在世上，故名《焚书》；《焚书》之后又有别录，名为《老苦》，其实本质上跟《焚书》一样，但形式不同，所以另立卷目，大家要焚就焚这本吧；唯《说书》四十四篇真为可喜，阐发圣人学说的精髓，把高深的东西解释通俗，可使读者一过目便知达到圣人的境界并不难，但只有先出世才能像圣人一样济世。不像朱熹编撰的对经典的注解，把大家追求真理的门关上，不是吸引人学习，而是断绝人的思维，这样怎么可以？我在《说书》中的观点，本来是为辅助朋友应试而作的注解，所以《说书》也可以理解成辅助科举考试的文章，但在当下，大部分都起不到辅助考试的作用，不会帮人取得功名。"

"现在《说书》已出版，《焚书》也付印了，《藏书》的一部分已经刻印，本来说好该焚的也不焚了，该藏的也不藏了，可能有人会说，'既然这样，就不要再叫《焚书》了，不然岂不是言行不一致了吗？'嘿嘿，我又怎么能知道结局，你又怎么能知道结局？想要烧它的人，认为它逆人之耳；而想要传播这些书的人，认为它的观点深入人心。认为逆耳的人还是会扼杀它，这当然是可怕的，但我已经64岁了，来日无多，万一通过出版这些书找到几个心意相通的，或许能成为知己。抱着寻找这样的知音的侥幸，我还是将这些书付印吧。

卓吾老子题湖上之聚佛楼"

序言末的聚佛楼是卓吾临时给自己在芝佛院的书房起的名号，因为这时他刚刚完成了《西游记》最后一节。在此节中，灵山众信徒齐诵众佛佛号，卓吾感到自己也正踏在灵山的土地上。佛就是觉悟的人。人人都有佛性，人人生而平等，但只有自己有信心把自己的灵魂与佛平等时，才成为真正觉悟的人。卓吾此时体验到了这种平等。

卓吾已经完成或还在计划中的著书项目，不止《焚书》《藏书》《说书》三部。或者说，卓吾的三书是三个系列，或三种体例，即论、史、经。

《焚书》是自己的论述文章，强调"论"，包括书信，完全是自己的创作，所以，《西游记》即《老苦》应归入《焚书》系列；《藏书》是"史"，还包括《初潭集》和《史纲评要》，主要是编辑汇总史书和别人笔记传奇类的文体，加上自己的评论；《说书》强调"经"，除了评注儒家经典，还有老子、庄子著作的评注。

这三个系列，当时都未完成，如其后《焚书》又有增补，卓吾去世后又有学生编成《续焚书》；《藏书》一直在修改，几年后才出版，后又有《续藏书》；《说书》的经典评点只是一小部分，以后经典的整理和注释还包括苏轼和王阳明的文集，以及《孙子兵法》的评注，甚至其后对戏剧和小说的评点，也应归入《说书》。

卓吾的三书系列，不但有历史、人物、思想和哲学，还有天文、地理、文艺和科学；不但集卓吾生平思想之大成，也是当时所知的人类文明之大成。（参照如下《西游记》原文）

我今有经三藏，可以超脱苦恼，解释灾愆。三藏：有《法》一藏，谈天；有《论》一藏，说地；有《经》一藏，度鬼。共计三十五部，该一万五千一百四十四卷。真是修真之径，正善之门，凡天下四大部洲之天文、地理、人物、鸟兽、花木、器用、人事，无般不载。汝等远来，待要全付与汝取去，但那方之人，愚蠢村强，毁谤真言，不识我沙门之奥旨。

《西游记》第九十八回《猿熟马驯方脱壳　功成行满见真如》

在三书系列并未最终完成的时候，卓吾在1590年的《焚书》自序中宣布三个系列的存在，主要是为了对应《西游记》中如来对三藏的描述，表达自己对多年辛勤写作的欣慰。让自己的三书，真正成为藏声、藏气、藏神的经典，让自己的精神生命在这些书中永存。①

---

① 详见《孤往山人评注西游记》书末《西游记作者考证》，上海：上海辞书出版社，2022。

万历十九年辛卯(1591)65岁

灭法奇遇

随着名气的传播,芝佛院收到的捐赠也越来越多,以至于卓吾两年前就打算在芝佛院佛殿之后,"因山盖屋",修一个佛塔。在他生前,可以作为书房和藏书楼;在他身后,可以作为安葬地,与他的书一起供后人怀念。①

他提出这个想法以后,麻城和两京的好友纷纷积极响应。经过两年的化缘,修建塔屋的资金于今年全部到位。而且数目远远超过了规划,不但足够盖一座佛塔,还可以建一座大殿。

在杨定见的主持下,地基在前一年就已经动工。本年进入地上部分的施工。各种木料和砖石堆满芝佛院,各色工匠进进出出,吵吵嚷嚷,再无一个宁时。卓吾是一个爱洁、爱静之人,考虑到两年的工期里芝佛院会一直纷乱,影响静心写作,卓吾决定去武昌住一段时间。

他委托好友杨定见居士和几位资深的僧人一起负责监造,自己则带着怀林等几位僧人出发去武昌。他要用一年的时间对《西游记》做出版前最后的打磨,有一些章节要重写,有大量的誊录工作。怀林作为特定的文字秘书,是唯一了解《西游记》写作的助手,所以紧紧跟随卓吾。最喜欢的弟子袁宏道此时也在麻城,遂一起到了武昌。

五月的一天,卓吾与袁宏道及几位芝佛院的僧人同游黄鹤楼时,遭遇一群地痞流氓滋扰。他们明显认识卓吾,叫嚣要驱逐"左道惑众",双方几乎发生械斗。最后卓吾在同行人的保护下撤离出城。

"左道惑众"的帽子是有来头的。当时的政治背景是,一些农民起义军往往借助宗教的名义发展受众,特别是佛教,衍生出白莲、明宗、白云几个分支。这些教派暗含政治目的,聚集异议人士,时常进行一些反政府的联络,被官方

①《焚书》卷二《复焦弱侯》,《焚书》卷四《移住上院边厦告文》

认作是祸乱之源，所以朝廷下旨整治宗教活动。①

即便是政治气候趋严，普通的宗教活动并不被禁止，僧人走在大街上也不会受到攻击。所以这些人明显是受人指使，专门针对卓吾进行恐吓。而且这帮人准确把握了政治气候，用"左道惑众"这个借口行凶，地方官也碍于朝廷政策不好过多干预。

当年孔子在宋国，得知有人要加害他，认为不值得跟这些小人正面冲突，遂换上平民的衣服悄悄离开了宋国。这是"微服过宋"的典故。

在不知道对方要达到什么目的的情况下，卓吾怀疑他们还有下一步行动。为了不让这些人在政治上取得官府的认可，卓吾让所有随行的僧人都戴上帽子，穿上儒服。这样一来，如果再受到攻击，就成了一般刑事案件，地方官也就没有理由碍于朝廷对宗教活动的限制而纵容这些地痞流氓。

至于背后指使，最大的嫌疑人是意图献媚于耿定向的湖北官员，所以解决问题的钥匙在耿定向手中。

耿定向因病于前一年回乡修养，刚回湖北就看到了卓吾出版的《焚书》，大为震怒，立即组织学生反驳，很快就出版了《求儆书》予以反击，影响了一大批湖北官员。

其实早在1588年卓吾就对与耿定向的辩论表示了后悔。辩论的双方，如果不是出于知己好友求学问道的目的，很容易演变成骂街式的互相诋毁，结果只能更加坚定各自的信念，并想方设法寻找别人的漏洞，实际上达不到任何目的。他在一封信中说："现在想来，辩论真的没有好处。不但达不到澄清思想的目的，反而让双方锋芒益甚，滋长傲气。这也是宋儒攻击新法的故辙呀！老子曰：'挫其锐，解其纷，和其光，同其尘。'辩论的行为，不但违背了和光同尘的教诲，反而成了'自炫其光'。静下来想，实为可耻。"②

所以，从1588年开始，卓吾已经不与耿定向辩论了。1590年出版《焚书》，在卓吾看来，也不过是记录历史，表达学术主张，而并非故意激怒耿定向。卓吾欠考虑的问题是，他只出版了自己写给耿定向的信，没有收录耿定向的反

---

① "异端之害惟佛为甚。缘此辈有白莲、明宗、白云诸教，易以惑世生乱，故禁宜严。"（《明神宗实录》卷二三四）

② 《焚书》卷二《答周二鲁》

驳。在读者眼里,耿定向不但无力反击,而且被塑造成了一个十足的伪君子。这势必引起耿定向的愤怒。这个疏失,需要卓吾来补救。

当时周思敬在北京为官,一向是最支持自己的人,同时又与耿定向相交甚厚,所以他是出面调停最恰当的人。所以卓吾的第一封信写给周思敬。他知道周思敬会把这封信转给耿定向,所以写信的口气全然没有之前朋友的语气,反倒像一个小学生承认错误。①

"我在黄安、麻城一共待了将近十二年,近日才有机会到武昌来游览黄鹤楼胜景,尚未远眺晴川以及到九峰旅游,就碰到有人以'左道惑众'为借口驱逐我。我反复想,平生没有见过什么人,不知道迷惑了谁。然而对于'左道'的称呼,我是逃不脱的。为什么呢?一个人封闭时间太长了,听不到对我有帮助的话,又加上年老体衰,越来越怕死,所以陷入左道。没想到还有忧国忧民的人愿意发大慈悲来如此教我。当日我就开始蓄发戴帽,恢复本来面目,跟随我的和尚们也都戴上帽子,全不见僧人的模样。如此服善从教,不知道能不能逃过追杀。孔子推崇不做过分的事,大家都应该遵守孔门家法,应该能从宽发落,让我改过自新。然而世事难料,情理无常,如果还是揪着不放,继续追杀,那我又能去哪里逃死呢?我现在进退维谷,想要学孔子离开卫国一样去逃亡,但又舍不得故地旧友,所以只好学他微服过宋,用乔装打扮的方式躲过追杀。但孔子当年有司城贞子保护,我没有这样的人,所以写信求教于兄。"

卓吾继续写道:"我的改过实出本心。因为一直以来贪图佛学,不知道已经陷入左道,并不是明知故犯。既然是误犯,则情理可恕;既然愿意马上改正,更应该嘉奖。如果能这样,我想先请您原谅我,纳拜大宗师门下,听您从头指示孔门'亲民'学术。让我在六十五岁的时候,还能知道六十四岁的过错!"

卓吾的所谓改过自新,是在迁就官方和儒家的说法。在他心中,早已没有教派和左道的区分。他可以随意以儒释道的形象出现在世人面前,但他把持的本心或童心,却非儒、非释、非道。所以表相只是用来和光同尘的工具,不是需要效忠和把持的本质。在这个意义上,他的信虽然貌似充满怨气,但又是出于本心的肺腑之言。

---

① 《焚书》卷二《与周友山书》

卓吾的第二封信，写给在芝佛院负责塔楼修建的杨定见，目的还是让耿定向看到。

"就像喜欢我的人，并不是喜欢我曾经为官，也不是因为我是个和尚，而是喜欢我这个人；想杀我的人，并不是敢杀害前官员，也不敢杀和尚，而是想杀我这个人。所以整件事是针对我来的，并不是因为我们几个人没有头发。如果不喜欢我，躲开就是了，不妨害那些喜欢我的人。如果我不当死，自然有天保佑，想杀我的人也是白费力气。我重新戴上帽子，并不是怕有人要杀和尚才戴上的。

"耿定向本来是长者，未免听信了别人的谗言。他的学生和门客，不想让他与我和好如初，还在武昌传播我的谣言，想要出我的丑，但其实更让我出名。我怕定向老不知道他们干的这些事，名声被这帮人败坏了，所以需要马上将这个情况告知古愚兄弟（耿汝愚的号）。否则，真闹出事来，定向老就成了主使，拖累整个耿家的清誉。自古以来，不能太亲近小人之流。我担心定向老现在不觉察，等到觉察时，却来不及挽回了。请定见看完这封信就转寄给周友山（周思敬），抄一份寄给古愚。"①

在这些信中，卓吾一方面想通过耿汝愚、周思敬等人提醒耿定向，要约束自己的门徒，保护自己的名声，另一方面也暗示了和好的愿望。

在卓吾最初对《西游记》的规划中，没有灭法国一节，但黄鹤楼的经历让他有了新的灵感，所以用一个新的章节强调和光同尘的重要性。人生世上，难免与别人发生碰撞，受到非难。当这种情况发生时，逃避和以硬碰硬都不是好的办法。只要把持自己的本心，幻化无穷的智慧，不但能保护自己，还能收获同志，达到渡己渡人的目的，这才是大道。

---

① 《焚书》卷二《与杨定见》

天竺高潮

正当惊魂未定的卓吾一行在武昌城外洪山寺避难时,湖广左布政使刘东星仰慕卓吾名声,主动来访。刘东星对卓吾的学识非常钦佩,热情称赞卓吾是"活佛再现"。他主动为卓吾一行安排离自己官邸就近的住处,以便及时请教。

刘东星对卓吾的态度瞬间在武昌城传开,武昌各路人士开始争相拜访卓吾,让卓吾名声大噪。"左道惑众"的声音也突然消失了。卓吾一行又恢复了僧人的打扮。

六月的一天,刘东星将卓吾请到府衙聊天,正遇上朝廷的信息通报,得知东海和宁夏两边都有战乱。

原来本年三月,宁夏退伍军官反叛,纠结旧部,杀掉不服从的官员,占据城池,并与鞑靼联络,有向内地发展的势头。大约同时,福建沿海又有倭寇骚扰。

卓吾问刘东星,这两个战报哪个更急迫?刘东星回答,可能东边的倭寇更急。卓吾不以为然。因为他年轻时就在泉州参与过守城,他发现倭寇离了船战斗力很弱。倭寇敢来主要靠中国内奸引路,而这些内奸没有能成事的,只不过想分点钱财而已,所以倭寇成不了大气候[①]。而宁夏的叛乱动摇国家根基,更显急迫。

卓吾又问刘东星,如果朝廷让你去宁夏平叛,你怎么处理?刘东星想了想说,只能招抚吧。卓吾默然。他理解,朝廷对农民起义一贯的处理方式是坚决镇压,但对于兵变,往往采取招抚的政策。从以往的成绩看,效果还不错,事件都能平息下来。在一个官僚机构里生存的一个法宝就是问清楚惯例如何,沿着惯例做即可。这样一方面不会因为出新方案而得罪潜在的利益相关者,另一方面有过去案例的保护,出了问题不会追究到自己。

刘东星好奇地问:"如果换你,将如何处理?"卓吾答:"剿除,不留后患!"刘东星沉默了,他没想到眼前这位被他称为活佛的慈眉善目的老和尚竟然如此回答。

卓吾的理由是,目睹了近几年的南京、闽海、钱塘几次兵变,朝廷都是用招

---

① 《焚书》卷二《答陆思山》

抚的办法，几次下来，让叛乱的人以为朝廷没有别的办法，反正朝廷要招抚，下次别人叛乱的时候就没有顾忌。如果这次再沿袭旧例进行招抚，不杀人，那么效仿的人会越来越多，那时候令人担忧的就不是宁夏一处了。[1]而且宁夏是与外强交界的枢纽，内部人成了气候，很容易跟外强勾结威胁政局。所以一定要尽快剿除叛军。

《金刚经》反复强调的经义就是"无法相"。有时用不慈悲的手段，才能达到慈悲的目的。卓吾认为，这时只有杀人才能救更多的人。

此时卓吾也频繁与北京的梅国桢通信。在卓吾影响下，梅国桢数次上书争取，阐明现在不剿除叛军，秋后会演变成大祸害。朝廷终于同意让梅国桢去前线督军。

得知这个消息后，卓吾告诉刘东星，"西事无忧"。当时刘东星和其他的官僚都很诧异，更有一些不信。

其实就在前不久，卓吾还寄给梅国桢一首自己写的偈语，鼓励他不要遵循别人走过的路，要做到无住、无相才能找到本心：

本无家可归，原无路可走。

若有路可走，还是大门口。[2]

梅国桢对佛学有很深的造诣，他赞同卓吾佛魔共存的理论，给卓吾回信表明不担心自己魔性的一面。卓吾知道他要下杀手了，这是卓吾对他去前线欢欣鼓舞的真正原因。

果然，梅国桢作为一个没有军权的监军，竟然带领士卒冒着如雨的箭和石子袭击，向叛军占领的城池发起攻击，最后用智谋说服叛军开城投降，取得大捷，收编了叛军，斩杀了首领，平定了叛乱。

可惜的是，朝廷仅简单按职位性质进行封赏，忽视了梅国桢的决定性作用。作为坚决的主战派和身先士卒的平叛将领，梅国桢并没有得到应有的肯定。卓吾由此感叹官僚体系对人思维的固化达到了一种惊人的程度。这样的思维方式培养出的官僚只会循规蹈矩地打恭作揖，整日正襟危坐，跟泥塑一

---

[1] "今者若循故习，大不诛杀，窃恐效尤者众，闻风兴起，非但西夏足忧也。"（《续焚书》卷二《西征奏议后语》）

[2]《焚书》卷六《偈二首答梅中丞》

样,以为杂念不起就是大圣大贤人了。稍微奸诈一点的,又会讲良知讲道学,实际上是瞄着高官厚禄。一旦国家有事,则面面相觑,面无人色,甚至互相推诿,明哲保身。平时国家用这样的人,导致危急时刻无人可用,也使英雄豪杰抱不平之恨,只好去当强盗。①循规蹈矩的危害以至于此。

循规蹈矩的风气不但出现在政坛,也出现在学术领域。

卓吾厌恶学界动不动就要效法尧舜和孔子的说法。他说,战国自有战国时代的办法,不能照搬春秋时代的办法。因为世界变了,办法也要变。②大众的行止和人际关系的处理,也不能遵循权威的教条。③

针对学界复古的倾向,卓吾说:"五言绝句兴起的时候,四言诗就成为古文;唐朝律诗兴起之后,五言绝句又成为古文。现在把唐朝的议论文称为古文,几百年后现在的文章也会被称作古文。由此可以想见,如果只以为古文好,妄自菲薄现代的文章,那一定是不懂文章,也是没有历史观的表现。"④

《金刚经》所讲的无法相和无寿者相就是提醒不要坚持成见和不要循规蹈矩地按过去的经验办事。卓吾把这个经义当作《金刚经》第一义,也是《西游记》的第一义。在布金寺和天竺国都城的情节,卓吾将这种心魔赋予玉兔精。她是所有《西游记》妖魔中貌似最可爱最无害的妖魔,但她的迷惑性却是最大的,以至于天下人人喜爱,不能自拔。

至此,《西游记》的统稿和校对也完成了。

---

①《焚书》卷四《因记往事》
②《焚书》卷三《战国论》
③《焚书》卷三《兵食论》
④《焚书》卷三《时文后序代作》

万历二十年壬辰(1592)66岁

文艺批点

1592年春天,按照前一年的约定,焦竑如期来到了武昌。虽然朝廷不允许官员在出差或上任途中走亲访友,但大家都睁一只眼闭一只眼,当做文人雅士的正常交流。焦竑借着出差汴梁(今开封)的机会,绕远路来到武昌见卓吾,除了缓解多年老友的思念,还因为卓吾提前告知,将有一件大事当面托付。

自从1577年卓吾从南京调任云南,两人在过去的十五年间均以书信来往,期间互相多有托付。而这次卓吾坚持当面托付,一则是想念分别十五年的老友,二则也必然有重大的事项才不能委托信使转达。焦竑感受到了卓吾的郑重。

虽然每年通信来往数次,但见面的感觉自是不同。两人感慨万千,亲热自不待言,又各怀心事。十五年前,焦竑是刻苦攻读的学子,现在已经是主持地方科举考试的考官;十五年前,卓吾是没有几篇文章能拿出手的、调任偏远地区的失意官员,而现在是完成传世巨著的文学巨匠。卓吾拿出的最大惊喜,即是刚刚亲自完成终稿校订的《西游记》。

卓吾解释了不署真名的原因——能看懂这部书的人,自然能看出作者是谁;看不懂的,署名也无益,只能增加毁禁的可能性和政治迫害的证据。为避人耳目,卓吾希望由焦竑出面委托信得过的出版商在南京出版。

卓吾还提示焦竑,陈家庄关于"半途而废"和"为人为彻"的情节设计,受到了"状元焦"故事的启发。

焦竑未能在武汉久留,带着书稿即登舟沿江而下,赶赴南京。在途中,他将《西游记》读过一遍,发现自己果然最喜欢陈家庄的故事。他感觉自己就曾是陈家庄的那个执着于询问何时取得功果的"老鼋",又曾是那个拒绝半途而废的"心猿",还是传说中因半路行好事得到好报的"状元",遂给自己起了一个笔名"陈元之"。他又将卓吾精心起草的序言稍微加了几个字,末尾缀上了"时壬辰夏端四日也"的字样和"秣陵陈元之"(秣陵即南京)的题名,即交付老字号世德堂刻板印刷。①

送走焦竑,卓吾感觉牵挂十年的一件心事终于落地,是时候启动另一项多年来一直想做的事情了。

在写作《西游记》的十年间,除了《藏书》《焚书》《说书》的编撰外,一直有两本文艺类的书陪在身边,时时翻阅,学习写作方法,寻找创作灵感。这两本书就是《水浒传》和《西厢记》。在完成《西游记》以后,卓吾终于有时间把自己对这两本书的阅读体会记下来。而且,通过这些年《西游记》的写作,他对小说和戏剧的写作手法有了更深的体会。写成《西游记》前后对别人作品感觉明显不同,之前只是作为读者被动接受,之后便体味到作者种种苦衷,看出布局谋篇的神妙处理,以及写作上的疏漏。

评点小说是卓吾开创的。在卓吾之前,只有圣人的经典才能享受逐字逐句注释的"待遇"。最著名的便是朱熹的《四书集注》。而小说和戏剧作为不入流的文体,不但没有人点评注解,受制于正统意识的文人甚至连承认读这些书都需要勇气,唯恐被认为是不务正业、格调低下。卓吾的评注,不但把小说和戏剧提高到了享受圣人经典一样的被评注的地位,甚至他认为在对心灵的触动上,这些新文体比记录圣人只言片语的传统经典的成就更高,至少在传世的意义上,小说和戏剧将与圣人文言一样永远流传。

写出"滚滚长江东逝水"的杨慎,比卓吾大39岁,虽然两人没有见过面,但卓吾喜欢读他的书,特别欣赏他的文学才能和人品。杨慎晚年评价王羲之时说过,王羲之的管理和济世的才能被书法的名气掩盖了,以至于后世只知道他的书法好,忽略了其他方面。他愤愤地说,可见文艺方面的才能也是一种拖累。②

卓吾在读到这话后写道,杨慎之所以这么说,是有感于自己的遭遇。他一生怀才不遇,又著述颇丰,所以感慨大家只看到了自己的文学才能。

---

① 对序言的详细解说见《孤往山人评注西游记》书末《西游记作者考证》,上海:上海辞书出版社,2022。

② "识虑精深,有经济才,而为书名所盖,后世但以翰墨称之,艺之为累大哉!"(《焚书》卷五《逸少经济》)

卓吾提出，文艺方面的才能不会拖累人。把文艺方面的才能发挥到极致的都是灵性通神的人。这就是他把好的戏剧和小说作者跟古代圣贤并列的原因。

后世总有人议论李白性格的优缺点，特别是多有分析他不被重用的原因。在这个问题上，卓吾同意独孤及《送李白之曹南序》的观点，其中说，"才全者无亏成，志全者无得失。进与退于道德乎何有？"①意即，对李白这样的才能和人格都如此健全的人来说，已经不能用官场的进退得失来衡量了。这话卓吾深有同感，因为这也是说他自己。

卓吾认为，伟大的文学家，在写作的极致境界里，可以"通神"。这个神，不是神话里的神仙，而是自己的本心或童心，是融入大道的状态。好的作者达到这种境界的方式就是向自己的本心求真。找到了本心的写作，不再是一个无中生有的过程，更像是作品本来就在那里，作者只需要让原已存在的东西自然显露出来。抒发的情感越真切，挖掘的过程越顺手，就像流水找到了归海的路，势不可挡。最精彩的地方，反倒是最不费力的地方。李白和苏东坡都是能达到这种状态的人。所以，在文艺创作上，卓吾所讲的童心或通神状态，就是艺术家所强调的创作灵感。

不但文艺如此，所有行业中的顶级高手体验到的极致状态都是一样的。自古能成事的大贤和大侠，《庄子》中游刃有余的庖丁、做车轮的匠人，在最极致的状态，都有通神的感觉。

所以，一个伟大的作者，顺着自己本心自由地发挥即可。真理或大道就在那里，你越是启用自己的真心越是能接近它。而越是接近它，作品就越能引发普遍的共鸣。同声相应，同气相求。震动自己的心弦引起共鸣是人类心灵有效沟通的唯一方式。

在这种状态下产生的文字，与天地一样永存。而在所有职业技能中，文艺创作是最高的学问，因为它对人心的触碰最直接、最有效。在文艺中，可以寄托情感、可以了解别人、可以寻求共鸣，可以发泄怨怒。②

①《藏书》卷三十八《李白》
②《焚书》卷四《红拂》

卓吾在《杂说》中说,用精彩的笔触写出华丽的语言("画工")是次要的东西。[①]普通作家写文章,要考虑"结构之密,偶对之切;依于理道,合乎法度;首尾相应,虚实相生",这些都是写一般文章要考虑的,但这些都不能衡量"天下至文"。真正的高手写作,不追求一字一句的奇巧,甚至没有技巧,只是用自己的真心,把自然生成的东西显露出来。

《西游记》虽然是卓吾设计和搭建的大厦,但闭卷沉思,各种机缘巧合,神来之笔,又好像不是自己的智力能够设计的,而只不过顺应了自然的境遇,几乎可以说是天成。他在《水浒传》的评论里也强调这种体会,谓《水浒传》作者有"鬼神助之",暗示好文章实在不是作者以人的智力设计规划而成。这背后的原因,就是作者在写作过程中顺应了大道自然的引导,或者说"通神"。

创作的自然之美,来自于作者的真实性情,"性格清彻者音调自然宣畅,性格舒徐者音调自然疏缓,旷达者自然浩荡,雄迈者自然壮烈,沉郁者自然悲酸,古怪者自然奇绝"。[②]

虽然卓吾强调文艺创作的自然之美,但在这种自然的抒发中,也要兼顾规则。以作诗为例,如果完全被作诗的规则制约,就成了一个卑微的"诗奴";而如果完全不顾规则,则成了一个疯狂的"诗魔"。这都不是好的处理方式。

任何事物都有两面性,大众的力量也是这样。短期看,大众有时表现出乌合之众的特点,盲从而残忍,容易被蛊惑;但大众也有非凡的鉴别力,好的文字总会在历史中被沉淀下来,世世代代都能引发共鸣,所以大众的筛选非常精准。任何个人甚至大众本身都无法控制这种沉淀,这样的东西就叫作文明。这是大道的运作方式。

卓吾鉴别作品好坏的方式就是体察作者在何种程度上发现并启用了自己的本心,在多大程度上引发普遍的共鸣。

在武昌等待《西游记》出版的时间里,他批点了杂剧《西厢记》《琵琶记》《拜

---

① "要知造化无工,虽有神圣,亦不能识知化工之所在,而其谁能得之? 由此观之,画工虽巧,已落二义矣。文章之事,寸心千古,可悲也夫!"(《焚书》卷三《杂说》)
②《焚书》卷三《读律肤说》

月亭》,小说《水浒传》①,还搜集了苏东坡的优秀文章并整理成《坡仙集》②。

为保护各地朋友寄来的原版书籍,他总是让侍从的僧人先行抄录,在抄本上评点。这样做的目的,除了保护原稿,还可以作为备份,在与友人交流书评时保留底稿,预防在长途邮寄过程中遗失书稿。比如在武昌评点的《水浒传》,主要抄录者是僧人常志。③

卓吾最喜欢的小说是《水浒传》。他认为《水浒传》最大的特点即是人物描面的"逼真"。《水浒传》对人物的刻画,"各有派头,各有光景,各有家数,各有身份,一毫不差,半些不混,读去自有分辨,不必见其姓名,一睹事实,就知某人某人也"。在鲁提辖拳打镇关西处,他评道:"好文章,好文章,直令人手舞足蹈。"

《水浒传》的人物都是虚构的,但他们反映的人性却是真实的。作家只不过是把这些人性提炼出来,冠上一个假名字。"世上先有淫妇,然后以杨雄之妻、武松之嫂实之。"卓吾相信,逼真的文字定然不朽,可以"与天地相始终"。

卓吾对《水浒》人物的评价,李逵、鲁智深、石秀、武松等得到赞誉最多。李逵和鲁智深这样的人物,"虽是鲁莽不知礼数,却是情真意实,生死可托",卓吾认为他们"无成心""无执念","为善为恶,彼俱无意",所以可谓"活佛"。反而那些"言辞修饰、礼数娴熟的,心肝却是强盗"。

以鲁智深为例,从出场到黑松林救林冲的七回中,卓吾在评语中竟写下50多个"佛"字称赞他。其中在打死镇关西处,连用"仁人、智人、勇人、圣人、神人、菩萨、罗汉、佛"8个词赞美他;在五台山吃狗肉处,连写了12个"佛"字。

卓吾对《水浒传》中的一些重要人物评价颇负面。如宋江失于"假道学",其实是"真强盗";吴用失于"权谋","全身奸诈";对于那些被骗上梁山的,一般读者可能有所同情,但卓吾认为投降到梁山的人"不能杀身成仁,舍生取义",不够刚烈,德行有亏。

卓吾区分对人性的评价和对作者的人物塑造的评价。如宋江,作为一种

---

① "《水浒传》批点得甚快活人,《西厢》《琵琶》涂抹改窜得更妙。念世间无有读得李氏所观看的书者,况此间乎!"（《续焚书》卷一《与焦弱侯》）

② "《坡仙集》我有披削旁注在内,每开看便自欢喜,是我一件快心却疾之书。"（《焚书》卷二《寄京友书》）

③ "万历壬辰夏中,李龙湖方居武昌朱邸,予往访之,正命僧常志抄写此书,逐字批点。"（袁中道《珂雪斋集》卷九《游居柿录》）

人性的代表,卓吾一直强调六字评语,即"假道学,真强盗"。但对于小说人物塑造,卓吾又认为作者对其忠义的塑造有极强的目的性,也是非常成功的。

在卓吾观念里,任何一个好的作者的表达,没有真情就无法打动人,所以不可能在文字中没有自己的情绪,否则就是机械罗列文字。要理解一个作者,必须置身于他的境遇和理念中,才能准确把握作品思想。好的文艺作品点评,一定要理解作者的写作目的,或者激励作者进行表达的"愤"是什么,这是理解文字的钥匙。

施耐庵写《水浒传》的初衷,就是表达对北辽入侵和南宋偏安的愤慨。导致国破家亡的原因,是朝廷的无能和官僚的不忠不义。作者想以这部书倡导社会所缺失的忠义。①

沿着这个思路,可以看出作者塑造梁山好汉的忠义形象,实际是强调对为政者的教育意义。让施政者了解人性,了解普罗大众的卑微和无奈,了解人心对正义和公平的追求,对在社会生活中安身立命的渴望。从这个角度看,宋江作为一个致力于真正为国家出力、为弟兄们谋出路的人格代表,集中体现了底层民众对施政者的期望,这是宋江形象设计的初衷,所以作品中体现他忠义的作为值得肯定。②

同样从这个角度看,燕青等明哲保身退出队伍也拒绝封赏的人反而是小人。他们抛却对国家和朋友的责任,追求自我保全,这是小丈夫的伎俩,不是大丈夫所为。③

后世的一些评论家,站不到社会治理的高度,只喜欢看造反,不喜欢看招安,甚至删除梁山好汉打北辽和方腊的内容,其实是忽视了作者的写作理念。

普罗大众在这个问题上往往展现两面性,一方面热爱和平安定,另一方面想看热闹,不嫌事大,哪怕这种热闹在实质上损害他们的利益。每一场运动,大多数战争都是这样壮大的。民众发泄不满的方式就是希望改变,殊不知人

---

① 《焚书》卷三《忠义水浒传序》

② "独宋公明者身居水浒之中,心在朝廷之上,一意招安,专图报国,卒至于犯大难,成大功,服毒自缢,同死而不辞,则忠义之烈也!真足以服一百单八人者之心,故能结义梁山,为一百单八人之主。"(《焚书》卷三《忠义水浒传序》)

③ "燕青涕泣而辞主,二童就计于'混江'。宋公明非不知也,以为见几明哲,不过小丈夫自完之计,决非忠于君义于友者所忍屑矣。"(《焚书》卷三《忠义水浒传序》)

性不变,当政者的姓氏改变的作用不大。从这个意义上看,哪怕是在一个官员腐败的社会,如果发生局部叛乱,对民众福祉最有利的选择还是平定叛乱,而不是改朝换代。真正的变革是人性的变革。而人性变革的方式就是摒弃蒙蔽,发现真心。卓吾推崇文艺对人性的发掘,意图就是推动这种变革。

每一部作品都可以在三个层面上理解。第一个层面是让读者看到的表面的故事情节,这是最重要的,强调趣味性或娱乐性、知识性;第二个层面是作品的隐喻,强调布道和教化意义,具有普适性;第三个层面才是从时代背景和作者生平出发理解作者之愤,更精准地把握作者意图。卓吾对《水浒传》的点评体现了这三个层面的含义。这也是为什么同样对于宋江这一个人物,卓吾有时骂、有时赞,主要是因为在不同的层面上理解作品。

这样的评判体系同样适用于《西游记》。

解读《西游记》的第一个层面是表面的故事性、娱乐性的东西,这自然非常重要,因为这是《西游记》老少咸宜、历久不衰的原因。

在隐喻的层面,作品以自己的人生观和世界观传达对人性和解脱人生苦厄的看法,这是理解这部作品的最高层面,也是最重要的层面,具有普适性,这在《孤往山人评注西游记》中已经体现。

而眼下的这本书,要从作者生平角度理解作者写作时的情感。虽然在思考的层次上是最深的,但往往在不经意间,让作品所传达主旨的普适性上打折扣。

就像从《红楼梦》作者的生平角度理解贾宝玉这个人物塑造,往往陷入一种窘境,即把写作素材当作作者所要刻画的目标,把贾宝玉理解成某个富商之子或亲王,从而助长阴谋论式的解读,冲淡了作品的艺术成就。

所以我们挖掘作品的创作背景,目的不是找到艺术形象的原型之后,把这个原型当成艺术形象本身,来推测作者借作品所要表达的不具普适意义的私人意图。不应当让“作者之愤”冲淡作品的普适意义。

《水浒传》作者所谓的对北辽入侵和南宋偏安的愤慨,只能辅助我们理解《水浒传》的布局谋篇,以及从此提炼的“忠义”的含义,但不能把《水浒传》的主旨局限于反对北辽入侵或反对南宋偏安。作品的意义超乎作者所处的时代意义之上。

司马迁对当时政治和自身经历的愤慨,可以辅助我们理解《史记》讽世和发泄的用意,但不影响它"史家之绝唱"的定位。

同样,我们挖掘《西游记》作者生平,将其与作品中暗含的作者之愤对应起来,也不是为了削弱作品反映人性这个更高的主旨,不应影响修心释厄的普适性意义。随着时代的变迁,当时所愤慨的东西可能已经不复存在了,但作品所暴露的人性的光辉和弱点,以及人生的承受和抉择,才是让这个作品获得永生的原因。

卓吾也将《水浒传》的写作手法借鉴到《西游记》的写作中。

如《水浒传》中写鲁智深海量吃喝处,卓吾评道:"吃得可敬可畏!"这是卓吾描写猪八戒吃饭场景的借鉴。

《西游记》中的一些景物描写对《水浒传》也有借鉴。如《水浒传》中描写鲁智深来到破败的瓦罐寺时看到的景象:

"钟楼倒塌,殿宇崩摧。山门尽长苍苔,经阁都生碧藓。释迦佛芦芽穿膝,浑如在雪岭之时;观世音荆棘缠身,却似守香山之日。诸天坏损,怀中鸟雀营巢;帝释欹斜,口内蜘蛛结网。方丈凄凉,廊房寂寞。没头罗汉,这法身也受灾殃;折臂金刚,有神通如何施展? 香积厨中藏兔穴,龙华台上印狐踪。"

在《西游记》第八十回禅林寺一节,我们可以看到仿写的影子。(参照如下《西游记》原文)

殿宇凋零倒塌,廊房寂寞倾颓。断砖破瓦十余堆,尽是些歪梁折柱。前后尽生青草,尘埋朽烂香厨。钟楼崩坏鼓无皮,琉璃香灯破损。佛祖金身没色,罗汉倒卧东西。观音淋坏尽成泥,杨柳净瓶坠地。日内并无僧入,夜间尽宿狐狸。只听风响吼如雷,都是虎豹藏身之处。四下墙垣皆倒,亦无门扇关居。

——《西游记》第八十回《姹女育阳求配偶　心猿护主识妖邪》

《水浒传》中的一些厮杀场景的描写对卓吾也有启发。

如《水浒传》第三十四回:"两个就清风山下厮杀,真乃是棋逢敌手难藏幸,将遇良材好用功。这两个将军比试,但见:一对南山猛虎,两条北海苍龙。龙怒时头角峥嵘，虎斗处爪牙狰恶。爪牙狰恶，似银钩不离锦毛团；头角峥嵘，如铜叶振摇金色树。翻翻复复，点钢枪没半米放闲；往往来来，狼牙棒有千般解数。狼牙棒当头劈下，离顶门只隔分毫；点钢枪用力刺来，望心坎微争半指。使点钢枪的壮士，威风上逼斗牛寒；舞狼牙棒的将军，怒气起如云电发。一个是扶持社稷天蓬将，一个是整顿江山黑煞神。"（参照如下《西游记》原文）

棋逢对手，将遇良才。棋逢对手难藏兴，将遇良才可用功。那两员神将相交，好便似南山虎斗，北海龙争。龙争处，鳞甲生辉；虎斗时，爪牙乱落。爪牙乱落撒银钩，鳞甲生辉支铁叶。这一个翻翻复复，有千般解数；那一个来来往往，无半点放闲。金箍棒，离顶门只隔三分；七星剑，向心窝惟争一跐。那个威风逼得斗牛寒，这个怒气胜如雷电险。

《西游记》第三十四回《魔王巧算困心猿　大圣腾挪骗宝贝》

除此之外，《西游记》在情节设计和叙事结构上对《水浒传》也有参照。如孙悟空在高老庄戏弄猪八戒的情节，有鲁智深在桃花庄戏弄周通的影子。《西游记》三借芭蕉扇的叙事结构，类似宋江三打祝家庄。

西游尾声

1592年深秋,焦竑转来南京刚出版的《西游记》三套。[①]

卓吾拿着还泛着油墨香的新书,像一位父亲抱着刚出生的婴儿。看着"华阳洞天主人"的签名,回想起十年来的经历,无辱不愤,无愤不作,"小中见大,大中见小,举一毛端建宝王刹,坐微尘里转大法轮"。所有的逆境,都是在开示;所有的烦恼,都开成了手中捧着的这朵莲花。此时的卓吾,有欣慰也有伤心,想大醉一场,还有点想嚎啕大哭。

"余览斯记,想见其为人,当其时必有大不得意于君臣朋友之间者,故借夫妇离合因缘以发其端。

"且夫世之真能文者,比其初,皆非有意于为文也。其胸中有如许无状可怪之事,其喉间有如许欲吐而不敢吐之物,其口头又时时有许多欲语而莫可所以告语之处,蓄极积久,势不能遏。一旦见景生情,触目兴叹,夺他人之酒杯,浇自己之垒块;诉心中之不平,感数奇于千载。既已喷玉唾珠,昭回云汉,为章于天矣,遂亦自负,发狂大叫。流涕恸哭,不能自止。宁使见者闻者切齿咬牙,欲杀欲割,而终不忍藏于名山,投之水火。"[②]

在武昌将近两年的时间里,卓吾在焦竑的帮助下,终于完成了《西游记》的校订和出版,了却了心中筹划十年的大事。听着窗外的秋雨,卓吾感到一丝轻松,然而更多的则是凄凉。

> 暮雨
>
> 一水翻江去,千山送雨声。
>
> 忽听枫叶乱,始讶葛衣轻。
>
> 万卷书难破,孤眠魂易惊。
>
> 秋风且莫吹,萧瑟不堪鸣。[③]

麻城的塔屋也近完工,他觉得是时候回麻城了。

---

①《续焚书》卷一《与焦弱侯》中有言"寄我三书俱到"。其他信中讨论书籍交流均写明书名,此处含混,疑有所避讳,故推测为新出版的《西游记》三套。

②《焚书》卷三《杂说》

③《续焚书》卷五《暮雨》

本年秋季持续两个月的痢疾让卓吾痛苦不堪，需要调养。①

芝佛院新修的佛塔成为麻城新景观，也传到了在北京为官的周思敬耳中。周思敬来信，担心佛塔的巨大反响，一方面引发新的捐赠，另一方面有人会因此诋毁非法经营或聚敛，委婉提醒卓吾顾及负面影响。卓吾回信认为，这个塔屋是晚年读书、死后放骸骨的地方，建塔都是自己化缘得来的私人捐赠，以后也不会大办佛事向别人募捐，只由卓吾一人约束，所以问题不大。希望周思敬不要担心。②

卓吾和耿定向的辩论在当时两人的共同朋友中间也造成了分立。大家虽然在表面上都保持中立，但倾向还是比较明显。

一边是欣赏卓吾的，如焦竑、刘东星和梅衡湘。梅衡湘看了《焚书》中的文章后开玩笑说，不能跟卓吾这样的老人闹矛盾，如果真有矛盾，最好的报复方法是把他捧到莲花座上，早晚率大众礼拜，以此消折他的福分，不能挫折打压，不然只能增加他的声价。③

在耿定向一边的，主要是故旧门生，卓吾曾一度怀疑周思敬的理念更偏向耿定向。由于周思敬对卓吾有留纳之恩，卓吾也觉得他在中间有调和的作用，所以一直把自己的心思向其表达。由于黄鹤楼事件，两人开始频繁通信，周思敬趁机劝卓吾与耿定向见一面。

卓吾也有和好之意，回信说："梦见与侗老聚，颜甚欢悦。我亦全然忘记近事，只觉如初时一般，谈说终日。"并表示"毁誉荣辱得丧"都是小事，"冤仇可解不可结"，他已决定在合适的时候模仿刘伯伦，亲自去黄安拜望耿定向。④

当年刘伯伦对一个想打他的人说"鸡肋不足以当尊拳"，那人也就一笑了之。卓吾估计只要自己屈尊俯就，耿定向对过去的恩怨也一定会一笑了之。⑤

---

① "弟今秋苦痢，一疾几废矣。乃知有身是苦。"（《焚书》卷二《寄京友书》）
② "我塔事无经营之苦，又无抄化之劳，听其自至，任其同力，只依我规制耳。想兄闻此，必无疑矣。"（《焚书》卷二《又与周友山书》）
③ "如此老者，若与之有隙，只宜捧之莲花座上，朝夕率大众礼拜以消折其福；不宜妄意挫抑，反增其声价也！"（《焚书》卷二《与梅衡湘答书二首附》）
④《焚书》卷二《与友山》
⑤ "刘伯伦有言：'鸡肋不足以当尊拳'，其人遂笑而止。吾知此老终当为我一笑而止也。"（《焚书》卷二《与友山》）

芝佛院的住持深有又要去北京和南京走一遭。这是他最喜欢做的事，出入两都高官家里，吃点珍馐美味，顺便化点钱钞。①这时芝佛院无人监管。卓吾要在塔屋完工的阶段指导装修。

住持深有长期在外游方化缘，把管理权交给卓吾，拜托他约束众僧。作为最首要的一条，卓吾信中要求大家收拾俗念，专注修行。"我回，只主张众人念佛，专修西方，不许一个闲说嘴。"②

杨定见来信告知塔屋工程还未就绪，希望卓吾在武汉再待一段时间回去。如果痢疾还不好，可以从麻城派医生来武昌照顾。卓吾拒绝了杨定见的提议，提出塔屋不必精致，主体工程可速完工，无论怎样，他要回麻城了。③

---

① "无念又作秣陵行，为训蒙师，上为结交几员官，次为求几口好食、几贯信施钞而已。我所与者尽只如此，伤哉伤哉，不死何待也！"（《续焚书》卷一《与焦弱侯》）

② 《焚书》卷二《又与杨凤里》

③ 《焚书》卷二《与杨凤里》

万历二十一年癸巳(1593)67岁

龙湖道场

　　回到龙湖芝佛院,卓吾发现经过两年多的努力,塔屋和大殿的建筑主体已初步完工,只剩佛像未塑。他对绘画、雕塑一直有研究,加上佛学理论的深刻理解,正好有一番作为。

　　按照当初他和杨定见的规划,在芝佛院平坦的低处靠近龙湖一侧修建佛殿,里面供奉佛像,作为僧人聚集和念经的场所。在高处山崖旁修一座塔屋,要"高出云表,又像西方妙喜世界",作为卓吾的居处。在塔屋两侧建长廊通向佛殿。在大殿中主要塑佛像和护法金刚像,而在长廊中,依山势塑造观音、文殊、普贤三位菩萨像。

　　在佛经中,观音代表慈悲,文殊代表智慧,普贤代表行愿。在卓吾看来,这三位菩萨实际上是代表人的性、情、志在得道后的心理状态。所以卓吾对三位菩萨塑像非常重视。

　　"性"主要是一个人的识见,需要"悟空",在开悟后,就达到慈悲的境界;"情"是情感、欲望、才情,需要"悟能",在得道的状态下,就成为智慧;"志"是志向和愿望,需要"悟净",坚定修行的心愿。一个人修行的过程,就是把自己的性情志修炼到三位菩萨所分别代表的境界。在境界未达之时,一个人与自己的性、情、志的关系就如同唐僧与悟空、悟能、悟净在取经路上的关系;在悟道之后,就成为佛(常心、大道)和三位菩萨的关系。

　　这些佛菩萨像,都是自己心灵状态的启发和提示。所以,拜菩萨是提醒自己达到菩萨所代表的状态,实际是拜自己的真心,而不是对偶像的膜拜。(参照如下《西游记》原文)

　　山门红粉腻,多赖施主功。一座楼台从此立,两廊房宇自今兴。朱红隔扇,七宝玲珑。香气飘云汉,清光满太空。几株嫩柏还浇水,数干乔松未结丛。活水迎前,通天迭迭翻波浪;高崖倚后,山脉重重接地龙。三藏看毕,才上高楼。楼上果装塑着他四众之象。

《西游记》第九十九回《九九数完魔灭尽　三三行满道归根》

按照卓吾的设计,观世音像高一尺四寸,文殊像高一尺二寸,俱面朝南方,意思是观世音时时观照。普贤像高一尺二寸,朝向与观世音一致,而如文殊一样盘坐在磐石之上。普贤与文殊二大菩萨所坐石崖的高度比观世音的位置俱稍下二四寸。二像均相隔一尺九寸。罗汉等像俱高六七寸,有站姿有走姿各不相同。观音座旁塑善财童子,执花奉献。①卓吾以此提醒自己时刻提防自己的怒火心魔。②

按照菩萨各自代表的理念,在塑造观世音菩萨时,要表现面容的慈悲,显示出对陷于苦海的众生的怜悯;为了突出文殊的智慧含义,要将其容貌塑成少年的样子,容光焕发,带着无尽的笑意;为突出普贤的行愿,面部须有孜孜以求、辛苦的样子,永不满足。这样塑造的目的,是让瞻仰的人"顿发菩提心"③。

塑造菩萨像的工匠姓金,瞎了一只眼,视力也不好,但手艺精湛。卓吾每见到他塑的像就叫好,所谓"人不可貌相"。他根据卓吾的描述,起初的菩萨像略带有神态,而监造的和尚认为"菩萨鼻不对嘴,面不端正",要求他进行了改正。卓吾对这个改动很不满。他说:"当时未改动时,何等神气,何等精采!"人只要有神志,自然表情就是活动的,没必要为了追求对称把表情塑成死板的样子。对称的好看是外在的,就像假道学,而"真意实心"是活动变化的。只有这样的心才能观照万事万物。

杨定见居士找了一些宝石来点缀佛菩萨头顶打卷的发髻。卓吾来了兴致,说,古书上有记载,"宝石不吸腐草,磁石不引曲针",让杨定见试了试,果然那些石头跟新草吸在一起,而腐草不吸。卓吾喜欢真的东西。"佛是一团真者",所以这个世界上有真人,才能鉴别真佛;有真佛,才喜欢真人。"唯真识真,唯真逼真,唯真念真"。

---

① 《焚书》卷四《三大士像议》
② 见《孤往山人评注西游记》中对火云洞红孩儿情节的评注,上海:上海辞书出版社,2022。
③ 《焚书》卷四《三大士像议》

佛菩萨像的胚胎都塑好以后，大家按塑佛像的惯例，请卓吾把泥塑的五脏安在雕像腹中，以增加真实感，名曰"安五脏"。卓吾开玩笑说："我且问你，佛像有没有肛门？如果没有，你们给他们安了五脏，屎从何出？"

卓吾解释说："立佛像的真正用意，为的是让人看到佛像后内心升起皈依的愿望，以此收束自己散乱的心。要五脏有何用？那些给佛像安五脏穿七孔的人，是求其灵验，希望求福得福，求免祸则免祸。我塑像的目的跟那些人不一样。如果我以诸佛菩萨为心，那么我的心就是灵验的；众僧如果以诸佛菩萨为心，则众僧的心就是灵验的。佛菩萨像的用途只是检验我们自己的心灵不灵而已。你心灵，他就是鲜活的；你心不灵，他就是一堆泥巴。所以佛菩萨的腹脏就在我们自己身上。"①

又有人说佛菩萨像需要开光，即用活鸡刺出血来点在塑像眼睛上。卓吾斥其为骗人的鬼话。只要用心装饰，让人生"渴仰心"，愿求"安乐解脱"即可。所以芝佛院的新塑的佛菩萨像一直没有五脏，未开光。

工程完工，卓吾亲手写成《告土地文》："卓吾之庐，即是极乐净土；龙湖上院，遍是华严道场"，希望与土地神一起，"长守此湖，永相依附"。②

卓吾又重新梳理了僧众的行至规范和日常功课。他规定，每天晨钟即起，洗漱后由沙弥撞钟，大家在佛殿聚齐，先拜韦陀尊者，再拜观音，最后到佛，然后念《金刚经》一遍，吃饭。饭后念《法华经》一遍、《华严经》一遍，念经时关好门户，不能让闲杂人打断。一天只吃两顿饭。如果庙里没饭吃了，也可以出去持钵化缘，但不许要钱财。

①《焚书》卷四《三大士像议》
②《焚书》卷四《告土地文》

答观音问

卓吾回到麻城以后,才知道梅国桢孀居在家的女儿澹然已经在自己生日那天正式削发出家,与其他志同道合的亲戚朋友善因、明因等女尼成立"绣佛精舍",专心佛学。卓吾作诗以佛经中成佛的女性来称赞她。

> 闻说澹然此日生,澹然此日却为僧。
>
> 僧宝世间犹时有,佛宝今看绣佛灯。
>
> 可笑成男月上女,大惊小怪称奇事。
>
> 陡然不见舍利佛,男身复隐知谁是?
>
> 我劝世人莫浪猜,绣佛精舍是天台。
>
> 天欲散花愁汝著,龙女成佛今又来。[1]

梅国桢对佛学的热衷影响了女儿,他对女儿意欲拜卓吾为师也不反对。但卓吾的原则是不会轻易收徒,所以尽管澹然以徒弟自称并时常来信请教佛学问题,但卓吾回信均以"澹然师"称呼对方,所以成为特殊的师徒关系。

当时不管是寡妇给男人写信还是尼姑给和尚写信都被认作是笑料,也是八卦的天然猛料。梅家是麻城少有的高官家族,所以举手投足都惹人关注。于是麻城有人传言卓吾和梅氏有恋情。

其实卓吾从未与梅氏见过面,最初只是梅国桢的引荐,此后两人的通信也完全是师徒之间的佛理探讨。澹然得知芝佛院要塑观音像,主动提出捐助,卓吾欣然接受。[2]说明在师徒关系之上,还有布施的关系。卓吾对于施主的提问,道义上也不得不认真作答。

卓吾在《题绣佛精舍》中讲到"我劝世人莫浪猜,绣佛精舍是天台",说明他也听到了一些谣言,并以此句回应。对真理的求索所得到的极乐是普通人无法理解的。正如普通人在八卦的想象中得到的乐趣也是难以描画。

部分出于对谣言的反击,卓吾把与女尼的通信都编入《焚书》。从效果看这样公布出来并没有起到阻断谣言的作用。大家只是以己度人,或者坚持相信自己愿意相信的东西。但这些信让后人一窥卓吾的佛学思想。

---

①《焚书》卷六《题绣佛精舍》
②《焚书》卷四《观音问》

针对有人说"妇人见短，不堪学道"，卓吾认为，人有男女，见识有长短，但见识长短不以男女区分。真正的短见，是一些盲从盲信的"街谈巷议、市井小儿之语"，或者"只见得百年之内，或近而子孙，又近而一身而已"；而真正的远见，"超于形骸之外，出乎死生之表，极千百千万亿劫不可算数譬喻之域"。"举世无真学道者，今幸有尔列位真心向道，我喜何如！"①

在澹然的绣佛精舍出家的还有自信、善因、明因等女尼，这些人一般都出自麻城的大家族，有一定的经济实力，小时候又受到良好的教育，能读书写字。她们往往由于居孀或人生的重大波折而出家寻求慰藉，但也往往遭到族人的反对和世人的非议。卓吾从不鼓励人出家，但对于已经出家的，则帮她们打气说："我为出世人，光彩不到他头上，我不为出世人，羞辱不到他头上，如何敢来与我理论！对面唾出，亦自不妨，愿始终坚心此件大事。释迦佛出家时，净饭王是其亲爷，亦自不理，况他人哉！成佛是何事，作佛是何等人，而可以世间情量为之？"②

女尼澄然认字不多，感到自卑。卓吾鼓励她说："认得字亦是一尊佛，认不得字亦是一尊佛。"学佛的关键不在于学问做得好不好，而在于对生死之苦的真切感受。古人在悟得自己本心时，有大喊大叫的，有痛哭流涕的，那样真切的感受，跟文字和学问水平无关。

澹然文学修养很高，颇有诗才，又担心自己玩物丧志。卓吾开导她，每个人都有自己开悟的法门，没必要压抑自己的才能。卓吾承认自己的诗才一般，③但对于擅长作诗的人来说，"谈诗即是谈佛"，"历观传灯诸祖，其作诗说偈，超逸绝尘不可当，亦可以谈诗病之乎？"在自己擅长的领域，更容易体察自己的真心，找到真佛。所以每个人悟道的路径是不一样的，没必要模仿别人，更没必要否定自己的才华。

自信问，为什么要寻求不生不灭的佛性？卓吾言，圣人求道的出发点就是

①《焚书》卷二《答以女人学道为见短书》
②《焚书》卷四《观音问》之《与明因》
③"我于诗学无分，只缘孤苦无朋，用之以发叫号，少泄胸中之气，无白雪阳春事也。"（《焚书》卷四《观音问》）

怕死。所以孔子对斋戒、战争和疾病特别谨慎，[①]又说"那种空手搏虎，赤足过河，盲目冒险，连死都不怕的人我是不与他交往的"[②]。这说明圣人怕死，但又说，"朝闻道夕死可矣"，这说明闻道可以免除对死的恐惧。"圣人唯万分怕死，故穷究生死之因，直证无生而后已。"佛理认为，有生就有死，无生即无死。所以我们要寻求那个出生之前就存在或死后不会消亡的东西，这就是不生不灭的佛性。

那是不是把我们眼中所见、心中所想都去掉就得到了本性或清净本原呢？也不是的。清净本原，的确是看不到、听不到、嗅不到的，本来就没有，所以称为"清净"，但人为擦去的清净不是"清净本原"，而是"断灭空"，不能生化万物，这种清净半文钱都不值。

所以佛经又提出"三身"的说法，这个无形、无相、不可探知的佛性，又叫"法身佛"，从法身表现出来的各种形相、起心动念的变化，可以看得见、可以描画的，叫"化身佛"；修佛得道的果报，称为"报身佛"。南宋大慧引用儒家经典解释这三身，云："'天命之谓性'，清净法身也。'率性之谓道'，圆满报身也。'修道之谓教'，千百亿化身也。"意思是自然赋予的心性就是清净法身，通过各种行为和路径进行学习和实践就是千百亿化身，找到并遵循天性就得到圆满报身，这样讲也是对的。其实"三身即一身"，目的是帮助人理解自性或清净本原的概念，同时反对那些脱离人世、封闭视听的修行方法。

明因问，既然本心是自己的，为何还要辨认？卓吾答，人生最大的悲哀，莫过于不认识自己的本心，就像不认识自己的爷娘，反而把别人当作自己的爷娘。这个"真爷娘"是自己的主宰，教你如何过日子，如何解决大事，如何放下，超脱生死，免于恐怖，所以自古开悟的人，没有不感到无比畅快的，没有不为过去的不悟而哀鸣流涕的。

明因问，为什么有时说"实性即佛性"，又有时说"诸法皆空"，佛性到底是实还是空？有时说"真爷娘"，有时说"出生之前"，佛性在我出生前到底有没有？

卓吾答，所谓实、空，"真爷娘""出生之前"都是"假立名字耳，莫太认真

① "子之所慎：斋战疾。"（《论语·述而》）
② "暴虎冯河，死而无悔者，吾不与也。必也临事而惧，好谋而成者也。"（《论语·述而》）

也"。西方禅宗第一祖是对如来拈花微笑的迦叶,第二祖是阿难。在阿难还没有悟道时,一直以自己的聪明多闻而洋洋自得。迦叶为了开导他,故意排斥他,不跟他说话,引得大家见到阿难也赶紧走开,视之如仇人。阿难在"慌忙无措,及至无可奈何"之际,放下了所有的骄傲和闻见知识,见到了"父母未生"时的自己,从而解悟,迦叶这才让他成为第二祖。可见,越是聪明的人,越难割舍成见。佛学的精要,是要你舍去那些难以割舍的东西,所以才发明各种概念进行解说。知道了这个"本",语言和词汇就是"末",可以不必太认真。

九月二十七日,怀林随卓吾驾马车去麻城西边的万寿寺会友。[①]半路天降暴雨,两人只好躲在一户门廊下避雨。不一会儿,雨停了,但平地积水甚多,如同河流,不能驾车。怀林建议,不如到这家屋里坐坐,等水下去再走。两个人就在这家正堂坐下。

有个老仆看到有客人,想要去通报主人,卓吾赶紧拦住他,说:"不要报,我就暂且在此躲雨,无意惊动主人。不报,我还能多坐一会儿,报了,主人就得接待,一杯茶以后就得离开了。"

这时一个老姆出来见到了卓吾,激动万分,在院子里就大喊:"是卓吾老爹,何不速报!"转身即向后堂喊道:"卓吾老爹在堂,快报知! 快报知!"主人赶紧出来,献茶款待。卓吾只好饮了一杯茶,起身谢过离去。

在路上,卓吾与怀林聊天,自己貌似在老太太中更有人缘,起初见到的老头好像并不认识自己。怀林猜测,男人出门多,所以见到卓吾不当回事;女人出门少,见到卓吾更觉稀罕,所以欢喜。但不能说男人的见识不如女人。

到了万寿寺,应僧人请求,卓吾留下墨宝曰:"僧即俗,俗即僧,好个道场;尔为尔,我为我,大家游戏。"意思是说,不但人的见识不能用男、女来区分,也不能用僧、俗来区分。这是《金刚经》所要摒弃的众生相。在个人修为和对这真理的感悟层面,每个人都是自己主宰的个体,都是平等的。任何的团体的区分都是游戏幻相,不会让人得到优势或捷径,所以还需各自努力。

当天傍晚回去的时候,雨还是没有停。"莫听穿林打叶声,何妨吟啸且徐行?"卓吾冒雨而归,站在马车上畅然大叫:"子看我与尔共作雨中游,何如?"

---

①《焚书》卷四《寒灯小话》

万历二十二年甲午(1594)68岁

众僧骄纵

作为住持的深有长期在外化缘,管理的缺失给了芝佛院的僧人极大的自由。各个寺庙的师兄弟串联聚会,走亲访友,不亦乐乎。碰上有钱人家做法事,大家就一拥而上,甚至出现和尚代念道家经文,抢道士饭碗的行为,引发教派矛盾。还有芝佛院的僧人聚敛钱财,花不了的钱就去放高利贷,收息过活。

卓吾的名人效应让芝佛院收到的捐赠日益增多。[1]随着寺庙财务状况的改善,有人不远千里闻风而来,要求留下学徒,导致"坐食者多,用力者少",僧人们越来越懒散,大家都喜欢过不劳而食的日子。[2]年轻的僧人不愿干脏活累活,互相推诿。资深的僧人开始争抢徒弟,因为有了徒弟就可以把自己的工作交给徒弟干,名为管束,实为奴役。时间长了,徒弟们也待价而沽,如果自己的师父对自己不够好,就"跳槽"到师叔、师伯处,不尊重自己师父。然后资深的僧人为了抢徒弟又开始明争暗斗。

卓吾的理念也影响了僧人的行为。最突出的是常志。他因书法很好,曾被卓吾带去武昌,作为助手协助卓吾抄录和点评《水浒传》。受卓吾评点的影响,常志把鲁智深当成了榜样,处处模仿,不但要吃狗肉,还动辄对人恶语相向。起初卓吾还夸奖常志,认为他的优点是"轻财好施",但也告诫他,要做自己,不要模仿别人。在武昌时,有一次与同行僧人发生了小口角,常志竟然要放火烧屋。当卓吾斥责他时,他竟然说卓吾远不及五台山的智真长老。智真能容忍鲁智深的胡闹,而卓吾却对类似的行为毫无耐心。

没有鲁智深的力量,却有鲁智深的行为,结局必然暴尸街头。据袁中道《游居柿录》记载,常志后来流落街头而死。他感慨这是"痴人前不得说梦"的例证。

---

① "大众云集,十方檀越,四海龙象,共来瞻礼。"(《焚书》卷四《安期告众文》)
② "夫此间僧众约有四十余人,各人又受徒子,徒子又收徒孙,日益月增,渐久遂成大丛林,而皆相看不肯作务。"(《续焚书》卷四《列众僧职事》)

值得一提的是，卓吾在第二次评点《水浒传》的时候，对杀人越货情节的评点，语气收敛了很多。这导致今天看到的两个评本，风格迥异。怀林作序的版本是卓吾的第一次点评，发自性情，有力量，满纸充满侠气；而杨定见作序的版本是第二次评点本，更多关注文法，没有了"手舞足蹈"，语气更加稳重敦实。这里面恐怕有常志的"功劳"。

深有从南京游历归来，感觉芝佛院僧人对他的态度跟以前不一样了。在卓吾来芝佛院之前，深有是芝佛院绝对的权威。最初就是他接受周思久、周思敬兄弟的委托，把芝佛院建造起来，慢慢发展壮大。后来他的徒弟也收了徒弟，大家开始称他为"师祖"。卓吾来了以后，他的光环被迅速掩盖了。包括周家在内的高官对卓吾毕恭毕敬，各地的高僧和学者也都是仰慕卓吾而来。在深有最拿手的化缘一事上，他也比不上卓吾。随着佛塔和大殿的竣工，到庙里上香、认领捐助佛像的人也多起来，僧众的生活有所改善，大家自然知道这都是卓吾的功劳，渐渐把卓吾视为庙里的最高权威，反而不把深有这个住持放在心上。

深有的心理渐渐失衡，终于有一天爆发。因为一个叫常闻的徒孙顶嘴，深有竟然用皮鞭把常闻痛打一番，然后声称常闻赶他走，自己搬到六七十里外的高山上居住，让其他徒子徒孙冒酷暑日夜运粮食上山供养他。

其实大家心里都很清楚，一个小和尚没有这么大的能量能把住持赶走，真正让深有无法继续待在芝佛院的是卓吾。所以有人说是卓吾把他赶走的。这虽是谣言，但反映了部分真相。深有的学术造诣、声望名气、化缘能力都不如卓吾，所以大家都围绕在卓吾身边，奉若神明，这让深有感到失落。在旁观者的眼里，卓吾的存在对深有产生了排挤。

一方面，卓吾把深有当作朋友和恩人。自从1581年底卓吾从云南来到湖北就认识了深有，其后搬来龙湖也是深有的邀请。十多年来的情谊和供养，让卓吾把深有当成知己和亲人。另一方面，深有用皮鞭打人、用运粮来折磨人都是自己的心理在作怪，不单是修养不够，简直有罪。卓吾看在眼里，心中也有不忿。

对自己的恩人，卓吾想写封信苦劝他下山回寺。但大家都知道，深有的心结在于卓吾,怎么写信都解不开这个结,反而会增加他的怨怒,所以劝卓吾不要写。深有的行为,把自己和卓吾都逼入了"穷途",这是卓吾描述这件事的题目。①

暑天向山上运粮一事消磨了僧众对深有最后的信任,大家终于不再执行他的命令了。深有一怒之下,出走河南黄柏山,并带走了他打着周家和卓吾的名义在北京和南京化来的钱财,创建了法眼寺,成为开山第一祖。这回他终于又可以高高在上、称师称祖了。

杨定见将深有和逃亡的另外两个和尚称为"三叛"②,而卓吾则有深深的自责。过去自己和僧众把深有捧得太高,曾经把他比作汾阳禅师和布袋和尚,以至于让他不能容忍任何的轻视,不容别人动摇自己的权威。但他创办了法眼寺,心中的佛性毕竟可敬。所以也许深有真有"法眼",而自己是真正的"无目"。

如《心经》所讲,卓吾在观照万事万物时,把它们作为自己内心的折射。这让他总是从自己看到的世界,反过来审视自己的心理状态。

是什么把自己在八卦炉中炼就的火眼金睛变成了"无目"呢?自然是利益。卓吾对深有的收留和供养心怀感激,容忍甚至忽略了深有放纵自己的贪欲。而这种容忍更深层次的原因,是因为自己跟深有没有什么不同。深有爱富贵,爱去高官家里化缘,自己不也是用同样的方法得来的钱才盖起塔屋和佛殿?

深有打骂徒弟,其实卓吾自己也是脾气暴躁。比如卓吾经常骂杨定见,骂他不肯读书,也不照顾家庭,老往芝佛院跑。但卓吾又解释,骂杨定见是知道他可以有所成就,目的是让他长进。杨定见也理解卓吾的用心,以超过常人的心力("气骨果有过人者")承受卓吾的责骂,不会怨恨卓吾,所以关系一直很亲密,始终不离不弃。

即便这样,卓吾还是认为杨定见"不读书,不勤学,不求生世之产,不事出世之谋,盖有气骨而无远志",所以开玩笑称他是一个蠢人。"深有虽稍有向道

---

① 《续焚书》卷二《穷途说》
② 《焚书》卷三《三叛记》

之意,然亦不是直向上去之人,往往认定死语,以辛勤日用为枷锁,以富贵受用为极安乐自在法门,则亦不免误人自误者。"卓吾反思的结论是:"定见有气骨而欠灵利,深有稍灵利而无气骨,同是山中一蠢物而已。"卓吾自己与这两个蠢物为伍,此境即是我心,所以自己也是一个蠢物。故把三人合称"三蠢"①。卓吾用调侃的语调写成两篇散文记录此事,题目分别为《三叛记》和《三蠢记》。

这两篇文章体现的"此境即我心"的写法,与《西游记》"心生魔生"的写法如出一辙。这也是《西游记》的妖魔总是以各种特征映射到师徒四人一马的思想基础。各种遭遇为卓吾的写作提供了素材,但在观照者的心中,万事万物已经脱离于事物本身,成为自己心性的一部分。这样的心态本身,不单是佛学的世界观,还是慈悲和宽容的源泉。

---

①《焚书》卷三《三蠢记》

代理住持

内部的琐事滋扰不断,外部的麻烦也在酝酿。随着芝佛院名气的提高,诽谤的声浪也随之升高。在这些诽谤芝佛院声誉的人中,除了原来耿李辩论中耿家的门生,以及麻城传播谣言的"吃瓜群众",现在又新加入了别的寺庙和道观的和尚、道士。由于芝佛院管理松懈,和尚到处化缘和包揽法事,侵犯了其他寺庙和道观的地盘,自然影响了人家的收入。所以,利益受损的人有意无意也加入了诽谤的队伍。几种力量的相互印证和加强,很容易引起危险的共振。

周思敬从北京来信提醒卓吾,有人声称要捣毁芝佛院。反对"异端"的思想影响一直是朝廷的既定政策,如果别有用心的人拿这个当借口危害芝佛院或卓吾,即便周思敬在北京做官,干预起来也有不便。所以在来信中,周思敬对卓吾进行善意提醒,暗示低调为好。芝佛院毕竟是私人家庙,在当时的政治环境下,名气不见得是一件好事。

卓吾只好写信安慰周思敬,芝佛院是柳塘(周思久)吩咐无念盖的,芝佛院匾是柳塘亲手题的,僧人的活动也是"为国祈福",希望周思敬不要担心。[1]虽说是安慰,更多则是提醒周思敬,为了维护周家的声誉,他也要努力保护芝佛院。

然而周思敬的提醒又不得不引起重视。人性是伟大的,但人生的大多功夫都要花在抵御自己和别人的人性之恶上。

深有外出化缘时,卓吾只是代深有主持寺院的管理工作。在佛事活动结束的祷文里,总是缀上"代深有"的字样。[2]在确认深有不归后,他也只好担负起住持的职责。本来如果没有佛塔的牵挂,他可以一走了之,但如今心有所系,不得不受牵制。于是昔日的知府,成了当今的方丈;昔日的扫地僧,开始打扫深有留下的一地鸡毛。"着了袈裟事更多"[3],实非虚言。

要削弱外部诽谤的潜在危害,必须从内部管理入手。卓吾拿出当年做知府的手段,从文教、律法和心理三个层面整肃芝佛院。

---

① 《续焚书》卷一《答周友山》
② 《焚书》卷四《代深有告文时深有游方在外》
③ 见《孤往山人评注西游记》之卓吾评语,上海:上海辞书出版社,2022。

在文教方面，他首先向大众申明持戒的重要。"释迦佛既已得道成佛，为什么不回归王宫，而仍要穿着旧衣服沿街乞讨化缘呢？须知父母乳哺之恩难报，必须精进以报之。

"然则戒之一字，众妙之门，破戒一言，众祸之本。戒之一字，如临三军，须臾不戒，丧败而奔；戒之一字，如履深谷，须臾不戒，失足而殒。故知三千威仪，重于山岳；八万细行，密如牛毛。

"严而又严，戒之又戒……如水行舟，风浪便覆；如车行地，欹斜即败。风浪谁作？覆没自当。欹斜谁为？颠仆自受。"①

"一常住中所有事务，皆是道场；所作不苟，尽属修行。"②

在律法方面，僧人走亲访友、逃避做工的躲懒行为，包揽佛事牟利的行为，敛财放高利贷的行为，都在卓吾的严令禁止之列。③

"不许出去参加婚礼、葬礼、生日宴，不许没事到大街上闲逛，不许为施主念道家经典，抢道士的饭碗。不许跨区化缘，不要侵占旁边万寿寺的地盘。

"不许放债生利，不许买贱卖贵。一切富贵心肠，尽付龙湖流水。须知回头无多，纵使忍饥不久。不闻衣禄分定，非人智力能求。何况一身一口，何必过计私忧！自谓是佛弟子，却学市井下流。自谓禅僧无比，独坐高贵上头。犹然蝇营狗苟，无人替代尔羞。我劝诸人莫错，快急念佛修福。但移此心念佛，便是清凉极乐。"④

"年轻和尚需固定师父，只向师父负责，要敬畏本师，出问题师父承担连带责任。众僧分定职守，不允许抢容易的事，推困难的事。人多山小，以后不许再接一个徒弟徒孙，果有闻风而来，千里不远者，我自能以师事之。"

作为奖惩措施，卓吾还将僧人的勤劳、躲懒行为张榜公布与众，告知神明，以明确赏罚的标准。⑤

---

①《焚书》卷四《戒众僧》
②《焚书》卷四《安期告众文》
③《续焚书》卷四《列众僧职事》
④《续焚书约束》卷四《告佛约束偈》
⑤"第一等勤行僧有八。此八众，余所亲见者，其敞作务，不避寒暑劳苦极矣，第二等躲懒僧众三名，第三等奸顽僧众一名。此二等三等之众，据我目见如此耳。若懒而能勤，顽而能顺，即为贤僧矣。"（《焚书》卷四《安期告众文》）

为了增强僧人心理上对律法的敬畏,卓吾在僧人功课中加强了忏悔的内容。在为生病的僧人祈祷的仪式上,他带众念经忏悔:"仗诸佛为证明,一忏更不再忏;对大众而发誓,此身即非旧身。若已灭罪而更生,何异禽兽;倘再悔罪而复忏,甘受诛夷。"①

作为一个没有真正意义上的执法权的寺庙住持,只能搬出因果和神灵进行心理威慑。这也是卓吾在《西游记》狮驼国一节,让如来收服象征恐怖心魔的大鹏,并将其作为护法的寓意。

卓吾希望通过这样的整肃,将外部诽谤的声音压制于无形之中。这是他自身所能尽到的最大努力。至于结果,人心难测,不是他能掌控的,所以也只能顺其自然。

在卓吾的观念里,境遇没有好坏之分,一切都在更长的时间尺度上向相反的方向转化。所以不管境遇如何,他都坦然接受。如果这个世界与他相安无事,他也乐得清闲;如果非要找他的麻烦,正是修行的机会。因果让这个世界非常公平,一切顺利的时候,正折冲掉过去积累的福分;受迫害的时候,一定会有相应的福报在积累。受福即是销福,生灾即是消灾。②所以,"祸来又何必避"? 越是苦海,越可能成就极乐。③

坐在溪边,望着水中探起的石鼋头,卓吾想起在《西游记》中写下的何时脱壳的疑问。"伤心欲问前程事"④,想必那老鼋还在等待答案。

---

① 《焚书》卷四《代常通病僧告文》
② 见《孤往山人评注西游记》之卓吾评语,上海:上海辞书出版社,2022。
③ "苦海又安知不是我老者极乐之处耶!"(《续焚书》卷一《与周友山》)
④ 《续焚书》卷五《石潭即事四绝》

万历二十三年乙未(1595)69岁

耿李和解

耿汝愚是耿定向的长子,也是卓吾的学生。这些年在耿李争执中,一直扮演调停的角色。卓吾在武昌寄给汝愚的信上就表达了和好的愿望。当时耿定向在家养病,身体每况愈下。人之将死,其言也善。见到卓吾有和好的表态,定向也顺水推舟,让汝愚转达了邀请卓吾来黄安叙旧的意向。所以在汝愚的斡旋下,两人在两年前就已经在口信上和解。由于卓吾前一年忙于芝佛院佛塔和大殿雕像的施工,以及后来的深有离去,寺中事务繁杂,不能脱身,所以黄安之行几度推迟。当卓吾于本年计划动身去黄安时,又出现了新的情况。

本年初,新任湖广按察司金事兼湖北分巡道史旌贤到麻城视察,在公开场合认定卓吾"大坏风化",指示当地政府"以法治之"。[①]这个消息在麻城迅速传开,对芝佛院的声誉带来一定打击。

由于这个史旌贤是耿定向的门生,在麻城视察后即刻到黄安探望耿定向、耿定力两兄弟,所以大家自然推测他的言论反映了耿家的态度。于是谣言四起,有人说是耿定向暗地指示学生报复,又有人说幕后指使的是耿家三弟耿定力。

卓吾对耿家兄弟的人品还是很有信心的。特别是耿定力,在卓吾与定向争论最激烈的时候,他在福建任职。卓吾妻黄氏病逝后,他亲自上表建议朝廷诰封表彰,还拿出自己的俸禄资助丧事,让卓吾非常感动。有这样的兄弟,耿家不会如此龌龊。[②]

但不得不防的是,耿的门生都知道耿李不和,而耿李和好并无人公布,不排除这些门生故旧为了讨好耿家,表达自己的忠心,做出为耿家两肋插刀的姿态来。

---

①《续焚书》卷一《答来书》
②"我与天台所争者问学耳。既无辨,即如初矣,彼我同为圣贤,此心事天日可表也!"
　(《续焚书》卷一《答来书》)

让一个朝廷大员对一个与世无争的扫地僧如此痛恨的更深层次的原因是当时的政治环境。大明王朝只有不到五十年的气数了,各种矛盾逐渐积聚,农民起义和叛乱此起彼伏,朝廷对各种不同的声音都如惊弓之鸟一般忌惮。对一般官员来说,最能彰显自己忧国忧民而在同僚中脱颖而出的是挑动朝廷这根最敏感的神经。所谓维护"风化"只不过是最方便的借口而已。

卓吾知道,史旌贤的言论不是耿家指使的,但唯一能喝退这些走狗的人却只有耿定向。自己如果此时去见耿定向,虽然能稳住这些走狗,但必然给外界留下求饶的印象,成为千古笑柄,对自己和芝佛院的名声都不利。卓吾虽然不太重视当世人对自己的看法,但还是比较重视后世的眼光。所以卓吾取消了既定的黄安之旅,转而以写信的方式造势。

这些写给耿汝愚、麻城友人、黄安友人甚至远在山西的刘东星的信只有一个主题,就是:当局要法办我了,我不敢离开,所以不能去黄安了,也不能去山西了,要留在麻城静候官差处置。①

卓吾知道,只有这样造势,才能让耿定向感到压力,亲自出面调停。这样一来,由耿定向主动向门生声明两人和好,既显得耿家大气,又不会给外界留下卓吾求饶的印象。

一切如卓吾所料,等待法办的传言如期传到耿定向那里。他主动向官方和门生解释了卓吾的人品和两人争执的学术性质,法办卓吾的呼声即刻被压制了。

秋天,女婿庄纯夫风尘仆仆从泉州赶来探望卓吾。由于庄纯夫在卓吾去云南上任之前就住在黄安,其后十年与耿家子弟都有很好的关系,所以卓吾带着他一起去了黄安。

后来卓吾对女婿表露心迹:"这个世上对功名富贵的追求最容易消磨人的心志。我老了,死在旦夕,还是在乎自己的名声,受其拖累,更何况那些身处名利场,擦粉涂额以取悦别人的人呢? 我与世人是一样的啊,怎么能苛求他们像

---

① "恭奉朝廷法律。""故我可杀不可去,我头可断而我身不可辱。"(《续焚书》卷一《与耿克念》;《续焚书》卷一《与马伯时》;《续焚书》卷一《与城老》)

圣人一样,视世间的繁华极乐为极苦,抛弃那些功名富贵呢?"①

在黄安,卓吾终于见到了分别十余年的耿定向。耿定向也是"喜之若狂",两人相拥而泣,就像多年未见的好朋友一样。第二天,卓吾到耿定理坟上祭奠,回到住处,卓吾作《耿楚倥先生传》②,除了纪念挚友定理,也是将与定向的恩怨向历史做一个交代。

在这篇文章中,他首先赞扬耿定理有德行却不炫耀,故而成就"大德";有才能却不争名位,始称"真才"。他虽然不张扬,但对周围人的影响是潜移默化的。

然后卓吾回顾了耿定理的学术师承。由于庄纯夫曾受教于定理,所以这里通过庄纯夫的转述引用定理自己的话,声称对自己学术思想影响最大的是邓豁渠和何心隐。

邓豁渠是一个早年从儒家转变成佛家的著名学者,此人削发为僧皈依佛教后,仰慕耿定理的名声,在晚年曾拜访定理。耿定理称,他在邓豁渠和何心隐处学到了向内寻求的心学要旨,从此"充然自足,深信而不复疑"。③ 而且定理说过,与世人没有共同语言,至多只跟兄长耿定向有过讨论。④

卓吾写此一段,貌似回顾定理生平,其实是借定理本人的言论,揭示一段不为人知的事实,从而再次向耿定向表明定理学佛自有师承,并非是受自己的影响。纪念定理文中没提定向不救何心隐的旧怨。卓吾不想再提起让双方都紧张的话题。这也是他向耿定向示好的表现。

随后卓吾回忆了一段定向、定理两兄弟的学术讨论,追溯耿李争论的源头。

定理有一次问定向,儒家经典中,哪句最能反映主旨? 定向认为是《孟子·

---

① "夫世间功名富贵,最易埋没人。余老矣,死在旦夕,犹不免近名之累,况当热闹之场,擦粉涂额以悦于人,而肯究心生死,视人世繁华极乐以为极苦,不容加乎其身,余又安所求于世也?"(《焚书》卷四《征途与共后语》)

② 《焚书》卷四《耿楚倥先生传》

③ "最后得一切平实之旨于太湖,复能收视返听,得黑漆无入无门之旨于心隐,乃始充然自足,深信而不复疑也。"(《焚书》卷四《耿楚倥先生传》)

④ "唯世人莫可告语者,故遂终身不谈,唯与吾兄天台先生讲论于家庭之间而已。"(《焚书》卷四《耿楚倥先生传》)

离娄章句上》中的一句,"规矩,方圆之至也;圣人,人伦之至也";而定理不同意,认为是《中庸》讲"喜怒哀乐之未发,谓之中"一句最切题。前一句强调人在社会中的言行要合乎圣人或儒家规范,而后一句强调人的本初状态,未受到人为规范前的本来面目。

有了以上的铺垫,卓吾终于落到正题上。其实定理死后自己与定向的争执是当初定理与定向兄弟间学术讨论的延续。定向守定"人伦之至",担心卓吾过于超脱、放弃人伦,而卓吾守定"未发之中",认为定向没有看到哲学的本源。这是两人争论直至抵触的出发点。

卓吾继续分析,现在看来,其实,"人伦之至"和"未发之中"没有什么不同,一个是表现形式,一个是内在本质。形式是本质的表现方式和实现方式,通过形式可以理解本质,而不围绕本质展开的形式也没有意义。这是大道运行的微妙之处。卓吾认为两位老人都已经意识到了形式和本质都是理解大道的路径,这才能够把分歧搁置,又成为志同道合的朋友,和好如初,大而化之,实现了一种圆满。

卓吾最后感慨,如果定理不死,以他的智慧,几句话就可以化解争执,就没有过去十几年争吵带给自己的苦楚了;如果自己死得早,就永远没有今天的开明,跟定向再也就没有复合的机会了。

所以自己更加思念定理。来到黄安的第二天就在定理儿子耿汝念的陪同下祭拜了他的墓地。"十几年后,墓地的树已经有两臂合围那么粗了。人死不能复生,这是多么让人痛苦的事!在这样的痛苦中,我为定理写下传记,一份抄给定向;一份抄给定理的两个儿子,让他们焚告于定理坟前;一份抄给在北京的耿定力。定力像爱护兄长定向一样爱护我,可谓无所不至矣。以这样的方式,告慰定理的在天之灵。"

纪念故去人的文章,目的都是给活着的人看的。卓吾的这篇文章也不例外。他将当初耿定向担心他过于超脱、带坏子侄的责备,以及他对耿定向伪君子的认定上升到哲学高度,将这场争论定性为"人伦之至"和"未发之中"的争论,成为求索真理的路线之争,间接否定了先前给耿定向的"伪君子"定性,同时借对耿定理的赞扬再次否认自己的影响。可以说,这篇文章是给双方台阶下的高情商的佳作。他料想耿定向不会反对这篇文章的观点。

这篇文章也得到了夹在争论双方中间的朋友的一致欢迎。周思敬看到这篇文章后说，自己是在定理的介绍下成为定向的门生，虽然定向知道他醉心于佛、道，但仍然像孩子一样爱护他。然后他在耿家结识了卓吾，又以卓吾为师。两位老师争论十余年，他处在中间，偏向谁都不好，所以有苦难言，无从辩白，只恨定理死得太早。现在看到两位先生博大包容，和好如初，不觉泪下，就好像自己获得了新的生命。

两位老人都深知自己时日无多，终于尽弃前嫌，重新拥抱在一起，把酒言欢，如释重负。但是，他们内心也知道，双方印在书里的恶语相向，留在人们脑海中的流言蜚语，并不会随他们的这次聚会而消失。耿定向作为当时最成功的官僚之一，将永远背负"伪君子"的称号；卓吾作为"伤风败俗"的"左道"，终将被他所处的世道报复。这两件事，已经超脱于他两人的控制之外，无法被他们的任何补救改变。

卓吾对耿李之争的哲学定性，有缓解矛盾的考虑，但也反映了所有矛盾争执的哲学本源所在，有普遍意义。关于路径和形式的争论，被包装在几乎所有的争执中，后世一直在延续，只不过其面目变成了效率还是公平，左还是右，自由还是管制，不一而足。只要争执的双方认识不到卓吾所指出的哲学源头，就永远没有结束的时候。

卓吾在《西游记》的祭赛国一节就讨论了这种矛盾概念的抉择问题，并暗示了解决方案。相互矛盾的观念，时刻都在相互转化，本质上一样，但都不是答案。只有将它们作为通向大道的路径，认清它们之间的转化关系，才能有真正的智慧。(参照如下《西游记》原文)

若干种性本来同，海纳无穷。千思万虑终成妄，般般色色和融。有日功完行满，圆明法性高隆。休教差别走西东，紧锁牢笼。收来安放丹炉内，炼得金乌一样红。朗朗辉辉娇艳，任教出入乘龙。

《西游记》第五十九回《唐三藏路阻火焰山　孙行者一调芭蕉扇》

卓吾在黄安与耿家相处融洽，一直住到春节。期间他敦促庄纯夫不必陪他回麻城，赶紧从黄安起身回福建老家照顾家庭。

最开始卓吾并不太喜欢这个女婿，虽然老实肯干，但在学术上毫无建树，而且一直跟着自己从南京到湖北，像个赘婿，卓吾曾有些看不起他。随着卓吾越来越感到自己时日无多，心中对这个女婿却越来越认可。如今分别，反而有些舍不得。

送走女婿的第二天，一场冬雨飘然而至。在阴霾中，卓吾思念不已，仿佛看到女婿已经在下一站的村子中住下避雨。看到庄纯夫从泉州海边给自己带来晒干的海蛎子，卓吾想到女儿跟自己一样，也喜欢吃海鲜。这可能是女儿最喜欢待在老家的一个原因。想象一下夫妻两人一起吃海鲜的样子，他更加思念自己的女儿。卓吾罕见地写下家书，惋惜女儿无法到麻城来。

在这样的思念中，卓吾写道："听说你们的三个孩子都很聪明，如果能早去北京参加科举考试，说不定可以顺便到湖北来看看我。人生七十古来稀，我的时日无多了。你们要照顾好自己，不要挂念我这个出家的游子。"

这封家书在女婿出发的第二天寄出，他想让自己的心陪女婿再走一程回家的路。

其一

乘龙人归去，谁复到吾门？

薄暮多风雨，知子宿前村。

其二

海物多奇错，蛎房味正清。

夫妻共食啖，不得到麻城。

其三

三子皆聪明，必然早著声。

若能举孝廉，取道过西陵！

其四

七十古来稀，知余能几时？

君宜善自计，莫念出家儿！①

① 《焚书》卷六《庄纯夫还闽有忆》

天生人才

与耿定向的和解让卓吾的心态平和很多，也更坚定了"天生一人，自有一人之用"的理念。耿定向也好，庄纯夫也好，伪君子也好，赘婿也好，自有他们存在的意义，没必要用统一的学术或人生的标准来衡量。

用君子、小人来区分人才的体系仍然有一定的意义。君子"以直报怨""以德报德"，所以可以托孤、可以寄命。把这样的君子放在重要的位置上，世道有所依赖，国家可以托付，纲常不至于缺失。而小人见风使舵，只要对自己有好处，可以以德报怨；危及自身，可能有德不报。①

以君子小人的体系鉴别人才的缺点是人不能尽用。小人有小人的价值，有些小人比君子更伶俐可用，所以卓吾提出了对人才的新的分类方式，以八种东西命名。

第一类人才被称为"日月星辰"，是伯乐的代称。这种人像日月星辰一样洞察大地，能鉴别别人的特长，发挥人的最大价值。这是人世间最难得的本领，所以此类人最重要。一例为东汉的郭泰，擅长评价和鉴别人的才能；另一个是曾精准评价曹操是"清平之奸贼，乱世之英雄"的许劭；还有一例是曾向刘备举荐诸葛亮和庞统的司马徽。

第二类人才被称为"江淮河海"。如这些大江大河一样，这类人用对了地方就能得到巨大的好处，用错了也会贻害无穷，所以利害各半。曹操是一个典型。一般人只看到他的坏处，但如果放着这类人不用，就如同把天下的江河都堵起来一样，得不偿失。

第三类人才被称为"千里八百"，是千里马的代名词。这样的人有很多，所有能任重致远者都是，但这类人需要伯乐去发现，不然无法发挥自己的才华。卓吾认为好友梅国桢就是这样的人。

第四类人才被称为"布帛菽粟"，即人人都需要的布匹粮食。这类人貌似单纯，也没有什么惊人的才能。但正因为单纯，才合乎大道，正因为没有什么大的成就，才懂得顺应自然。所以人人都喜欢亲近这样的人。周思敬就是这样

---

① 《焚书》卷四《八物》

的人。

第五类人才被称为"杉松栝柏"，就像松柏一样，这类人有高尚的节操，可以傲对霜雪，但不像万年青一样遍地都是，也不像果木一样有鲜艳的花朵或累累的果实，这类人要经过长时间的磨炼才可以成材，如海瑞。

第六类人才被称为"芝草瑞兰"，就像一件精致的玩物或绝妙的音乐，非常稀奇，可以好看或好听，但无助于温饱。好友兼大才子丘坦之就是这样的人。父母妻儿都没法依靠他，貌似无用，但他有独特的才能。让人没法尊敬他，更没法怠慢他；没法亲近，更没法疏远他。只好用麒麟、凤凰、芝兰这样好看又无用的东西比喻他。

第七类人才被称为"楼台殿阁"，这类人有高有低，就像世间同时存在宫殿和茅庐一样，对使用者的功用是一样的，而且都是不可或缺的。这类人虽然表面上是普通人，但比普通人更忠诚或更有骨气。杨定见和好友刘近城都是这样的人。

第八类人才被称为"鸟兽草木"，指代前七类之外的普罗大众。虽然多，但就像一根羽毛或一棵草一样，都可以发挥自己的价值。

钱塘进士田汝成讲述过一个淳安的老仆的故事。一家姓徐的兄弟三人分家，老大得到一匹马，老二得到一头牛，老三故去，寡妇季氏只得到一个年过五十的老仆阿寄。寡妇哭着说，马能拉车，牛能耕地，一个年老体弱的老仆能做什么用？还要浪费粮食养活他。阿寄就表达了想做生意的愿望。寡妇变卖了自己的首饰，让阿寄拿着去贩漆。只用一年的时间，阿寄就让本金翻了三倍。二十年后寡妇已是家财万贯，成为当地富豪。而作为财富管理者的阿寄死后，寡妇发现阿寄自己的妻儿仅能保障基本生活。也就是说，阿寄从没有拿主人赋予的权力为自己攫取额外利益。

卓吾评论道，是什么使得阿寄如此作为？是读书多的原因吗？显然不是。是君臣父子的纲常要求的吗？也不是的。上等的人才，最基本的需求，是发挥自己的才能，而不需要人为的激励或敦促。成就本身就是对他最大的褒奖。阿寄这样的人，找到了自己的本心。不管他在社会中的身份地位如何，他已经成了自己人生的主人，其他人在他面前才是奴才。①

在基督教《圣经》的马太福音中，有一个类似的故事，也是一个奴仆发挥自己的才能让主人家的财富增值，后来主人就把其他奴仆手中的财富也交给他打理。后人将强者愈强、弱者愈弱的现象称为马太效应。《圣经》中故事引申的寓意是，每个人都有自己特殊的天赋，上天鼓励每一个人将自己的特长发挥到极致，实现自己人生的价值。这样的人，才会得到上天的眷顾。这样的观念，与卓吾的《阿寄传》有异曲同工之妙。

卓吾的笔触，由《藏书》的帝王将相下沉到普通人的人生。他为一个奴仆所立的《阿寄传》，堪称中国的马太福音。

---

① 《焚书》卷五《阿寄传》

万历二十四年丙申(1596)70岁

苦中作乐

二月初,卓吾从黄安回到麻城。①在黄安了却一件心事,他明显心情大好,开始读《孙子兵法》,并写成《读孙武子十三篇》,成为后来出版《孙子参同》的基础。

他发现,写文章也可以借鉴兵法的道理。②一般人写文章,是从外面向里进攻,而卓吾的经验是,从里面向外攻打出来。"就他城池,食他粮草,统率他兵马,直冲横撞,搅得他粉碎,故不费一毫气力而自然有余也"。而抓住这个"里面"的诀窍,就是"切题"。从题目里攻打出去。推广到说话、做事也一样,只要抓住根本,"无不妙者"。

入夏以后,卓吾开始读《杨升庵集》,并写下五百页的笔记。卓吾称赞杨慎"才学卓越,人品俊伟"③,认为杨慎的文章"皎然如日星之炳焕"④,可以与同是四川出生的李白和苏轼并称。⑤特别是杨慎也曾在云南为官,卓吾发现杨慎与民休息、无为而治的为政理念与自己不谋而合,感觉找到了知音。

杨慎曾考证李白的出生地。卓吾感慨,李白生时没有什么地方能接纳他,死后却出现四川、甘肃、山东几个地方争抢他出生地的情况。卓吾认为,对这样的伟大人物,"无时不是其生之年,无处不是其生之地"。

"亦是天上星,亦是地上英。亦是巴西人,亦是陇西人,亦是山东人,亦是会稽人,亦是浔阳人,亦是夜郎人。死之处亦荣,生之处亦荣,流之处亦荣,囚之处亦荣,不游不囚不流不到之处,读其书,见其人,亦荣亦荣! 莫争莫争!"⑥

这也正是卓吾追求的人生境界。

---

①《续焚书》卷一《与方讱庵》
②《续焚书》卷一《与友人论文》
③《续焚书》卷一《与方讱庵》
④《焚书》卷五《杨升庵集》
⑤《续焚书》卷一《与方讱庵》
⑥《焚书》卷五《李白诗题辞》

在大量的阅读中，卓吾也以指摘古人的失误为乐。

唐代有人写了一篇《代茶饮序》，讲到喝茶虽然有助于消食除滞，但这种效应只是暂时的，长远看，其实能损耗精气。世人往往把得到的好处归功茶力，害处却不说是茶带来的。

卓吾笑评，消食除滞的好处确实有，但损耗精气是情和欲的原因。把自己的问题归因于喝茶，是"恕己责人之论"。

于是卓吾写下了一篇铭文调侃："我老无朋，朝夕唯汝。世间清苦，谁能及子？逐日子饭，不辨几钟；每夕子酌，不问几许。夙兴夜寐，我愿与子终始。子不姓汤，我不姓李，总之一味清苦到底。"①

卓吾在读书中体会到了极大的乐趣。他将这种乐趣写信与他最喜欢的公安三袁分享：

"曹操说过，到老还喜欢读书学习的，天下只有我和袁遗两人。他在那样兵荒马乱的年代，一边打仗还能一边读书，何况我这个躲在庙里享清福的老头子呢？我更有上天的眷顾。上天赐给我一双好眼，七十岁的人了还能读小字；上天赐给我一双好手，七十岁还能写小字。这还不是最幸运的。上天赐给我的心性，平生不喜欢见俗人，成年之后就很少有亲戚骚扰，可以专心读书。上天赐给我的情感，平生不爱亲近家人，所以在龙湖终老，没有老人和孩子的拖累，可以专心读书。这还不是最幸运的。上天赐给我'心眼'，开卷就能从文字看出一个人的大概。自古有很多会读书的人，从文字上一般能看到或表面、或皮肉、或血脉、或筋骨五脏。而我的目光能刺入骨髓。这是我最大的幸运之一。另一个幸运是大胆。大家所称赞的贤者，我可能认为他或虚伪、或迂腐，不堪大用；大家所鄙视、厌恶甚至唾骂的，我反倒认为可以托国、托家、托身。观点跟大众如此不同，这不是大胆是什么？之所以这么老了还愿意读书学习，就是因为有这两个幸运的长处。所以写下《读书乐》自娱。

　　天生龙湖，以待卓吾；天生卓吾，乃在龙湖。

　　龙湖卓吾，其乐何如？四时读书，不知其余。

　　读书伊何？会我者多；一与心会，自笑自歌。

①《焚书》卷五《茶夹铭》

歌吟不已,继以呼呵;恸哭呼呵,涕泗滂沱。

哭匪无因,书中有人;我观其人,实获我心。

哭匪无因,空潭无人;未见其人,实劳我心。

弃置莫读,束之高屋;怡性养神,辍歌送哭。

何必读书,然后为乐?乍闻此言,若悯不穀。

束书不观,吾何以欢?怡性养神,正在此间。

世界何窄,方册何宽!千圣万贤,与公何冤!

有身无家,有首无发;死者是身,朽者是骨。

此独不朽,愿与偕殁;倚啸丛中,声震林鹘。

歌哭相从,其乐无穷;寸阴可惜,曷敢从容!"①

---

①《焚书》卷六《读书乐并引》

豫约回顾

1596年6月,卓吾接到了耿定向去世的消息。耿家的故旧门生都前去吊唁。为避免尴尬,耿家并没有邀请卓吾。卓吾称病未作任何表示,此后也没有发表任何纪念耿定向的文章。之前被耿定向压制的反对卓吾的声音如死灰复燃,姓史的官员又开始扬言法办卓吾,再提要捣毁芝佛院。

芝佛院的僧人听说了这个威胁,人心惶惶,希望卓吾能想个办法,不但生前,在死后也能保全芝佛院。卓吾也感觉"老病日侵",应该对后事有个交代。现在周思久已经去世,暂时能保护芝佛院的是周思敬。如果他和周思敬都不在了,可能就要靠这些僧人保护住这个藏着他的书和他的遗骨的佛塔。僧人若要免祸,靠守护自己的庄严宝相,让别人钦敬。所以卓吾写下遗嘱式的《豫约》①,安排自己的后事。更重要的是,从戒约入手,再次对僧众进行劝慰。作为开头,卓吾首先解释了立约的初衷。

"我已经七十岁了,随时都可能故去。我是一个游历四方的人,没有家属僮仆在这里,每天相处的,只有芝佛院的僧人,所以想在死前对他们有所交代。

"我活着的时候,人们是根据我的行为来决定对芝佛院的态度,如果我有德,大家尊敬我,你们没有德行大家也看不到;如果我无德,大家就轻视我,你们有德大家也看不到。所以我对自己的要求就是立身无愧而已。虽然比不上古代的高贤,但我行为正大光明,一般人也比不上,所以当代的大贤君子都能宽恕我、尊敬我。我死后,大家看到的就是你们了,跟现在就不一样了。你们的一言一行就不能苟且了。在我死后封入塔中之后,如果你们能勤谨,大家因为敬重你们,也会更加敬重我,怀念我。不然,大家不但不会敬重你们,也会不尊重我。那样的话我宁愿没有人守着这个塔,大家都散去好了。

"由于这个缘故,我预先设立这个戒约,交给常融、常中、常守、怀捷、怀林、怀善、怀珠、怀玉等八位。其他人在我死后都可以让他们回归来处,不强求留下。留下的则需要遵守这个戒约。"

①《焚书》卷四《豫约》

一、早晚功课

相关要求已列在《约束册》中(前《代理住持》一节已有提及),不复再列。

二、早晚山门

"山门常锁,除非施主或熟客来烧香礼拜,或有水火紧急,不得擅开。如果有游山玩水的客人,湖上之山,潭下之水,尽在上院山门之外,任意请看,不劳敲门与开门也。如果远来的客人想借灶烧茶做饭,可以让他们过桥去柳塘先生祠。为什么呢?我们不知道敬客礼数,恐致得罪。"(将灶借给客人或直接提供斋饭可以增加寺庙收入,所以这条是不与旁边寺庙争利的意思。)

三、早晚礼仪

"除挑水舂米作务照常外,僧人的事就剩下礼佛、静坐、看经、念佛,不能效仿普通人那样无所事事、打闹嬉笑。其坐如山,其行如蚁,其立如柱,其止如钉,则坐止行立如法矣。人只有自己首先尊重自己,别人才不会轻视。

"有饭吃饭,无饭吃粥;有银则籴,无银则化。化不出米,则化出饭;化不出饭,则化出粥;化不出粥,则化出菜;化不出菜,则端坐而饿死。这就是释迦佛的行至,不可效仿普通人做积聚、理财的事务。此时不肯饿死,后日又不饱死、不病死乎?总有一日死,不必怕饿死也。

"不许轻易出门到处走动。普通的拜望礼节与僧人无关,不许到别的寺庙拜望师父、师兄、师弟。只许师父暂时到院相看,远者留一宿,近者一饭即请回。若俗家父母兄弟,非办斋不许轻易入门相见。若无故而时常请假,欲往黄柏山,欲往东山,欲往维摩庵等处者,即时驱遣之去。宁可无人守塔,不可容一不守戒约之僧,宁可终身只四五众,不可妄添不受约一人。

"终日锁门,出门也就少了,不但身心安闲,志意专一,久则自觉便宜,亦不耐烦见世上人矣。有何西方不可到,大事不可明乎?

"不能像那些天天在大街上遨游的僧人一样,到处讨好,为将来化米化钱,积累钱财。出家人实在应该对这样的行径感到羞耻。

"我自重,人自重我;我自轻,人亦轻我——道理就是这样。闭门静坐,寂然无声,终年如此,神犹钦仰,何况于人?我们的心愿是出世为真佛,但至少能做到不为世人轻贱,也可以很满足了。

"对待客人，有问乃答，不问即默，安闲自在，从容应对，不敢慢之，不可敬之。敬之则必以我为有所求，甚不可也。"

四、早晚佛灯

"所谓'日月灯明佛'，是一个比喻，即佛如日月灯照耀。佛即日，佛即月，佛即灯，点灯的目的是在日月照不到的地方让人看到光，而不是让灯同日月一起照耀，所以白天和有明月的晚上都不必点佛灯。只需在月末至月初之间，月色不明的半个月的夜里点佛灯。"

五、早晚钟鼓

"山中之钟鼓，即军中之号令，天中之雷霆也……未鸣之前，寂寥无声，万虑俱息；一鸣则蝶梦还周，耳目焕然，改观易听矣。纵有杂念，一击遂忘；纵有愁思，一捶便废；纵有狂志悦色，一闻音声，皆不知何处去矣。不但寺中之僧如此，远近听到的人自然也会悲仰，也会回心转意，将世事纷扰和人生困苦都一扫而空。

"所以山中钟鼓声很重要，不能让年轻人乱敲。轻重疾徐，自有尺度：轻则令人喜，重能令人惧，疾能令人趋，徐能令人息。声音之道原与心通：时时闻此，则时时熏心；朝朝暮暮闻此，则朝朝暮暮感悦。所以敲钟不是小事。"

六、早晚守塔

"我死后，大家可以每天中午用一碗米饭、一杯清茶、少许豆豉来祭奠我。我平生不爱人哭，大丈夫喜则清风朗月，跳跃歌舞，怒则迅雷呼风，鼓浪崩沙，加三军万马，声沸数里，何况我们是出家人，更应该有这样的气度！

"人生以在世为客，以死为归。既然是回家，就应该欢喜庆祝，又何况我是高龄而死，更应该庆祝。如果有人因此哀伤，就是难为我，伤我的心。

"我爱书，祭祀的时候一定要把我的书陈列出来。这些书，包括我亲自校正批点过的书，也包括亲自编撰抄录过的书。

"在祭祀日，早上把书陈列出来，晚上便收起来。每年共十二次祭祀。虽说是祭祀，也仅用一碗米饭、一杯茶、几粒豆豉就够了。

"我爱香，须烧好香；我爱钱，须烧好纸钱；我爱书，须牢收我书，一卷莫轻借人。时时搬出日头晒晒，干便收讫。到时不必将我的死讯告知庄纯夫。就算他从别处听说我死了，若来要书，也不可给他。"

李贵的儿子李四官小时候已经随母亲改嫁，长大后游手好闲，经常来庙里以卓吾嗣孙的身份揩油。卓吾特别叮嘱，不必向他报丧，也不给他留任何东西。

"之所以不必给庄纯夫报丧，为的是让他安心养家。我并不希望庄纯夫来麻城，因为他家里不富裕，来一次要走四十多天，至今来过三次。看到他的劳苦我就感到忧伤，看到他不安我的心也有疑惧，所以不如不要往来。

"虽然死后我的形体不复存在了，只要读我撰写和评点的书，开卷即可见到我的心。读其书，见其人，比只见到形骸还要精神千万倍。再加上这篇禁约，并遵守这里面的条文，就跟与我终日对面一样，所以没必要眷恋这一副骨瘦如柴的形骸。

"我刚到麻城来居住的维摩庵，是曾承庵操办的，但出钱的是友山（周思敬），这个布施的功德不能埋没。

"我之所以不愿意回福建老家，是因为友山知我、敬我。我从小就没有什么朋友，长大后当了官，虽然时时有尊敬我的，但对我的了解很粗浅，只有友山深知我。知己难遇，以至于士为知己死。现在科举考试中一旦中举，学生就把考官认作亲生父母一般，终身不能忘，就是因为那是自己的知己。现在很多人包括我家乡的人都批评我不愿回家，如果他们懂得这个道理，能成为我的知己，我自然回家，何必苦劝？周友山不但知我，还是我的老师。你们谨守我的戒律，只要友山在世，他肯定会保护你们。

"黄安的刘近城居士、麻城的杨定见居士、梅澹然都是信我、爱我的人。因为我不肯为人师，澹然也没有拜我为师，但她以师礼对我，从三十里外遣人送信来这里问法，纵使我不收徒弟，我怎么能不回答？所以往来书信中，她以师称我，我也以师称她，就是为了不犯不为人师的戒。所以就彼此都称对方为师，但没见过面，这样的情况谁碰到过？

"像澹然这样的大户人家的主人，能断然放弃富贵和俗务出家，还能在佛理上有如此深的造诣，实在让人敬佩。因为她是女身，有人就造谣诽谤，我们不必理会。

"我的佛学理念,所谓见性,是见自性阿弥陀佛。见自性阿弥陀佛了,即是成佛了,亦无别有佛可成也。成佛的路径很多,但没有比念佛更直截了当的。所以大家修习此一念即可。那些所谓通过努力修习托生在西方的理论都是错误的。成佛在于自己的心和愿,而不在于出生地这些外在的东西。"

七、感慨平生

"善因和妹妹澹然等众菩萨给大家做出了榜样,在家、出家都可以修行,并不是只有出家才能修行。我之所以出家,是因为不爱被人管,不愿被世俗的礼尚往来约束。即便这样,当年我落发时,当时的县令邓鼎石的母亲还让他来劝我蓄发。对我压力可想而知。

"我因为这个不受管束的脾气,受尽磨难,一生坎坷,将大地为墨,难尽写也。在为官的每个阶段,都与上司合不来,也不管上司是猥琐小人还是高尚君子。所幸他们都没有对我进行很严厉的报复。

"在云南时与骆守礼最相知,这个人有能力有操守。我曾经苦劝他,云南边陲,少数民族多,习俗跟内地不尽一致,所以内地的法律也不必太严格执行。只要无人告发,求个共享太平足矣。殊不知这话竟然让我与他有了矛盾,最后竟然认为我无用,还想故意陷害我。固执坚持自己的意见,听不进别人的话,古今大贤君子都是这个毛病。虽然我俩不和,但如果让我推荐人才,我还要把他放在首位。

"这就是我平生的大略。可惜不能如东方朔那样以皇帝为朋友,含垢忍耻,游戏仕路,隐于朝堂之上,或者如冯道一样,游刃于各色政权之中,实现自己济世保民的理想。我是贪禄而不能忍诟,喜欢高位、喜欢挣钱,但不能忍受别人的指责和侮辱。这样的脾气,没有被权力吞噬,也算是幸运的了。到老落得这个样子,已非上策,你们哪知道我的苦衷?

"所以我曾经说过世上有三种人应该出家,一种梅福、庄周这样的人,真正把身体当作桎梏、把才智当作毒药,不愿入世,只能归隐;一种是严光、阮籍、陈抟、邵雍、孔子这样的人,有大才,想入世,但不遇知音,不得不归隐;还有一种是陶渊明这样的人。他当彭泽县令的时候,派了一个奴仆给自己的儿子用,说明他也贪富贵，但他后来又说'扣门拙言词'，说明他也是放不下脸来乞食，不肯折腰。我没有第一类人的远见卓识，又没有第二类人的才情四溢，虽然比不上陶渊明的志向和风度，但不愿受世俗管束这一点是一样的，所以暂且归于第三类吧。

"以上六条（指二到七条。第一条略），最后一条越写越悲伤，话题发散开去，行文上已经不太在乎了。我劝大家不要哀伤。虽然我写得很哀伤，但我是真情实意，不能强求不哀伤。我希望你们不要哀伤，又希望你们能够体会心里的哀伤。真哀自难止，谁又能止住真正的哀伤呢？"

在这篇《豫约》中，卓吾除了安排后事，为僧人订立戒约，更重要的是把生平进行了总结，对各种交往关系都做了真情交代。[1]

最重要也最不经意的地方是，他把自己的精神藏在了亲自编撰和评点的书中，包括《西游记》和《焚书》《藏书》《说书》三书系列，这是他生平最重要的功业。他相信，这些书将与天地相始终。他的名字将跟他的书一起，将在历史上永不磨灭。

"老子于此，千百世不得磨灭矣。"[2] 在与友人的信中突发此句，或许让人摸不到头脑，容易被当成一句大话。只有他自己知道，他所塑造的形象，他要传达的理念，将深深刻进世世代代每一个人的心中。只要文明不灭绝，他藏在书中的精神就不会消失。他将用这种方式得以永生。

《西游记》成书四百多年的历史证实了他的预见。他所塑造的形象，往往从一个人的孩童时起，就深入到脑海中。在中国，从来没有一部书像《西游记》这样达到妇孺皆知、喜闻乐见的程度。他的精神以这种方式在人心和宇宙中延展。灭度众生，获得永生。他完全有理由骄傲地说："老子于此，千百世不得磨灭矣。"

《豫约》的初衷是保护芝佛院。在这个戒约以外，周思敬是保护芝佛院的最关键人物。在另一封给友人的信中，卓吾称赞周思敬对他有救命之恩。"周思敬与耿家是亲家，以耿定向为师，跟定理和定力的关系都很好，从情从势上

---

[1]"《豫约》真可读，读之便泪流。"（《续焚书》卷一《与方讱庵》）
[2]《续焚书》卷一《与方讱庵》

考虑，他都应以耿家为重。但周思敬撇下这些关系不顾，依然救助我这样一个孤独无援的老人，提供住处，又最终促成耿李和解，这样的仗义和恩情，古人也难企及。"①

他知道，目前看在周思敬的面子上，湖北官方还不至于对芝佛院动手。所以在给周思敬的信中，他提及这篇《豫约》，并进一步向周思敬进行托付：

"我住在离县城三十里外的庙里，终年不见外人，有人竟声称要把我递解回籍，说'不递解此人，我等终正不得麻城风化'，不知道这个化饭而食、安坐待毙的孤远老叟对风化有什么损害？

"我性本柔顺，学贵忍辱，所以别人想杀我我就受刀，别人要打我我就受拳，想骂我就让人骂，只知道迁就，不懂得退却，所以就等着让他们递解我吧！我身上没有半文钱钞，身边没有半个亲随，敢离家万里，靠的是心上无邪、身上无非、形上无垢、影上无尘，是以堂堂之阵、正正之旗，日与世交战而不败者，正兵在我故也。

"关于与女尼通信伤风败俗的传言，可以看看我跟她们的通信的合辑《观音问》，这些人都是出世丈夫，竟然被人污蔑为男女淫乱，欺骗谁呢，欺天吗？这也看出人生之苦。今生不觉悟，来世再这样循环，太累了。所以学出世法的真正原因就在于生在苦海当中，苦而又苦，苦之极也，不得不以佛理为船，渡过这苦海。"

最后卓吾建议周友山读读他刚写成的《豫约》，"这篇文章言语真切至到，文词惊天动地，希望大家看到后能哀而怜我，知道我的苦心"。②

然而从另一角度想，没有心中真切的感情就没有动人心魄的力量，侮辱不深切到骨髓就没有感人至深的文章。所有的逆境都是开示。曾有朋友对卓吾说，"我只图封个数千户的侯爵，尚以为很难，您想要作佛，这是多难的事？"③所以，不真切感受人生的苦恼，怎么可能得到涅槃的极乐？"可富可贵，可贫可贱，可生可杀，乃可以游于世。"④"虽犯众怒，被谤讪，不知正是益我他

---

① 《续焚书》卷一《答梅琼宇》
② 《续焚书》卷一《与周友山》
③ 《续焚书》卷一《答友人书》
④ 《续焚书》卷一《复丘长孺》

山之石。"①

老家是山西的刘东星因为父亲去世回家守制,邀请卓吾去山西一起研学。耿定向去世后的压力日盛,卓吾也觉得可以借此机会四方游历一下,避避风头。

本来他对退休生活的设想就是游历四方②,但之前因为写书的原因,他拒绝了众多朋友赴北京和南京的邀请,竟然在湖北待过了十六个年头。随着几个大部头作品的完成,还有芝佛院的建设完工,他感觉没有挂碍了。所以伏天一过,刘东星即派人来接,卓吾将芝佛院的事务安排给几个老成持重的僧人,准备九月初,就带着几个小沙弥出发去山西。这是他十六年来第一次离开湖北。

"回想起五十岁以前,以微薄的俸禄,养活全家上上下下十几口人,以些许的才华混迹官场,遍交当世名流,这在普通人看来应该是很不容易的事,但我都坦然面对,并不觉有什么难处。现在退隐在湖北,应该是很容易的事,反而觉得越来越坎坷。我还是那个我,并未改变,如今难者反易,易者反难,着实让人费解。"

行前,卓吾内心有一丝期待,也有一丝伤感。在半夜的辗转反侧中,听到远处大雁的哀鸣,不由写下《夜半闻雁》四首。

夜半闻雁

其一

孤鸿向北征,夜半犹哀鸣。

哀鸣何所为? 欲我如鸿冥。

其二

自有凌霄翮,高飞安不得。

如何万里行,反作淹留客?

其三

独雁虽无依,群飞尚有伴。

①《续焚书》卷一《复陶石篑》
②《续焚书》卷一《答梅琼宇》

可怜何处翁，兀坐生忧患！

其四

日月湖中久，时闻冀北音。

鸿飞如我待，鼓翼向山阴。①

①《焚书》卷六《夜半闻雁有引》

万历二十五年丁酉（1597）71岁

山西游历

由刘东星长子刘用相护送，卓吾于1596年9月到达山西沁水的坪上村。这是一个静谧的小村庄，只有不足百户人家。刘东星一家热情地招待了卓吾一行，卓吾此间的诗中充满愉悦和感激。

大寒夜永，止适合围炉畅谈。刘东星几乎每天晚饭后都陪着卓吾说话，探讨学术问题。长子刘用相和侄子刘用健在旁听讲，历秋至春，将谈话的记录汇集成册，最后请卓吾审定出版，命名为《明灯道古录》。

刘东星让两个年轻人听讲和整理笔记的目的，是希望有助于他们将来参加科举考试，所以探讨的学术问题主要围绕《大学》和《中庸》的章句。而卓吾对《大学》和《中庸》的理解，往往与官方认可的朱熹的讲法多有出入。但刘东星对佛学一直很热衷，对卓吾用佛理解释儒家经典的做法非常认可[①]，认为他是真正"有道"的"真人"。

经卓吾亲自编排的《明灯道古录》第一章，如同《焚书》第一篇和《西游记》第一回，都是探讨人心如何发现和归入大道的问题，也即人心与道心的统一。这种统一的理论基础，就是"生而知之"，或慧能所说的"自性本自具足"。

在这个理论基础之上，卓吾再次强调"道本不远于人"，"人即道也，道即人也，人外无道，而道外亦无人。"所以人人都可以成佛成圣。

推演到社会治理上，自然的结论就是："君子以人治人，更不敢以己治人者，以人本自治；人能自治，不待禁而止之也。"人人都有成佛成圣的道心，社会的治理者并不比民众更聪明，不能把自己的想法强加到别人身上，而是要发掘人人心中的道心和自觉。

认为自己比别人高明，是社会治理者的通病。这种病的根源在于，不能"推己及人"。民众越是被约束，法律条文越是细致精密，刑罚越是严酷，越是

① 刘东星《书道古录首》

204

走向治理者希冀的反面。真正的礼教，不是拿自己的想法规范别人，而是遵从民众的发自本心的喜好和愿望，社会自然就会有秩序。如果总是违背大家的意愿，不但没有秩序，还会祸及自身。①

最后的结论是，圣人与凡人一样，人只要"率性而为"就可以了，没必要过于推崇圣人及其行为。

《明灯道古录》所展示的"率性而为"的思想，与卓吾一直提倡的"严明法纪"并不矛盾。前者更强调文教习俗上的自由，而后者是社会生活的底线。

他在《豫约》中给芝佛院僧众规定的条文不可谓不细密，但主要是为了防止僧众侵犯别人的利益，引发仇恨。虽然这些条文在他看来已经不是戒律，而是从心所欲了。

刘东星在出版序言中描述了卓吾给他的印象，"不喜纷杂，唯终日闭户读书"，经常见到他亲自抄写，即便年轻人也少有这样的勤奋。刘东星断言，那些诽谤卓吾的人，一定是没见过卓吾。一旦见面，就是最狂暴的强盗也要放下屠刀下拜。②

很明显，并不是所有的人都能像卓吾这样把严格的自律变成自觉，在自律中体验无尽的自由。卓吾找到了自己的本心，并遵循本心的指引，找到了值得一生为之奋斗的事业，所以已经不把写作当成一种劳作，反而成为一种享受。他所宣扬的"率性而为"，遵循的是自己的本性，或者性、情统一后的那颗赤子之心，而不是本性被蒙蔽后彰显的欲望。这也是他在《西游记》里一直用悟空和八戒的关系所阐释的义理。

正当卓吾在坪上村享受清静时，卓吾的《焚书》和《西游记》在全国热销。由于《焚书》的受众是学子和官员，而《西游记》的受众是说书艺人和底层民众，除了了解内情的焦竑，没有人发现这两部书的思想吻合，也就没有人将这两部书的作者归于同一人。

在有学问的人中间，大家热议的是《焚书》。这本书的问世，就像是在沉寂百年的湖水中投下一颗炸弹。士大夫阶层对《焚书》的态度产生了严重的分

---

① "好恶从民之欲，而不以己之欲，是以谓礼，礼则自齐，不待别有以齐之也。若好恶拂民之性，灾且必逮夫身，况得而齐之耶？"（《明灯道古录》）

② 刘东星《书道古录首》

歧。喜欢《焚书》的人,欣赏其观点的新奇和雄辩,将卓吾视为圣人和活佛;厌恶《焚书》的人,把思维方式的挑战视作洪水猛兽,将卓吾视为异端和妖人。

儒教道学家们痛恨《焚书》比痛恨佛、道更甚的原因是,《焚书》用佛、道思想改造儒学的做法严重冲击以朱熹为正统的儒家理论,冲击科举考试的指导思想,冲击道学家们的话语体系,这是砸人饭碗的行为,所以能激起比反对和尚、道士更强的声浪。

在政治生活中往往有左派和右派的区分。就像万历初年发生的是否可以让皇上倚重的张居正免于回家守制的争论。支持张居正夺情是站在皇上一边,是右派;反对的站在礼教一边,是左派。这些人大体都是安全的。左派往往掌握理论方向,右派让左派的理论更接地气,所以左派、右派的分歧并不可怕,甚至有益。最可怕的是作为另类,推翻左派的理论依据。比如这时如果有人站出来说守制是一场闹剧,真正应该打倒的是礼教,那就是大逆不道,要灭族了。因为这种"掀桌子"的行为让左派和右派同时感到智商受到侮辱。所以说,在政治生活中最危险的行为不是当左派或右派,而是做一个摧毁别人话语体系的另类。不幸的是,另类往往更接近真理。

随着卓吾名气的上升,他的行踪也成为大家关注的目标。山西的官员学子纷纷求见,连当地王府的王爷也发来请柬。①而另一帮持相反意见的人,声称要法办卓吾,剿除妖人。

在山西坪上村,卓吾收到了焦竑从北京的来信,信中说有山西官员听说了卓吾在境游历,声称要在卓吾路经辖地时法办他。虽然经焦竑动用各方关系努力劝解,气焰暂时被压制,但焦竑劝卓吾返回麻城,不要继续待在山西。卓吾回信道:

"谢谢老兄帮我化解了危难,看来过去的我比较卑弱,今天的我则更可悲。如果山西是危险的地方,麻城也安全不了哪儿去。如果整个中国都没有半个知音,还不如像唐僧那样,长途远涉,或者像老子那样,骑一头青牛出关走走,死在塞外胡地。

"写过《南询录》的邓豁渠,是官至礼部尚书兼文渊阁大学士赵大洲的学

---

① 《续焚书》卷一《答沈王》

生,后来落发为僧,游历天下山川,遍访名士,探讨佛理。赵大洲斥责他思想荒谬,但仍然关爱自己的学生,表示愿意从自己的庄园里分出田租百石,条件是邓回乡安分生活。这个提议被邓拒绝,后游历到保定,活到八十多岁,死于破庙之中。

"八十岁的邓豁渠都有那样的骨气和勇气,我实在心向往之。不愿意守着妻子或儿女死去的人,必有死在志同道合的朋友处的决心。我现在还没找到这样的朋友,何必一定要选择龙湖作为栖身之处呢? 如果能找到这样的朋友,则对于死在牢狱还是死在战场,都会甘之如饴。那种情况下,死犹闻侠骨之香,死犹有烈士之名。所以那些恨我的人其实是在成全我,如同针灸之针。

"我岂是那种贪恋风水的人呢? 更不是那种坐枯禅、图寂灭,贪恋这副躯壳不肯离去的守尸之鬼。

"大家都想学孔子,还以为孔子的福泽深厚是因为孔林的风水好,如果真是这样的话,那孔林比孔子还要伟大,这是多么可笑呀! 真实的情况恰恰相反。孔子无私地从事教化事业,置自己的功名利禄于不顾,置自己的安危于度外,广收门徒,广布学问,才有了孔林两千年的香火不断,这才是孔林风水好的原因。现在自诩为他的门徒的正统道学家们,反倒认为求功名、求富贵才是孔门的目标,反而认为真正学习他的人是异端。孔子当时的颠簸流离的贫贱和患难,与我何异? 他'道不行,乘桴浮于海'和'居九夷'的想法,跟我现在的想法有什么不同? 即便在那样的困苦下,孔子的学生们还是坚定地、欢喜地跟随他,不离不弃。而当今世人,一旦老师没有官位、没有钱了,谁还会留下来呢? 这倒不是说今人的品格没有古人高,而是当今缺乏孔子那样让人心悦诚服的老师呀! 如果有这样的师友,我愿意拼死相随,他在哪里,哪里就是风水宝地,谁还在乎什么埋骨之处呢?"[1]

在给刘东星的贺寿词中,卓吾鼓励他,要成就伟大的人格,必须有博大的胸怀承受。就像大海一样,百川入海,它必然以一定的机制再散为百川,所以不会盈满,也不会枯竭。而胸怀气量狭小的人,如同江河,几天的雨水就能使之泛滥,毁坏土地和民房。但即使这样,只要奔腾不息,终归入海,还是能造福

[1]《焚书》卷二《与焦弱侯》

万民,利大于弊。所以,以大海般的心量为目标,修养自己的"大受之量",才能像圣贤一样,与天地同长久①。这是卓吾对刘东星的贺词,更是对自己激励,以博大的心量笑对磨难,回归大道。

在麻城出发时,卓吾的打算是在山西待到春天即回。但现在他却改变了主意。人生何处不能埋骨,何必非要守着那个塔呢?正好在山西大同任巡抚的梅国桢来信邀请,他辞别刘东星,在刘用相的护送下,转赴大同。

---

① 《续焚书》卷二《寿刘晋川六十序》

故乡何处是

　　旅途中,总有陌生人爱问卓吾的家乡是哪里,他就开玩笑说自己是山西人。① 这倒也不是谎话。在卓吾的观念里,那个出生和寄居的地方都不是故乡。真正的故乡,没有冷暖的变化,是心中那个清净圆满的本性。现在这颗心想要飞向天际,完成成佛的心愿,但世俗的力量在进行可怕的压制;又想乘船浮游于大海,混迹人世间,但自己心中的魔性也不得不提防。

客吟四首

其一

昨朝坪上客,今宵云中旅。

旅怀日不同,客梦翻相似。

其二

少小离乡井,欲归无与同。

正是狎鸥老,又作塞上翁。

其三

故乡何处是? 夏热又秋凉。

凉炎随时变,何曾是故乡?

其四

乘槎欲问天,只怕冲牛斗。

乘槎欲浮海,又道蛟龙吼。②

　　在大同,梅国桢热情邀请卓吾一行住进自己的官署。卓吾拿出自己这两年读兵法的笔记,汇成了《孙子参同》,请梅国桢指教。由于卓吾认为曹操对《孙子兵法》的注解最为精当,所以主要围绕曹操的论述展开自己的评论。另外,在书末,还缀上了《吴子》《六韬》《司马法》《黄石公三略》《尉缭子》《李卫公问对》等兵法的印证。梅国桢欣然作序③,称赞此书"集兵家之大成,得《孙子》

---

① "逢人勿问我何方,信宿并州即我乡。"(《焚书》卷六《渡桑间》)
② 《续焚书》卷五《客吟四首》
③ 《孙子参同叙》序言

之神解"。

在梅国桢府邸,卓吾会见了前来拜会的大同府推官李惟清。此人佛学造诣颇高,临走向卓吾提出三条建议:一,劝其发愿生西方;二,戒杀生;三,卓吾性格过于刚烈,需改进。

对于第一条,卓吾尊重他往生西方的愿望,但于自己,西方佛仅可为"暂时主人",暗示真正的主人是自己的本心,这在哪里都可以找到,而不必非要往生西方。

"是故或时与西方佛坐谈,或时与十方佛共语,或客维摩净土,或客祇洹精舍,或游方丈、蓬莱,或到龙宫海藏。天堂有佛,即赴天堂,地狱有佛,即赴地狱。"①

在卓吾观念里,解脱自己、绽放自己、实现自己的人,即为佛。心里有鬼,眼下就是地狱;心里有佛,脚下就是灵山。他在《西游记》金平府一节故意设置一个情节,说天竺的僧人都指望到东方托生,就是故意调侃主张生在西方的教派。(参照如下《西游记》原文)

> 唐僧道:"弟子中华唐朝来者。"那和尚倒身下拜,慌得唐僧搀起道:"院主何为行此大礼?"那和尚合掌道:"我这里向善的人,看经念佛,都指望修到你中华地托生。才见老师丰采衣冠,果然是前生修到的,方得此受用,故当下拜。"

> 《西游记》第九十一回《金平府元夜观灯　玄英洞唐僧供状》

对于第二条,卓吾仅礼貌地表示,杀生可以戒。但卓吾未提及的是,他不戒酒肉。不同的佛教教派有不同的教义,卓吾尊重李惟清的选择,但也坚持自己的选择。

对于第三条,李惟清正确指出了卓吾性格刚烈的弱点,卓吾表示同意,但也知不能全戒,理由是没有魔性就无从度鬼。卓吾一向认为佛性和魔性这一对矛盾的心理行为是共存的,不是此消彼长,而是同生共长。有多大的佛性就

---

① 《焚书》卷二《与李惟清》

有多大的魔性。这是天道平衡的必然。①

李惟清的批评，代表了大多数普通人的善意提醒。有什么必要冒着得罪别人的危险来宣扬自己正确？这也是卓吾时常对自己的批判。但他自己也只能收敛，不能戒绝。因为只有这种斗争才能给他真切的力量，在这种真切的感觉里他才能把持自己的本心。他相信，这才是让精神得到永生的道路。没有人愿意接受危险而没有回报。孔子、司马迁和苏东坡都经历过这样的危险，当时的人也同样讥笑他们的不聪明（或太聪明）。正因为所图甚大，所以才有勇气坚持自己。这也是后人一读到他们的文章或话语，就感觉他们就活在身边一样。那些嘲笑他们的世人和显贵哪里去了？

在卓吾离开大同之际，李惟清送来了路费资助。卓吾分文未受，悉数退回，并回信说，已有梅国桢派人护送，如果囊中有钱，心不得安。②（参照如下《西游记》原文）

早供给了素斋，又具白银一两为谢。三藏分文不受。一家儿又恳恳拜央，三藏毕竟分文未受，但道："是你肯发慈悲送我一程，足感至爱。"

《西游记》第十三回《陷虎穴金星解厄　双叉岭伯钦留僧》

离开大同后，得知云南时的好友顾养谦辞官归里，卓吾一边感到惋惜，一边饶有兴致地对比了一下顾养谦和梅国桢，他们两位都是被卓吾认可的罕见的大才，都曾在战场立下赫赫战功，也都是卓吾的好朋友。③

顾养谦在气势上压过别人，但在心中实际上很谦下；梅国桢表面上礼贤下士，但心中实际上很高傲，看不起人。可见互相矛盾的气质在一个人身上出现是很普遍的事。

人自身也在追求一种平衡，在矛盾中得到圆满。平静的外表下压抑的是狂热，鲁莽的冲动背后掩盖着的是怯懦。这也是为什么不能用一个特质简单概括一个人的原因。如说一个人傲慢，或说一个人谦卑，都是不完备的表述，

①《焚书》卷二《与李惟清》
②"若留阿堵于囊中，或有旅次之虞，怀资之恐。"（《续焚书》卷一《答李惟清》）
③《续焚书》卷一《与友人》

都是入了"相"。矛盾的一方面总是在一定条件下转化成相反的方面,甚至矛盾的一端就是以相反的一端来表现的。这就是《西游记》一直强调的圆明的心性不执着于一端的道理。

在大同时,芝佛院僧人来信告知怀林病故,这个消息让卓吾悲痛不已,写下《哭怀林》四首。在芝佛院的无数个日夜都是怀林陪在他身边,誊写他的书稿。往往是他写过的信,由怀林抄录副本保存后才寄出原稿。他最重要的著作和点评都是由怀林誊录副本。从怀林生前部分谈话来看,怀林是芝佛院唯一一个知道卓吾是《西游记》作者的人①。

由于卓吾在旅途中不受钱财,所以一行僧人的吃穿用度严重依赖当地朋友的护送和接待。八月,卓吾在大同出发前就写信给正在北京的耿定力②,表明想去北京,拜托耿定力给他在北京找一个住处。同时表明,对于要法办他的传言,无所畏惧。"从此东西南北,信步行去,所至填沟壑皆不悔矣。"

九月九日,在梅国桢委派的官兵的保护下,卓吾一行到达北京。在耿定力安排下,寓西山极乐寺。这是二十七年后卓吾再一次到北京,上次还是在礼部任上。当年认识的人都已经不在了。回首二十七年的往事③,其中的是是非非,谁能说得清呢?

在到达极乐寺的当天,他听说三袁中他最喜欢的老二袁宏道辞去了吴县县令的职位,要到北京来。一方面他因能很快见到这个最喜欢的学生而高兴,另一方面也担心袁宏道太喜欢陶渊明,会落得一个同样的命运。

这时山西的梅国桢也来信,表达了自己有归隐学禅的意愿。卓吾去信说,当年陶渊明要饭的时候还做诗云"扣门拙言辞",王维后来嘲笑他,一次不为五斗米折腰,终身为五斗米折腰。卓吾担心袁宏道将来也会有这样的日子。希望梅国桢不要羡慕这样的人。如果能在官场得志,就要充分利用机会,为民众造福,实现自己的理想。这也是佛菩萨的愿望,是真正的禅。④梅国桢听从了卓吾的建议,放弃了归隐的想法。后一年他升任兵部侍郎,提督军务。

---

①《焚书》卷四《寒灯小话》
②《续焚书》卷一《与耿叔台》
③《续焚书》卷五《卷蓬根》
④《续焚书》卷一《复梅客生》

正当卓吾计划与时任皇长子讲读官的焦竑见面时，却传来焦竑因得罪人被贬官的消息，不久要去福建任职。焦竑情绪低落，来信讲述了被弹劾的经过，表达了自己对一些同僚的愤怒。

卓吾去信安慰他：

"梅国桢曾经指出我的缺点，说我凡事太认真，而他有一个好处就是事过便过，不放在心上。我当时很以为然。世间就是一场游戏，不管戏文好歹，总有散场的时候，何必太认真。脾气一旦上来，就成为一个不知爱惜自己的人。要经常听到这样的规劝，才能慢慢改掉不自爱重的积习。所以我把同样的话转赠给你。

"苏东坡说过，有一些俗话很有道理：'处贫贱易，处富贵难；安劳苦易，安闲散难；忍痛易，忍痒难'。又有俗语说，'乐中有忧，忧中有乐'。通达的人能从安乐中看出忧患来，从忧患中看出安乐来，这倒不是故意违反人情常理，而是祸福相倚伏。通达的人看到了倚伏的机关，所以宁愿处于忧患而不愿处于安乐。普通人会以为这很愚蠢，而不知道这实在是终生长乐的秘诀。正所谓'丢了便宜处得便宜'。"①

九月，时任户部左侍郎的周思敬病故。最后一个能保护芝佛院的人也不在了。消息传来，卓吾意识到，麻城的局势还有待观察，所以回麻城的时间还要向后推迟。

---

① 《焚书》卷二《与弱侯》

万历二十六年戊戌(1598)72岁

老人行

开春以后,焦竑已收拾好行囊,准备去福建任职。他已在南京给卓吾准备了一个住处,中途路过南京,正好把他送去。焦竑的行李装满了两只船,大部分都是书。两只船载着两位挚友沿运河缓缓南行,有时欣赏两岸的风景,做诗取乐,有时整理书稿,探讨一下学问。

卓吾喜欢这种行游四方的生活方式,"孔、孟走遍天下,为着甚么? 无非为寻同志焉耳。"与志同道合的人"日夕不离""参究大事",是最惬意的生活。①

在途中,焦竑将一本宋代的记录鬼怪传说的《睽车志》拿给卓吾看,卓吾选择几篇写得比较好的录下来供随行众僧学习。②

早在南京礼部任上时,焦竑就曾与卓吾一起刊发过讲述因果报应的《因果录》和《太上感应篇》。卓吾认为,鬼神故事和因果报应传说的性质是一样的,体现了人们心里对圆满和秩序的追求。这是一种非常真实的心理状态。坚持没有鬼的人,根本不明白生命的奥秘。③

在序言中,卓吾讲述结集始末,写至"焦弱侯状元与余联舟"时,焦竑在旁看到,谦虚地表示,"状元"二字可以去掉。

卓吾解释,写上"状元"二字可以让鬼神也钦敬一些。焦竑苦笑道,"吓鬼而已"。卓吾亦笑曰:"鬼神可敬不可吓。要是你真能吓住鬼,也不会落得跟我一起在这条船上。"焦竑被这一句话中两对巧妙的双关逗得哈哈大笑。卓吾一生悲苦,却一生致力于幽默搞笑。这是他抵御悲苦侵蚀的方式。

在南下舟中,卓吾将一些论稿汇编为《老人行》,并在序言中总结了两年以来的著述和心路历程:

"老人在龙湖已经遁迹多年,为什么突然到北方游历? 越老反倒越不怕辛

①《续焚书》卷一《与吴得常》
②《续焚书》卷二《选录睽车志叙》
③《续焚书》卷二《说孤集叙》

苦了。老人的初心，无非是欲人成佛、欲人念佛，人多不信，我能怎么办？也有相信的，众魔复害之，让信的人也不敢信了，我又能怎么办？于是谣言四起，忧患丛生，终年闭户读书却终年抵抗侵犯。我虽然不愿死于奔波，但恐怕自此也得不到安宁了。

"所以即便是在游历中，我也是闭门独坐，不敢与世人接触，只能读书自娱，往往有所感慨，就用文章或诗词的方式记下来。在山西坪上村，有《道古录》四十二章书；到了大同，则有《孙子参同》十三篇；到了北京西山极乐寺，则有《净土诀》三卷书。随手写书，随手印书，不能禁也。又有《坡公年谱》和《后录》三卷，准备到南京付印。又有《藏书》之《世纪》八卷、《列传》六十卷，已经修订好，在极乐寺交由焦竑校阅、作序并付印。让人高兴的是，在乘船南下的途中，有挚友相伴，不用再关门闭户了。在船上又搜集了以前的草稿，汇为二册，而题曰《老人行》。

"老人的初心，无非是跟大家同成佛道、同见佛国而已，本来不必著书立言。但现在书越来越多，说的话越来越多，老人的初心也没有实现。所以虽然题为《老人行》，实则穷途哭，不得不承认这也是白费心思。

"即便这样，百年以后，如果有人见到这本书能了解我的心思，或许能感动得流下眼泪，或者能坚其志无忧群魔，强其骨无惧患害，帮助他破除疑虑，达到圣贤的境界，心中升起如肇法师所谓'将头临白刃，一似斩春风'的豪情，或者孔夫子所谓'杀身成仁'的勇气。那我的这段奔波，就不能说是没有意义了。"[1]

在途中，有官员仰慕焦竑或卓吾的名气，来舟中相见。其中时任国子监祭酒的朱国桢在邳县拜访了卓吾。后来朱国桢在一篇文章中对卓吾的评价是"精悍人也，自有可取处"。对卓吾书的评价是："李氏诸书，有主意人看他，尽足相发，开心胸；没主意人看他，定然流于小人，无忌惮。"对他的影响的断言是，"今日士风猖狂，实开于此，全不读'四书'本经，而李氏《藏书》《焚书》，人挟一册，以为奇货。坏人心，伤风化，天下之祸，未知所终也。"[2]

这样的意见，代表了官方主流的声音。统治者担心的是民众不服从权威，

---

①《续焚书》卷二《老人行叙》
②《涌幢小品》卷十六《李卓吾》

不容易管理。而此起彼伏的农民起义带给统治者巨大的恐惧,这种恐惧的肇因被错误地归结到卓吾身上。

有多少知音,就有多少敌人;有多少荣耀,就有多少侮辱。矛盾的两端总是同生同灭。什么事、什么人都逃不掉这样的规律。大道就是在这种运动中寻找平衡。要想得到超乎常人的极乐,就要忍受常人难以忍受的磨难;要得到超乎一时一世的生命,就需承受超乎一时一世的沉寂。"反者道之动",卓吾对此已经了然于胸,故能坦然面对。

永庆答问

初夏，舟至南京。卓吾回想起二十年前从南京出发赴云南的情景。那时好友陆仲鹤前来送行，对他被调任云南表示同情。如今再来到南京，陆已故去。卓吾到其坟前祭奠，不由感慨时光飞逝和际遇的无常[1]。自己二十年前在南京时，还是一个懵懂的书生，于性命大事还未窥堂奥；如今老了，有所心得后，却回到南京在庙里扫地焚香。焦竑把卓吾安置在城外永庆寺后，卓吾写下了一副楹联挂在伽蓝殿门柱上：

> 少作书生，未见升堂入室；
>
> 老为庙祝，粗知扫地焚香。[2]

这期间，卓吾又搜集王畿的论稿，编成《龙溪先生文录抄》九卷付印。随后开始与焦竑研究《易经》，每夜一卦，并编成《易因》。[3]

卓吾的到来引起南京学界的轰动，各色人等都来求见。吏部官员杨起元早年就认识卓吾，偶有书信来往，对卓吾的思想很推崇，并鼓励他的两个学生——佘永宁和吴世征向卓吾请教。

这两个学生对于见卓吾有些紧张，说："听说他不常跟人说话。"

杨说："就是不说话，见见也好。"

另一人说："听说他经常骂人。"

杨说："他岂轻易骂人，受得他骂的方好。"

吴世征问杨和卓吾学说的异同。杨说："有什么异同？就是有不同处，也莫管他。"

于是，佘永宁和吴世征就去永庆寺拜访卓吾，正好遇上当地名流李如真和李朱山两位老先生也在座。还有几个不认识的人。大家都不通名字，也不寒暄。气氛诡异，但禅意颇浓。

刚坐好，李朱山就恭维卓吾说，"老先生肚里是何等空空洞洞！"意思是说，出家人四大皆空，卓吾以僧人形象出现，自然肚里空空。

---

[1]《焚书》卷六《哭陆仲鹤》
[2] 佘永宁《永庆答问》
[3]《续焚书》卷一《复刘肖川》

不料卓吾并不领情,大声回道,"我方才吃了两碗粥,有什么空空洞洞?"意思是说,自己已经超越了对空的执着,到了"见山是山,见水是水"的境界。

一个回合结束,又有人开启第二个话题:如何超越生死?

卓吾对李朱山谦让说:"李老先生请说。"

李朱山又对李如真谦让说:"李老先生请说。"

李如真又对卓吾说:"还是李老先生请说。"

座中有人说:"三位都是李老先生。"

卓吾笑了,引用《孟子》上的话说:"正是,此之谓三有礼焉。"满座皆大笑。

卓吾见推脱不过,回到正题,言:"人本来就是超脱生死的。你要是想逃脱生死,那就等同于陷入生死。"

座中众人闻此言皆竦然。另外两位李老先生也不知如何接话。

卓吾接着又补充道:"这并不是说不用学习超脱生死的道理了,这个道理还是要学习。"

又有人问养生之道。卓吾只答了三个字,"养生主"。这是《庄子》中的一个篇名。著名的庖丁解牛的故事就出自此篇。

提问的人见卓吾没有进一步的解释,又问李如真,"梁惠王听了庖丁的话后说明白了养生的道理,这是什么意思?"

李如真解释说:"庖丁善于解牛,所以刀没有磨损;至人善于处世,所以不会遭到戕害。"

卓吾默不作声。

卓吾不是养生的专家。他认为身体是个臭皮囊,没有什么好养的。他曾说:"卓老子不会养生,只是不伤生。"所谓的"不伤生",就是不用酒、色、财、气这些嗜好损耗自己。他认为这四件事,好比勾人魂魄的牛头马面四个恶鬼,又好比黑旋风腰间的两片大板斧,再好比终南山上的一条大毒蝮蛇。[1]所以卓吾明显对养生这个话题没有兴趣,甚至对提问的人有些鄙视。

第四个回合,又有人问薪尽火传的意思。李如真说:"世人只看到烧柴得火,不知道柴没了火还可以传下去。再续上柴,又得到火,火可以没有穷尽。"

---

[1]《李贽全集续编》之《枕中十书》,凌礼潮整理,北京:首都师范大学出版社,2020。

卓吾说:"烧柴就有火,没有柴就没有火,添柴又有火,无尽轮回,什么时候是个头? 要知道,没有柴时,其火自在。如今当下都是火。"

杨定见和无念不久前刚从麻城和黄柏山赶来看望卓吾,当时也在座。卓吾问杨定见,"现在柴多少钱一挑?"杨回答:"四分。"卓吾言:"应该买一挑来烧火。"杨定见知道卓吾在讽刺李如真,所以沉默不语。

其实这里的柴比喻人的身体,火比喻人的精神。卓吾认为没有身体也可以有精神。所以才讽刺"有柴才有火"的说法。按照这个说法,再不续柴,火就灭了。

一时无人说话。众人为打破沉寂,这才引李如真与在座的无念等人互相认识了一下。李如真又介绍了安徽歙县来的几个朋友,称他们设立学会,相互问学。卓吾听后言:"呵,这些人年年在那里烧柴。"

李如真的意思是说,精神思想要靠人传承,一代传一代,才能保持思想不磨灭。而卓吾认为,人人生而知之,真理不是一代一代传承的,只要用心体悟,每个人心中都有火种。文明的密码都藏在那颗无所不备的心性当中。这也是他认为秦始皇焚书不是什么大罪过的原因。

这时在座的一位朋友说:"您刚才说过,不管烧不烧柴,处处是火。柴已没了,大地都是红炉。"

这句话显示他没有明白卓吾的意思。卓吾对这帮人的耐心也到此为止。

卓吾听后猛地站起来说:"请大家继续看火,我出去一下。"大家非常期待地等在那里,不知接下来有什么节目。过了很久,卓吾新收的徒弟兼秘书汪本钶出来说:"老先生多拜上,不及奉送了。"

这些禅机问答后来被佘永宁编入《永庆答问》。

到永庆寺拜访卓吾的,有慕名求学的,也有慕名看热闹的。有时卓吾不好不见,但又实在忍受不了闲聊,所以表现怪异。这样的态度,不知不觉也得罪了人,为日后埋下祸根。

在这群求见的人中,还有日后火烧芝佛院的主使冯应京。据说当时冯应京求见卓吾但未得见面,冯认为卓吾怠慢自己,怀恨而去。

杨起元对卓吾的推崇成为杨的政敌对其攻讦的借口。本年就有人上书弹

219

劾杨起元,罪名是尊削发为僧的卓吾为师,倡导异端。虽然不久杨起元就因病去世,没有得到处分,但此次奏疏在万历帝心中埋下对卓吾的坏印象,成为日后祸根。

这是名声带来的坏处。与金钱和地位不同,金钱可聚可散,地位可上可下,但名声是一条不能回头的路,所带来的坏处也只能承受,无法消除。

万历二十七年己亥（1599）73岁

万世治平

　　本年，在焦竑主持下，《藏书》在南京付印。焦竑、刘东星、梅国桢、耿定力等人都写了序。此书自1588年形成初稿后，又经过卓吾反复修改。1597年在山西大同定稿，形成今天所见到的六十八卷本，包括《世纪》八卷、《列传》六十卷。当时由梅国桢遣人抄录，然后在北京给焦竑校订，本年才刻印成书。

　　卓吾认为这套《藏书》是"万世治平之书"，将来一定会被人重视，能当作国家治理和选拔人才的参考。①

　　在编撰《藏书》过程中，卓吾也将史籍按年代整理，配以自己的评论，以通史的形式成书，作为《藏书》姊妹篇，称为《史纲评要》。其中的人物和事件评价与《藏书》思想一致。

　　值得一提的是，据《毛泽东年谱》记载，1974年7月，毛泽东亲自从《史纲评要》中辑录二十三条，包含卓吾评语及原文，指示有关人员注释和出版。

　　"愿倾肝胆寻相识，料想前头必有缘"。②知音难觅，卓吾若泉下有知，一定会倍感欣慰的。

　　毛泽东辑录的这二十三条评论，指向性很强，包括历史人物评价、政治制度、文化制度、经济政策、法制思路、接班人的选择、将相人才选择等七个方面。③

　　在对古代帝王的历史评价上，他辑录了卓吾对秦始皇、刘邦、曹操的评语。卓吾认为，统一六国的秦始皇是"千古一帝"，"天崩地坼，掀翻一个世界，是圣是魔，未可轻议"（第十二条）；认为击筑自歌"大风起兮云飞扬"的刘邦"亦悲亦壮，近古帝王所不能有"（第十六条）；认为被称作"治世之能臣，乱世之奸雄"的曹操是大英雄（第二十条、第二十一条），赞同曹操所言"设使国家无有孤，不知

①《续焚书》卷一《与耿子健》
②《西游记》第八回《我佛造经传极乐 观音奉旨上长安》
③ 朱永嘉《论李贽》，北京：中国长安出版社，2018

当几人称帝,几人称王"为"大英雄语"(第二十二条)。

在政治制度上,卓吾认可秦始皇开创的中央集权(第六条)、开阡陌、置郡县(第十条)。

刘邦将近统一天下时,谋士郦食其建议他复立战国时期的六国君主逃亡的后代,分封天下,以收民心。张良及时制止,说:"如果再将天下分给六国,天下人才都去投奔六国的新君主,谁还会帮您打天下?"刘邦听到这话,把吃到嘴里的饭都吐出来,骂郦食其道:"竖儒差点坏了我的大事!"卓吾认为张良的论断非常恰当,支持中央集权、反对诸侯割据。(第十五条)

在文化制度上,卓吾肯定李斯建议、始皇批准的焚书,认为这是整肃当时僵化复古思想的必要措施,只是下手太毒(第十一条)。卓吾批评董仲舒关于"天不变,道亦不变"的论断,反对儒家的拘泥不化(第十七条)。卓吾还嘲笑历史上搞迷信活动的多为儒生,喜欢人为制造"天意"假象为政治活动造势(第十九条)。

在经济政策上,史载汉朝民间对国家垄断盐和铁的专营权颇有不满,认为这是与民争利,读书人纷纷上书建议取消盐和铁国家垄断。桑弘羊力排众议,认为国家垄断有利于保证国家税收,是巩固政权的必要措施,所以建议不放弃盐和铁的专营。卓吾认可桑弘羊的论断(第十八条),批评孟子只顾宣扬仁义,否定国家发展经济的诉求(第五条)。

在法治思路上,卓吾认可商鞅变法,以及申不害对刑名法制的主张(第三条),赞扬荀卿强调法律的威严和赏罚的明确,不同俗儒(第七条),欣赏韩非提倡的刑名法律治理(第八条),肯定诸葛亮严明法纪的论述(第二十三条)。

在接班人选择问题上,毛泽东重点关注秦始皇传位的失误。始皇死后,胡亥继位,赵高把持朝政。秦二世胡亥听信赵高谗言杀害李斯,卓吾认为这是二世深居禁宫不辨事理的表现(第十三条)。因赵高担心胡亥不好控制,又将胡亥杀害,立子婴为王。子婴随后设计刺杀赵高。对此卓吾评道:"子婴在如此孤弱的情况下,杀赵高如杀一只老鼠一般,识、才、胆俱佳,是个贤主的材料。秦始皇千古英雄,挣得一个天下,有扶苏这样的儿子和子婴这样的孙子,这么好的局面,被胡亥和赵高破坏掉了,实在可惜。但是秦始皇作孽太多,迟早被反

噬。天道好还，不得不说这是因果报应！"（第十四条）

在用人问题上，卓吾肯定了管仲的能力。他在齐国执政四十年，国富民强，成就齐桓公的霸业（第一条）。将才的代表是曾经为普通士兵吮伤口的吴起（第二条）。对于功臣的骄纵，一个例子是商鞅，他贪恋功名，醉心于标榜自己的政绩，不知危险将至（第四条）；另一个是吕不韦，竟号称皇帝的仲父，卓吾认为这是"讨死"的行为（第九条）。

在人才的忠诚问题上，毛泽东认为管仲临死前的告诫非常重要，故把卓吾评管仲列为第一条。

管仲临死时，建议齐桓公提防三个人。一个是易牙，此人曾把自己儿子杀了取悦君主；一个是开方，此人曾出卖亲人以求君主信任；一个是竖刁，主动阉割自己进宫当太监。这三个人，貌似忠诚，但没有人性，不能委以大任。齐桓公不听管仲的话，在管仲死后重用了这三个人，齐国政局果然陷入大乱，以至于齐桓公死后竟无人发丧，尸体上的蛆虫都爬到户外。所以，用违反人性的方式表达忠诚的人，为了私利很容易选择背叛，其实是最不忠诚的人。

毛泽东对卓吾的认可，反映了卓吾史观的价值和影响。现代学术界和文艺界对秦始皇、曹操、武则天等的评价，都直接或间接受到卓吾史观的影响。基本可以说，在卓吾故去三百多年后，其学说走出了被明、清统治者焚烧、毁禁的阴霾，并在国家最高层面重新开始获得重视。

巧合的是，孔子的学说也是在其故去三百多年后，在汉武帝时期开始走向复兴。在人类历史长河中，寥落的知音都是在筋斗云的时空跨度上遥相呼应，而在他们生存的当世，注定孤独。

援经修史

山西的刘东星结束丁忧,被任命为河道总督,主要负责黄河和大运河等水系的治理,驻扎在两大水系的交汇处,山东济宁。他一上任就遇到一个难题。

朝廷想大兴土木,改造河道,这当然首先是治河的需要,自古治河都是利国利民的大事。但在不可明说的层面,这样的大项目也为官员所喜,不但可以出政绩,还有助于包揽财权、事权。

但刘东星是真正的清官,又热衷佛学,所以从大局出发,经过通盘考虑,刘东星上书,认为大兴土木工程的紧迫性并不突出,所以不必兴师动众,不要让治河给国家造成沉重的财政负担。他主张缩减项目规模,与民休息,把有限的经费花在刀刃上。

刘东星的奏疏在官员们中间传播,获得了很高的赞誉。焦竑也在卓吾前提到这事,正好刘东星来信请教,卓吾给刘东星写信道:

"大家都在称赞您的奏疏,焦竑也屡次提及。这个奏疏功德无量,造福万民。但是,下一步需要注意,应转为默默斡旋。您的主张如果不能获得批准,一定要忍耐,等待时机。

"《易经》中的蛊卦说:'干母之蛊,不可贞'。意思是要达到说服的目的,不能太直截了当,让上位的人下不来台,不然自己要做的好事也不会办成。又说:'干父用誉,承以德也'。意思是说,上位的人要做破家亡身之事,下位的人不要直接阻拦,反倒应该首先称赞上位的人有德行。只有这样,上位的面子保住了,理解了你的诚敬,更容易按照你的想法推行。这时再纠正他之前的迷惑就不难了。如果上位的人还是不肯改变,那也只能顺其自然,相机而动。

"天下的财权都在朝廷手中,多用些亦无妨,做工的子民辛苦一些也可以忍受。您处在朝廷和万民之间,又有贤能,必然可以调停。但只可调停于下,不要再拂逆于上了。您的奏疏写得大快人心,但只此足矣,不要再多事了。"[1]

卓吾担心的是,在广泛的声誉下,刘东星可能更坚定自己的看法,坚持缩减项目,甚至为了清廉的名声与朝廷抵触。这不但可能让决策者颜面尽失,也

---

[1]《焚书》卷二《复晋川翁书》

可能让幕后利益相关方想尽办法进行迫害。最后的结果，可能不但自己的仕途和生命受到威胁，为民造福的愿望也会落空。

《史记》记载了战国时期的一个故事。赵国受到三个国家联合进攻，危在旦夕。群臣都在考虑后路，对国君襄子的礼节越来越怠慢，唯有高共不敢失礼。后来赵国反败为胜，对群臣封赏时，高共得头功。有人指出高共没有征战的功劳。襄子说："国家最危急的时候，群臣对我都很怠慢，只有高共敬我如常，所以他得头功。"

这个故事说明，人对认可的需求超过一切。卓吾深切了解这一点，他对人性的体察已经超越了善恶的区分，超越了对不良心性的厌恶和提防。人性在相互碰撞和磨合中，最宝贵的是信任，而达成信任的基础，是认可，是一个"敬"字。人在社会中，如果想做成事，必须了解和顺应人性的特点，以实现更崇高的目的。

《藏书》在南京出版后，取得巨大成功，士人学子纷纷抢购。而此时卓吾正在构思下一个更艰涩的项目，即《续藏书》。

《藏书》涉及的历史人物从春秋时代至元朝末期，而史料最丰富的明代君臣则没有涉及。主要原因当然是对当代人物的评价更容易引起争议，且易触犯政治上的禁忌。但卓吾明显不愿因为触犯忌讳而放弃这个用历史印证经义的绝佳机会。

卓吾认为经和史互为表里，要互相印证。如果只讲历史不与经义相印证，就成了琐碎的记录，不能让后世借鉴；如果只讲经义不与历史相结合，就成了讲空话，没有事实依据。所以《春秋》既是史书，又是经书。而《诗经》《书经》，都是二帝三王以来的历史。而《易经》又提示人们世道和经义都是变化的，人心不能拘泥不变。所以，经、史是一致的，如果说六经都是史书也是可以的。①

卓吾确定的《续藏书》写书原则，正是他推荐给刘东星的蛊卦。这一点在开国功臣的引言里表露无疑。②这个引言罕见地以奏疏的形式书写，以示对上位者的尊敬：

---

①《焚书》卷五《经史相为表里》
②《续焚书》卷二《开国小叙》

"臣李贽曰:我太祖高皇帝(朱元璋)盖千万古之一帝也,古代帝王可能只有商汤王和周武王可与之相比。但商汤王主要依赖伊尹,周武王主要依靠周公旦。而圣祖(朱元璋)从起义到即位,将近五十年的时间里,无一日不在体恤小民,无一时不在渴求贤良的人辅佐。他从托身皇觉寺的那一天起,就痛恨贪官污吏的虐民行为,希望得到天下造福万民。即便在行军打仗的时候,也时时警戒诸将,无一言不是出于对民众的同情,无一字不是出于真心,这才使得天下有才能的人都愿意归附他,愿意为他而死。"

随后卓吾评价了明朝前五位帝王,太祖朱元璋"宽仁大度"①"最惜才"②,建文"纯用恩",成祖"恩威并著",仁宗"纯用仁",而宣宗章皇帝"仁义并用而不失"。

不同于其他朝代,卓吾在这个引言中历数明朝前五位帝王时,描述均为正面,没有批评。但值得注意的是,只对太祖朱元璋和宣宗朱瞻基缀以"皇帝"二字,其他则仅称年号或庙号。朱瞻基之后的帝王,包括当时的万历帝,竟未提及。

在这个引言最后,卓吾表明写书的目的:"臣是以伏读而详著之,以见今者圣子神孙所以安享太平之故,当知无忘祖宗功德于无穷也"。

当时明朝历史中最敏感的事件,莫过于朱棣通过战争逼建文帝自焚而上位。在涉及这个事件时,卓吾尽量保持了中立的视角,对两边的功臣均有肯定,但仍不免处处表露对建文帝一边的同情。

卓吾对朱棣杀害宁灭九族也不肯屈服的方孝孺持批评意见,认为"一杀孝孺,则后来读书者遂无种也"。读书人、当权者只知道媚上和明哲保身,丢掉了正义和大丈夫气概,《西游记》的"女儿国"就是这样形成的。作为缓和,卓吾同时也批评建文帝的人格能让大臣为他而死,却不能培养有才能的人辅佐他③,否则明成祖朱棣也不会完成大业。

建文帝自焚后,多名有气节的大臣退隐山林,留下很多传说。在"殉国名

---

① 《续焚书》卷三《李善长》
② 《续焚书》卷三《冯胜》
③ "可谓能长养死难之人材,而不可谓能长养辅弼之人材。"(《续焚书》卷五《文学博士方公》)

臣"一栏中，卓吾极富同情地搜集了这些人后来的踪迹，留下了雪庵和尚、河西佣、补锅匠、东湖樵夫等的记录。

当年朱棣不放心建文帝已死，派心腹大臣胡忠安（即胡濙）前去调查。卓吾采信建文帝在云南或广州寺庙出家的传言，且相信当年胡忠安发现了建文帝的踪迹，但只回报朱棣说"无足虑"。

卓吾对胡的这种行为大加赞赏，认为他是在没有欺骗朱棣的前提下，对建文帝进行了保护，这种做法并不损害对朱棣的忠诚，反而更能赢得朱棣的信任，因为他成全了朱棣和建文帝叔侄的人伦，保护了朱棣的德行，所以是大忠的表现。①

明朝另一个比较敏感的话题是对嘉靖皇帝的生父的定位。由于明武宗无子，死后由其堂弟继位，即嘉靖帝。所以嘉靖帝的生父只是一个王爷，就涉及以什么礼仪祭祀的问题。当时的大臣席书上书建议以天子礼祭祀。嘉靖帝大为赞赏，将席书视为心腹亲信。对席书的历史评价，后人多有非议，但卓吾认可席书的做法。

席书早年曾在贵州担任提学副使。当时王守仁被贬任龙场驿丞，席书在知道王阳明反对官方认定的朱熹学说的情况下，还认可王阳明的才学，让贵州学子都去龙场向王阳明请教。对这件事，卓吾大加赞赏："当是时，人之尊信朱夫子犹夫子也，而能识知朱子之非夫子，唯阳明之学乃真夫子，则其识见为何如者！"②

冬天，澹然从麻城写信来，劝卓吾回麻城。卓吾回信，病苦渐多，死期迫近，明年就回龙湖，归葬塔屋。

---

① "无损于事永乐之忠，而反足以结文皇之宠，完君父叔侄之伦。"（《续焚书》卷三《胡忠安》）

② 《续焚书》卷三《席书》

万历二十八年庚子(1600)74岁

北上济宁

河道总督刘东星于上一年奉调山东济宁,听说卓吾在南京,就让刘用相写信邀卓吾到济宁小住。卓吾衣不大太冷,且正与焦竑研讨《易经》,邀刘用相来南京听他和焦竑讲《易经》。①刘用相接信后即来南京,一直跟随卓吾。

三月,春暖花开,刘东星沿运河乘船巡视到南京。当时卓吾刚开始新的写书计划,正在抄录整理《阳明先生年谱》。刘东星遣人冒雨接卓吾至船上促膝谈心。卓吾不觉船已启航,反应过来时已到金山之下。刘东星坚持请卓吾随他回济宁,卓吾又不忍搁下南京的书稿,于是刘东星又派人回南京取回书稿,卓吾这才安心随刘东星北上。②

在济宁,刘东星忙于公务不能陪卓吾时,就安排卓吾游览附近的名胜。卓吾参观了纪念李白和杜甫的太白楼和杜陵池,感慨伟人功业长存,一直被人纪念。卓吾还到曲阜拜谒了孔夫子庙,登上杏坛。在孔林中,看到桧柏参天,草木都很齐整,他感觉圣人的精神让草木山川都有灵气,鬼神自然呵护。③

"孔夫子至今已二千多年,历周、秦、汉、唐、宋、元以至今日,祭祀不断,子孙享泽,可以预见直至无穷。可见大圣人的识见、度量都是相似的,不只是释迦佛让人羡慕。

"可惜今人只看到圣人留下的文字,变成了条条框框来束缚人的思维,看不到圣人的思想精髓。

"释迦佛说法四十九年,竟然不留一字给迦叶,让他真正继承了衣钵。一千年后,达摩东来中国传法,也是不立一字,何其相似!然而迦叶却令阿难把佛经整理结集,遂成经、律、论三藏,又融入后人曲解,遂流毒万世。释迦佛传的是衣,不是法。区别是,传衣,法就是变化的、演进的;而传法,这个法是一成

①《续焚书》卷一《复刘肖川》
②《阳明先生道学钞》
③《续焚书》卷四《释迦佛后》

228

不变的，是死的。元代党怀英有诗云：

> 鲁国余踪堕渺茫，独遗林庙历城荒。
>
> 梅梁分曙霞栖影，松牖回春月驻光。
>
> 古柏尝沾周雨露，断碑犹载汉文章。
>
> 不须更问传家事，泰岱参天汶泗长。

这首诗说得已经很到位了。试想，什么东西能比周、秦、汉、唐、宋、元更长久呢？"

在刘东星资助下，包含卓吾亲自编写的《阳明先生年谱》的《阳明先生道学钞》付印。由于在南京刚完成《易因》的编写，两书对比联想，他隐隐感觉王阳明的成就有《易经》的助力[1]。

基于对王阳明的研究再反过来读《易因》时，卓吾又有了新的体会，他马上写信给正在南京校订《易因》的学生汪本钶继续修正。他还告诉汪修改文章的一个窍门，要读出来。"又将《易因》对读一遍，宜改者即与改正。且再读一遍，亦自讽诵了一遍，自亦大有益也。"[2]

每当卓吾有了新的想法，他就难以抑制自己的兴奋，甚至"发狂欲大叫"，感觉自己每天都有进步。人只要还活着，就要进步，就算死了，精神也能继续进步，只有这样，才是不死的人。[3]

刘东星为了表达对卓吾的敬重，特意分出自己的出行仪仗供卓吾用。这样一来，卓吾外出游览时，坐在肩舆（由多人肩抬的竹椅）上，上有黄伞遮阳，内圈由芝佛院带来的和尚环绕，外圈由官兵护卫开路，形成奇特景观，惹人注目。（参照如下《西游记》原文）

那当驾官即备大轿一乘，黄伞一柄，锦衣卫点起校尉，将行者八抬八绰，大四声喝路，径至金光寺。自此惊动满城百姓，无处无一人不来看圣僧及那妖

---

[1] "于是乃敢断以先生之为足继夫子之后，盖逆知其从读《易》来也。"（《阳明先生道学钞》）

[2] 《续焚书》卷一《与汪鼎甫》

[3] "我此处又读《易》一回，又觉有取得象者，又觉我有稍进处。可知人生一日在世未死，便有一日进益，决无有不日进之理；不有日进，便是死人。虽然，若是圣人，虽死去后与活时等，决时时进。唯时时进，故称不死底人。"（《续焚书》卷一《与方伯雨》）

贼。八戒、沙僧听得喝道，只说是国王差官，急出迎接，原来是行者坐在轿上。呆子当面笑道："哥哥，你得了本身也！"行者下了轿，揽着八戒道："我怎么得了本身？"八戒道："你打着黄伞，抬着八人轿，却不是猴王之职分？故说你得了本身。"行者道："且莫取笑。"

《西游记》第六十二回《涤垢洗心惟扫塔　缚魔归正乃修身》

游览的仪仗引起一些人的不满。济宁有官员名谢肇淛，也是福建人，如此描述卓吾：

"近时吾闽李贽，先仕宦至太守，而后削发为僧，又不居山寺，而遨游四方，以干权贵，人多畏其口而善待之。拥传出入，髡首坐肩舆，张黄盖，前后呵殿。余时在山东，李方客司空刘公东星之门，意气张甚，郡县大夫莫敢与均茵伏。余甚恶之，不与通。"①

他们对一个年老体弱的和尚坐在肩舆上感到愤愤不平。殊不知他们眼前的这个人的精神，正像燎原之火在中国大地上蔓延。除了署名的《焚书》和《藏书》，还有未署名的《西游记》。他在历史上的分量和影响力，超过时人最狂放的想象，岂是一架肩舆所能承载，一顶黄伞所能覆盖？

---

① 谢肇淛《五杂俎》卷八

避难黄柏山

卓吾本来就打算在本年暑期过后即从南京回麻城，现在既然在济宁待到了秋天，又因老年多病，自感时日无多，遂取消了回南京的计划，决定直接回麻城。就这样，在外游历的第四个年头，卓吾又回到了湖北。四年前是刘用相接去，如今还是刘用相送回。卓吾对这个学生依依不舍，料想此一别后会无期，临行送他一个字，即"大"。

刘用相虽聪明好学、细致体贴，但被刘东星夫妇保护得太好，像是躲在父亲羽翼下的小鹰。卓吾勉励他，不能终身受人庇护，"居家则庇荫于父母，居官则庇荫于官长，立朝则求庇荫于宰臣，为边帅则求庇荫于中官，为圣贤则求庇荫于孔、孟，为文章则求庇荫于班、马"，其实这都是小孩子的心态。而真正的豪杰，要庇护别人，这是卓吾赠其"大"字的含义。[①]

令卓吾始料未及的是，回到麻城不久，自己的病就减轻很多。他开始计划下一个写书项目，在给友人的信中写道：

"今年病多，身体越来越不行了，所以想赶到这个埋骨的地方等死。不料一到塔屋里，病就痊愈了，随后不久又病了。人老了，如风烛春寒，离结束不远了。生病的时候，万念俱灰，安坐等死；病一好，又活跃起来，有无穷的想法。可知千古圣贤也没有人能降伏这颗躁动不安的心啊。

"现在最紧迫的有两件事：

"第一件，我在芝佛院这些年，辛苦这些僧人辛勤服侍，陪我万里驱驰。他们每天都读《法华经》，我想把我理解的经义再结合先辈的注解，逐段解释，抄录整理，让他们明白此经大旨。另外这些年来我收录了很多先辈的好诗好偈，包括仙家好诗、儒家通禅好诗，都堪以劝诫，堪以启发人的心志，至今已有三百多页。整理出来以后，大家闲时可以长歌数首，积累多了可以让心地开阔，就算是不开阔，只会背诵，也足以惊世骇俗，不辜负大家服侍我这么多年。只怕突然死去，不能完成这两个书稿，成为终生遗憾。这是我的一个牵肠债。

"另一件事，我和焦竑在南京出版了《易因》，虽然焦竑觉得很精当了，但我

---

①《焚书》卷二《别刘肖川书》

觉得还有不足。为什么呢？文王因象而设卦,因卦而立爻,孔夫子就卦爻之象而解释,极易看,又极难看。什么意思呢？后儒不知圣人之心,只求高远,越解释越穿凿附会,至今已经不成文理了,怎么能达到修身、齐家直至平天下的目的呢？文王写《易经》的时候,字字皆肺腑,一人之心通乎天下古今人之心。但后来却成了算命的书,当然这也是这本书没有被秦始皇烧掉的原因。但后世人却用它来讲道学欺骗世人,而不是用以揭示社会和人生发展规律。到了朱熹,竟然用抽签的方式决定吉凶。所以我时时重读,时时又觉得不妥,现在又修改了十二卦的注解。这件事没有一两年的时间完不了。

"心里有这两件事,所以一直还未甘心死去。等完成这两件事再死吧。所以现在心里没有一刻闲暇,不知老之将至。可笑啊！完成这两件事,死可瞑目。"①

朱熹曾在上书直谏和沉默不言之间犹豫不决,占卜得遁卦,以为天意,遂辞官归隐。在卓吾看来,虽然人生境遇往往触发于人与人交互的一念之间,是随机的,但人应对境遇的决策不能是随机的,而要遵循社会人心的规律。

就像人们用生日、属相等方式总结性格特点,得到好的启示一样,有时占卜也能得到好的启示。这只不过是因为占卜的结果与自己本来的心意产生了共鸣,所以实际还是自己心理的反射,而不是神在发号施令。

《易经》是建立在对人性深刻把握的基础上,总结出的规律性的东西。孔子晚年读易"韦编三绝",恐怕也是欣赏这种规律性和表达的方式。所以《易经》是用来启发思维的,不能不假思索、按随机抽签的结果来确定自己的人生决策。

这种对《易经》理解的分歧更深层次的来源是,朱熹认为天理和人心是两种不同的东西,一个高贵,一个卑下,所以要"存天理、灭人欲",而卓吾认为两者没有不同,人心相互碰撞的结果就是天意,天意在世间的运作就是人心的运作。(参照如下《西游记》原文)

太子道:"这厮又是胡说。自古以来,《周易》之书,极其玄妙,断尽天下吉凶,使人知所趋避,故龟所以卜,蓍所以筮。听汝之言,凭据何理,妄言祸福,扇惑人心!"

《西游记》第三十七回《鬼王夜谒唐三藏　悟空神化引婴儿》

卓吾回到芝佛院的消息很快传到了武昌。新任的湖广监察御史冯应京收到举报,随即决定从铲除芝佛院入手,纠正辖区"风化",作为政绩,遂指示地方官拆毁芝佛院。

这个冯应京素有清名。著名事迹是在母亲病逝后的三年不吃肉、不行房。他靠这样的名声逐步升至监察御史。一个人如果连房事也要当成资本布告天下,可以想见对名声贪婪到何种恬不知耻的程度。此人不但顽固好名,且刚愎自用,对于异于正统儒家的思想都认作有伤风化。这是卓吾批判过的典型的危害比贪官还要大的清官。

接到捣毁芝佛院的指令后,地方官虽不得不执行,但也忌惮与卓吾交往的官员的势力,不想闹出人命来。在行动之前,有官差暗地把行动计划告知杨定见。所以卓吾有充足的时间遣散芝佛院大部分僧人,仅留不愿离去的跟随,带着书稿,向北至200里外的黄柏山逃亡。卓吾一行离开的第二天,官兵至芝佛院,将空无一人的佛堂和塔屋付之一炬。

值得一提的是,这个冯应京随后在本年十二月即卷入了武昌税监陈奉案。

陈奉名为税监,实为万历帝搜刮民财的亲信太监。他在武昌收受贿赂、欺男霸女,激起民众义愤。冯应京刚正不阿,与其正面冲突,揭露他的恶行。民众在这样的激励下起义暴动,引发官兵镇压,导致兵民多有死伤。陈、冯二人各自上书指责对方,而万历帝对稳定的重视远远大于对贪贿的痛恨,竟然把冯应京下狱,偏袒陈奉。当年很多武昌民众在家中供奉冯应京画像,表达对朝廷处理方式的不满。三年后,冯应京出狱,又三年,在52岁时去世。这个享受很多武昌人活祀的青天大老爷、儒教卫道士,据传在死前皈依了天主教。

每个人的行为都是个人的一念选择,但汇成的历史结局却不是任何个人或神佛所能左右。这些结局往往并不符合一时一地的逻辑推理,甚至往往在表面上反逻辑、反常识、反正义,然而从更大时间尺度上却暗含因果,毫无差池。这就是天理人心的运作方式。

万历二十九年辛丑(1601)75岁

三教归一

马经纶是通州人,万历十七年中进士,先后任肥城知县和御史,后因触怒当权者被贬斥为民,回通州老家隐居。他读过《焚书》后对卓吾大为钦佩,一年前得知卓吾在济宁后,特赶去结识,相谈甚欢,同游济宁和曲阜名胜。他尊卓吾为师,而卓吾则以其为知己。

马经纶听到卓吾逃亡的消息后,毅然从通州赶赴黄柏山。十月,黄柏山大雪封路,马经纶冒雪艰难跋涉三十里,终于找到卓吾一行的住处,以家资供养卓吾一行,并邀请卓吾到通州,希望可以朝夕请教《易经》的问题。

在芝佛院被焚的悲愤中,马经纶的行为让卓吾大为感动。这时刘东星在济宁也托人带来口信,让卓吾到山东去。焦竑也来信让卓吾去南京。而卓吾是那种愿意接受礼遇但不愿接受庇护的人。他早就说过,希望死在知己身边,如果不能,则死于不知己之手以"泄愤"①。在提出接纳他的三个人中,马经纶只是一个被罢黜的小官,势力最小,家资最不丰厚,但貌似接受马经纶的建议去通州,更符合他理想的死法。他最终接受了马经纶的提议,打算开春之后就去通州。他隐约感到冥冥之中的命运正把他逼到那个赴死的地方,同时也在成就他,躲也躲不过,不如顺应。

他后半生致力于摆脱对物质的追求和思想上的执念,他已经做到了不拥有任何值钱的东西,唯一的例外就是芝佛院那个四处化缘得来的佛塔,名义上归在他名下。现在随着这个佛塔被付之一炬,唯一的执念也被抹杀了。他像是还掉一项债务,反而感觉到一丝轻松。现在真的实现无牵无挂了。无挂碍则无恐怖。他感觉自己已经是无所畏惧了。

卓吾自知时日无多,在黄柏山夜以继日,终于用一个冬天的时间完成了承诺过的三教语录的编撰。

①《焚书》卷四《五死篇》

在佛教语录的引言中，卓吾简单回顾了从云南辞官以来的经历，历数与耿定理、周思敬、周思久、无念的友谊，感谢芝佛院僧人的服侍照顾。卓吾最后说，他今年75岁了，随时可能故去，为什么还伏在书堆里，笔墨常润，砚时时湿呢？并不是要为大家说法或教育大家。这些辑录的圣贤语句，读来可以启发自己的心性，他想以此报答跟随僧众二十年来的殷勤照顾。[①]

卓吾还把道教的精彩语录结集成《道教钞》，在序言[②]中说，"道家以老君为祖，孔夫子也曾向其学习。你看看他讲给孔子的话：聪明而又深刻地评论别人，凭渊博的学识揭露别人的短处，都是危及自身的行为；为人处世的保全之道，不要放不下心中那个'我'，而要达到无己的状态。[③]从这几句话不难想见，万世以后的学者还是要时时佩服他，将他的话铭记于心。一时忘记，则骄气作，态色著，淫志生，祸至无日矣。我都快死了，还是经常违背老子劝诫，差点搭上性命，你们怎么能不把他的话铭记终生呢？这也是为什么和尚也要知道道教的语录。老子的《道德经》应一直放在案头，出行则随身携带，以便随时读。关尹子的《文始真经》，与谭子的《化书》，都应随身读，里面讲的道理与释迦佛讲的没有区别。"

最后在儒家语录集的序言中，卓吾深情地回顾了自己的学术思想的转变：

"我从小受儒家教育，尊敬孔子但不知为何尊敬。就好像一个矮子站在众人身后看戏，别人说好，我也跟着叫好。又像一条狗，听到别的狗叫，自己也叫起来，如果问什么原因叫，就答不上来了。这就是我五十岁以前的情景。五十以后，得了一场大病，差一点死去，在朋友的建议下，阅读了佛经，对生命的本源有了一点心得，反过来再看《大学》《中庸》，才知道儒家的宗旨。这些想法已经写在《道古录》里了。然后研究《易经》三年，现有《易因》出版。我这才感觉对孔子有了了解，不做那个跟着叫的狗了，以前的矮子也成了司马迁形容孔子一样的长人了。我有这样的进步，师友们功不可没，所以想与身边的僧侣们分享我的心得，让他们知道万古一道，无二无别。这与我朝太祖高皇帝刊示的《三

---

①《续焚书》卷二《释子须知序》
②《续焚书》卷二《道教钞小引》
③《史记》记载，老子赠给孔子的三句话是："聪明深察而近于死者，好议人者也。博辩广大危其身者，发人之恶者也。为人子者毋以有己，为人臣者毋以有己。"

教品刻》的思想也是一致的。"①

马经纶的父亲马历山对儿子新结交的师友非常感兴趣,来信请教关于三教合一的问题。卓吾认真作了回答:

"为学的目的就是穷究自己生死的根本,探讨自家性命的下落。有弃官不顾的人(指孔子),有弃家不顾的人(指老子),又有视自己的身体为无有,俭衣陋食,喜鹊在头顶上筑巢也不觉的人(指释迦佛)。没有别的原因,这都是爱性命爱到了极点。谁不爱自己的性命呢? 大部分人单爱这个不过百年的七尺之躯,而不知自己性命悠久,实与天地共存直至无穷。

"只有三教大圣人知道了这个秘密,所以竭尽平生之力来寻求答案。他们都找到了答案,只是在表达和实践上有所不同。道家叫'哆地一声',佛家叫'未生之前',儒家叫'未发之中',其实都是一样的。这就是三教大圣人同为性命之宗的原因。在这以下,都不是性命的学问。其他的各种著书立言,以期垂训后世,都落在好为人师的毛病上,欺世盗名罢了。"②

"《大学》开篇就点明了最重要的事,即'明明德',这个'明德'本来就是每个人自有之物,人人都有的智慧,上与天同,下与地同,中与千圣万贤同,别人不比我多,我也不比别人少,所以每个人都可以成为圣贤③。每个人都可以一念顿悟,达到佛的境界。"④

"南宋的陆九渊能说出'宇宙便是吾心,吾心即是宇宙',悟出过去、现在、未来的圣人同此心、同此理,说明他悟道了,而且是生而知之的圣人。这并非是从孟子的学说推导的,援引孟子的目的只是为了自证。

"王阳明自幼参玄、养生、学佛,总之没有悟道,直至龙场,在极其困顿的时候,才彻见真性,所以他属于困而知之的圣人。后来他先是强调先知后行,后又言知行合一,又言静坐,最后才定在'致良知'三字上。让大家以为他的学说是从《大学》《孟子》推演出的,只不过是他深思熟虑后为了脱祸才想到的办法。因为当时朱熹的学说占统治地位,而朱熹是明确反对禅宗的。

①《续焚书》卷二《圣教小引》
②《续焚书》卷一《答马历山》
③《续焚书》卷一《与马历山》
④《续焚书》卷一《复马历山》

"明代著名大儒陈献章也悟到了'本来面目'，但何曾露出半句禅宗的话？不然也不会从祀孔庙。这些事例都说明，真正悟道的圣人，悟出的道理是一致的，儒释道只是表面上的区分。"①

利用三教语录汇编和与马历山的通信，卓吾总结了一生学术思想的精华，正式宣告实现三教的贯通，在流离中获得了一种圆满。

杨定见离家一个冬天，家中还有妻儿老母。卓吾命他不必跟随，即刻回麻城照顾家人。他知道此一别即是永诀，所以对杨定见反复叮嘱，在上述引言的末尾点名加以激励。杨定见收录了这些书的副本，带回麻城保存。卓吾还将自己编撰的《杨升庵集》和第二次点评的《水浒传》送他留念。杨定见陪伴卓吾一行离黄柏山向北送出几日后，洒泪而别。

卓吾一行一路北上，途中多有他和马经纶的故旧好友招待，多有酬唱，倒也自在。途中一日静夜读书，至描写被匈奴掳到北方的蔡文姬的《胡笳十八拍》和《悲愤诗》时，卓吾不由"悲叹哀伤，五内欲裂"。②

东汉末年，蔡文姬先是因战乱被掳，在胁迫下嫁给匈奴。育有二子后，又被汉朝赎回，被迫与爱子分离，再被强迫嫁给汉人。强盗和政权一直粗暴地决定着她的命运，从来没问过她的意见。

卓吾感叹人生之苦，无可逃脱。诗中"常流涕兮眦不干，薄志节兮念死难，虽苟活兮无形颜"一句，卓吾认定是"真情"。

卓吾深深感受到蔡文姬受到的侮辱和流离之痛，直言还不如一死来得痛快稳便。但死又谈何容易，恐怕只有圣人才能安心赴死。卓吾反复吟哦，渐渐感觉死亡也没有什么好怕的了。

这是卓吾留下的最后一篇文艺评论。

卓吾一行于四月份到达通州，寓居马经纶在通州城东南的家庙莲花寺。

礼部郎中汪可受一向以师礼事卓吾，赶来莲花寺探望。为表示对礼部官员的礼貌，卓吾在秃头上戴了一顶儒帽，对汪可受行儒家的拱手礼。汪可受感觉又好笑又诧异，问他为什么又成了儒家。卓吾答，"以前我读孔子的书，心里

---

① 《续焚书》卷一《答马历山》
② 《续焚书》卷四《书胡笳十八拍后》

并没有被降伏。现在看《易经》，才知道我不如孔子，所以对你用儒家礼节。"

　　汪可受关心地询问他在麻城的遭遇，卓吾答："烧掉芝佛院不关我的事。有手在，安得人打不打？有口在，安得人骂不骂？"汪可受终于忍不住笑曰："依旧卓吾老子也！"①

---

①《畿辅通志》卷一六六，汪可受《卓吾老子墓碑》

观史解经

卓吾在莲花寺加紧修订《易因》，同步进行的还有专述明朝历史人物的《续藏书》。从他为《续藏书》写的史评中，卓吾再次强调，用历史人物的社会人生遭遇来印证《易经》的思想是一条互相启发的捷径。①

"孔夫子说：'为君难，为臣不易。'这虽然是说给鲁定公的话，但此后的千万世的君道、臣道莫过于此。

"君之难，难于得臣；臣之难，难于得君。所以夫子在另一个场合说'为天下得人难'，这是说君主的难处。又说'获于上有道'，这是说为臣子的难处。只有君主知道难了，才能广纳雅言，就像我朝太祖高皇帝一样，致力于求得人才；臣子知道了与君的沟通不容易，自然会慎重，务必委屈求全让结果不至于偏离初心。这样一来，难的事就变容易了。这是一定要探求的道理、实实在在的学问，跟那些为了取悦君主而陷害君主的人不可同日而语。

"我朝不设宰相，几任做到高位的人都获罪而死，说明了得臣之难。然而君臣就像手足，要互相配合才能发挥作用，所以文皇（朱棣）又设内阁，解缙成为第一任首辅。解缙是个天才，不但当时杰出，后世的阁臣也难以跟他相比。而老成如李善长、天才如解缙都获罪而死。可见孔夫子所谓'为君难，为臣不易'的话是多么痛切啊！

"蛊卦上九卦辞说：'不事王侯，高尚其事。'王侯有事，而臣子不从事王侯之事，反以高尚为事，这种相向而行，是失败的交互，让双方都陷于迷惑，这是蛊卦的意思。

"蛊卦上九的象辞说：'不事王侯，志可则也。'既然不从事王侯之事是一种迷惑，下位的人反说志向可遵循，是用赞誉的方式来纠正。所以孔夫子于六五处申明'干父用誉，承以德也'。

"就像儿子用赞誉的方式承载父亲的志向，则父子之情通畅无间，然后做起事来顺遂，目的可达。父亲儿子同心同德，情意相通，就不会受到蛊惑了。这就是初六位置上解释为'有子，考无咎'的原因。何必以不做事为父亲的过错？

---

① 《续焚书》卷二《史阁叙述》附刘东星《史阁款语》

儿子的作用不就在于委婉纠正父亲吗？这就是卦辞'蛊，元亨而天下治'的意思。

"当年太祖皇帝让大家畅所欲言，解缙就上了一个无益的万言书，其实甚为不当。为臣子的只需从容地做顾问就可以了，即便有话说，也要先表扬，而不必寻求忠谏的美名，置君主于忧愁和危险的境地。为什么呢？踩老虎的尾巴，首先要保证它不吃人，而世间没有不吃人的老虎，这就是《易经》的告诫。解缙虽然在高祖时能免死，到了成祖时就逃不掉了。[1]

"解缙这样的大学问家读书不可谓不多，而《易经》反而不读，或者读了不了解含义。到了内阁首辅这样的位子，因为书没读好导致事不能办成，不是太可惜了吗？这是研究君道和臣道的意义。"

卓吾将这篇文章与其他论史的文章寄给刘东星校阅。刘东星回忆起一年前两人在济宁时的一次谈话，与文章中的观点一致。当时刘东星就质疑说，"如果把勇往直前者都指为轻进，大胆开口的人都判为好名，那臣子都正坐不语，怠缓了国家大事，使朝廷和社会无所倚托，又如何是好？"

卓吾当时答道："你说的那些人都是患得患失的人，贤者不屑为之。我为上上人说法，让贤人进一步成为文王、孔子那样的大圣人。只有采用委婉的方式，才能把事办成，才能有益于君。这些都是《尚书》《周易》里写着的，没有人理解罢了。哪个大臣不愿意做文王、孔子呢？[2]

刘东星的真正疑惑是，卓吾所主张的和光同尘、委曲求全，不正是大多数普通人的表现吗？理想中的圣贤好像不应该如此作为。而卓吾发现的道，不是基于高深理论的神机妙算，也不是超凡脱俗的特立独行。它就隐含在所有人的行为当中，裹着平凡甚至卑贱的包装。当抹平了圣人和凡人的区别时，人才能真正走上圣贤之路。

人和人之间的信任如此宝贵，以至于卓吾像搜集珍宝一样挖掘历史中的案例。他赞赏那些君臣亲密无间的合作，如周文王与姜子牙、齐桓公与管仲、刘邦与张良，都是反复提及的例子。他认为只有这种君臣关系才是成就功业

---

[1] 解缙因屡次直言进谏惹怒朱棣下狱，死于狱中。
[2]《续焚书》卷二《史阁叙述》附刘东星《史阁款语》

的先决条件。

朱棣和谋士姚广孝的配合就是另一个绝佳的例子。当年朱棣从北京起兵"勤王"，主要推动者就是姚广孝。朱棣对姚广孝言听计从，确立了从北京直插南京夺取政权的方针，是险棋也是妙招。朱棣还把自己的后方供给交由姚广孝和大儿子负责，可见对姚广孝的信任。卓吾认为这样的合作，做事无有不成。

卓吾对谁当皇帝才是正统并不纠结，这倒不是因为现任的皇帝是朱棣的直系后代，而是因为，他更关注这个政权是否有利于国家的稳定。朱棣和姚广孝的配合，奠定了其后两百年的社会稳定。稳定带来的繁荣让民众得到了实惠，足以获得卓吾的认可。基于这样的想法，在马经纶陪同下，他特意到供奉姚广孝的北京崇国寺祭奠。①

蛊卦所揭示的君臣、父子交互的原则，其实可以推广到所有的社会关系中，夫妻、师友、兄弟莫不如此。任何人际关系的理想境界都是志同道合。

前一年三袁中的老大袁宗道去世，三弟袁中道接大哥的灵柩回湖北，顺道来通州看望卓吾。

小修很认真地劝卓吾不要吃荤，卓吾问："为什么？"

小修答："怕阎王怪罪，不让托生净土。"

卓吾想逗他一下，说："阎王本人就吃荤，他怎么敢怪罪我？我是禁杀不禁嘴，差不多也可以免罪了。孟子说：'七十非肉不饱'。我老了，虽然剃了发，但还留着胡须，还信奉儒教，所以可以吃肉。"

小修还是很坚持，"孔圣人为了祭祀要远离庖厨，也是不吃荤的意思；孟子说'非肉不饱'，那是给普通人说的，不是给李卓老说的。希望不要如此搪塞！"

卓吾看他如此认真，也只好说，"我一生有洁癖，凡是世间的酒色财，没有能污染我的。我今年75岁了，所有行为都能面对鬼神而无愧，所以鬼神也不会因为这点小毛病而为难我的。"

小修继续认真地说："如果先生生活在深山密林中，与世隔绝，吃荤无妨。但现在您的名声远播，都知道您弃家学道，做出世人豪。大家都盯着您，十目

①《续焚书》卷三《读史汇·姚恭靖》

241

所视,十手所指,有一点不谨慎,学道的人就生退悔之心,让有志向的人引以为恨。所以我劝先生不要吃荤,为有志于学道的人鼓劲。忍一时之口嘴,而可以度一世人士,先生又何惮不为?"

卓吾闻言而喜,说:"如果能让别人真实向道,我愿以断一指为誓,绝不吃荤。"①

卓吾对吃荤、吃素这些形式上的东西向来不以为意。真正让他高兴的是,小修活学活用蛊卦的精神对他进行了说服,让他心悦诚服地接受了建议。这正是他一直强调的把《易经》的原则应用于对社会人生规律的把握。他非常欣慰,觉得这个小徒弟可以毕业了。

在莲花寺近一年的时间里,卓吾完成了《易因》的修订和《续藏书》的编写。马经纶感慨其中的波折,建议说,古人说新谱的音乐至少演练九遍才达到完美的状态,丹药需要提炼九次才是最佳的火候,《易因》经过这么多次修正,可以定名为《九正易因》。卓吾非常高兴地接受了这个建议。②

至此,卓吾在麻城塔屋承诺的两件事都完成了。

---

①《续焚书》卷二《书小修手卷后》
②《李贽全集注》卷十五《九正易因序》,北京:社会科学文献出版社,2010。

万历三十年壬寅(1602)76岁

牢狱之灾

卓吾写书的心愿已了,原来紧绷的一口气松弛下来,体力迅速消退,病情恶化。虽然卓吾对于能死在知己身边深感宽慰,但这对于马经纶来说,却是极不公平的。

卓吾回想起自己青年时代,听信俗人关于风水和葬仪的意见,为给自己的爷爷和父母亲寻风水宝地、买好棺木,在资费不足的情况下,父母多年未能正式下葬,最后同祖父一起安葬时,自己花光了所有积蓄,沦落到穷苦不堪的境地。现在虽然马经纶有一定的家资,以他的仗义个性,必然按四品官的传统礼仪为自己操办葬礼,那将是一笔巨大的开销。此后马经纶还要负责遣散跟随自己的僧众。这些开销全部让这个相识不到三年的朋友承担,自己如何心安?

二月五日,卓吾在病中写下遗言,详细规定了自己的下葬仪程。这不是任何宗教的程序,也并非是对任何古人的模仿,更不是他要标新立异,独树一帜。在严格的规定中,透露出节俭的初衷,以及对生死的淡定超脱。[①]

"春来多病,很快就要死了。能死在好朋友手里,是最难的,也是我的幸运。我死后,选城外高处,在南坡挖一个坑,长一丈,宽五尺,深六尺。在坑的底部,再挖一个二尺五寸深、六尺半长、二尺五寸宽的小坑,坑底铺五张芦席,将尸体放在席上。这样我就清净了。心安即是乐土,不要太俗气,听从一些俗人的话,搞好看的棺材和仪式,那样只能伤害我的本心。虽然马经纶有钱厚葬我,但终不如安我的心更重要。这是第一要紧言语。只有按我的话做,我的灵气才能穿透这个坑得到超脱。

"未入坑时,将我放在一个门板上,死时穿什么衣服就穿什么衣服下葬,不要为我换新衣,让我魂魄不安。但脸上要盖一块布,头安放在枕头上,全身用白布床单盖住,用裹脚布把全身裹起来成一个'廿'字。黎明时由四个人悄悄

---

①《续焚书》卷四《李卓吾先生遗言》

抬出,置于上述芦席之上,门板还要拿回来还给主人。在安好的尸体上,横担二三十根木棍,木棍上再铺五张芦席,然后把原土填平筑实,加浮土隆起,周围栽以树木,墓前立一石碑,题'李卓吾先生之墓'。字四尺大,可托焦竑书写,想必他不会拒绝。

"跟随我的僧众,有真想要守墓的,相信马经纶会有安置。不想守墓的可听其自去。我生前都不让亲人跟着我,死后也不需亲人看守,此理易明。

"幸勿移易我一字一句!二月初五日,卓吾遗言。幸听之!幸听之!"

后人有人凭此埋葬方式断定卓吾皈依伊斯兰教或家族受伊斯兰教习俗影响,实为不理解卓吾的学术思想的表现。正如卓吾曾写给梅国桢的偈言:"莫夸家里富,家富令人丑。若实到家人,一毫亦无有。"[①]他实际上在践行"赤条条来去无牵挂"。

此后马经纶完全依此遗言将卓吾安葬。1983年因原址施工迁至现北京西海子公园。

但若以此说卓吾的埋葬理念与伊斯兰教义心意相通则未为不可。实际上,在卓吾的观念里,已经没有了对教派和教义的皈依,这些教派和教义,如同"壁里安柱",都是找到大道的路径,不是目的。

卓吾曾在南京和济宁多次见到意大利传教士利玛窦,听他讲耶稣基督的故事,对耶稣基督和利玛窦都有好感。利玛窦告诉卓吾,耶稣基督是世上唯一一个没有罪的人,而世人把他同小偷和强盗一起送上绞刑架。耶稣就是这样以无罪之身赴死、为有罪之人赎罪。听完利玛窦的话,卓吾默然,内心却深深感到震撼。如来被歌利王割截身体,文天祥慷慨赴刑场,古今中外杀身成仁的义士所思所想竟然如此相近,人类的心灵果然是相通的。这种情怀,统一于对真理的追求和信仰。但不幸的是,这些伟大灵魂的共性往往被宗教的标签掩盖,让大家更关注形式上的区别,如穿什么衣服、梳什么发髻、读哪本经书、吃不吃肉,等等。一旦捕捉到这些形式上的东西,就急于把人进行归类。这也看出《金刚经》强调的不入相是多么重要。

前一年九月,工部尚书兼河漕总督刘东星卒于河漕任上。随着这位一直

---

① 《焚书》卷六《偈二首答梅中丞》

崇敬和护卫卓吾的镇山太保的故去，朝廷上的妖风渐起。本年闰二月，礼科给事中张问达上疏劾奏卓吾。

对于卓吾的学术思想，奏疏中评价为："李贽壮岁为官，晚年削发，近又刻《藏书》《焚书》《卓吾大德》等书，流行海内，惑乱人心，以吕不韦、李园为智谋，以李斯为才力，以冯道为吏隐，以卓文君为善择佳偶，以司马光论桑弘羊欺武帝为可笑，以秦始皇为千古一帝，以孔子之是非为不足据，狂诞悖戾，未易枚举，大都刺谬不经，不可不毁者也！"

对于卓吾的品行，奏疏中极尽造谣之能事，"尤可恨者，寄居麻城，肆行不简，与无良辈游于庵院，挟妓女，白昼同浴。勾引士人妻女入庵讲法，至有携衾枕而宿庵观者，一境如狂。又作《观音问》一书，所谓观音者，皆士人妻女也。后生小子，喜其猖狂放肆，相率煽惑。至于明劫人财，强搂人妇，同于禽兽，而不之恤。迩来缙绅士大夫，亦有捧咒念佛，奉僧膜拜，手持数珠以为律戒，室悬妙像以为皈依，不知遵孔子家法，而溺意于禅教沙门者，往往出矣。"

对于处理建议是："近闻贽且移至通州，通州离都下仅四十里，倘一入都门，招致蛊惑，又为麻城之续。望敕礼部檄行通州地方官，将李贽解发原籍治罪，仍檄行两畿各省，将贽刊行诸书，并搜简其家未刊者，尽行烧毁，毋令贻祸乱于后，世道幸甚。"①

类似的事件在二十多年前何心隐身上就发生过。当时何的结果是被地方官杖毙。再往前就是王阳明。王阳明当时已死，仍有个叫赵息诚的官员上疏建议焚其书、禁其徒，把他从孔庙从祀的地位上撤下来。理由是王阳明学派广收门徒，非议孔子，诋毁朱熹，蛊惑世道人心。②

一个稳定的政治系统会对循规蹈矩形成一种近乎偏执的热爱，随之而来的是对特立独行的提防甚至厌恶。因为只有循规蹈矩才能给自己带来安全感。奏疏营造了一个目无权威的思想狂人、目无法纪的地痞流氓、蛊惑人心的说法教主的形象，成功触动了当权者憎恶倾覆的心理。由于武昌和苏州在前一年都发生民众暴动，政治上对不一样的声音如风声鹤唳。诬陷卓吾的奏疏

①《明神宗实录》卷三六九
②《明神宗实录》卷一一

巧妙利用了这种恐惧，比当年诬陷王阳明或何心隐的奏疏更不顾及逻辑上的自洽。

万历帝朱翊钧在奏疏上批示道："李贽敢倡乱道，惑世诬民，便令厂卫五城严拿治罪。其书籍已刊未刊者，令所在官司尽搜烧毁，不许存留。如有党徒曲庇私藏，该科道及各有司访参奏来，并治罪。"

当一个时代把它的"祥瑞"抛弃的时候，就是走向终局的开始。向前看，二百七十六年的明王朝接近尾声，只剩下最后四十二年的气数，而人心的局限和蒙蔽无明，则看不到尽头。

当时卓吾在莲花寺已卧病三月，仅余喘息，官兵叫门要"捉拿妖人"时，马经纶匆匆将卓吾唤醒，说"卫士来了"。卓吾没想到濒死之人还能经历这样壮烈的一幕，官兵对自己的称呼竟然跟当年逮捕何心隐时的称呼一样。他知道除了他没人能当得起"妖人"两个字。有一丝震惊，也有一丝兴奋。他从床上弹起来快走几步到门口，大声对侍者道："是为我也。为我取门板来！"

侍者将早就备好为他送葬的门板抬来，卓吾躺在门板上说，"快走，我罪人也，不宜留！"马经纶扶着门板随官兵涌出，卓吾制止他说："你既被朝廷罢免，不宜入皇城，且家有老父需要你照顾。"马经纶说："朝廷以先生为妖人，我藏妖人者也。死则俱死耳，终不令先生往而已独留。"到了通州城外，家人和朋友将马经纶拦住，告诉他父亲马历山不让他去北京。马经纶不听，一直陪护卓吾，直至镇抚司监狱。

第二天，两个狱卒架着两腋将卓吾拖至大堂，卓吾俯卧在台阶上，由负责京城治安的金吾亲自审问。金吾问："你为什么写那些违法的书？"卓吾答："罪人我著书甚多，俱在，于圣教有益无损！"金吾被这个倔强的回答逗笑了。他早就听说了卓吾的名声，知道他的书没有什么大问题，无所拷问，但如何处理还要看上面的意思，即命将卓吾收监。

马经纶一边多方奔走上书为卓吾申辩，另一方面买通狱卒，为卓吾调配干净的单人牢房，并设置书桌和笔墨纸砚。

卓吾安然听命。他最喜欢的苏东坡在相当一段时间里也是作品被封禁、焚毁，但最后成了官方的免费宣传，让苏东坡的书传播更广。他知道越是没有道理的牢狱之灾越是可以偿还那些他得罪过的人的旧账，极苦的境遇正是开启极乐的大门。每一件事都在转化，寻求平衡，因乐得苦是因果，因苦得乐是报偿，这就是矛盾轮回转化的自然规律。①所以卓吾安心坐牢，不但不参与筹划抗辩，反而对马经纶表示希望死在狱中，那才是死得其所。②

《西游记》中唐僧在到达灵山之前的最后一难也是牢狱之灾。当时设计这个情节的想法就是赎罪。冥冥之中，小说的情节变成了自己的遭遇。实际上，他写在书里的，一部分是历史，其他的都成了预言。所幸，过了铜台府，就是凌云渡了。

---

① "苦乐相乘，是轮回种；因苦得乐，是因缘法。"（《焚书》卷一《复丘若泰》）
② "衰病老朽，死得甚奇，真得死所矣，如何不死？"（《马氏文集》卷三《与黄慎辉官谕书》）

凌云仙渡

经过近二十天的奔走呼号，马经纶终于打听到了好消息。负责审理此案的衙门上书建议把卓吾发配原籍审问治罪。其实是承认了在刑事上没有什么证据定罪，但万历帝关于卓吾"惑世诬民"的定性和收监、毁书的旨意也不好驳回，发配原籍本质上是息事宁人的处理方式。

由于是钦定大案，卓吾被关押在北京镇抚司监狱，他旧日的官员朋友并不好冒着触怒当权者的危险出面营救。而一旦到了福建，耿定力、焦竑、梅国桢、汪可受这些现任或曾经的地方大员就有足够的运作空间。马经纶和汪本钶一起去监狱探视，把这个好消息告知卓吾。他们觉得这是能争取到的最好的结局。叶落归根，算不上什么惩罚。但卓吾对此并不满意。

卓吾知道自己罪不至死，但自己清醒的时间越来越短，病痛的折磨已让他料定必死于此年。即便不病死在狱中，也可能死在发配回福建原籍的路上，或者再久一点，死在女儿和女婿的家中。那样的话，戴罪之身也必定被地方官侮辱和耻笑，对自己和亲人都意味着更多的折磨。更重要的是，只要他不死，那些恨他的道学家们就不会善罢甘休，肯定要翻箱倒柜寻找证据。

以道学家们的行为方式，负面的证据只可能越积越多，而不可能因为读懂了他的书给他平反。最后的结果，只能导致更多的毁禁。甚至，有可能把他是《西游记》作者的秘密暴露出来。"非圣毁朱"的罪名，是道学家们安在王阳明头上的，卓吾当然甘之如饴，与有荣焉。衰朽残年，肉体上的打击已不足惜，但他把精神、气力和声音都藏在著作中，新一轮的焚烧和封禁才是对他最致命的打击。

卓吾从芝佛院带出的书稿，摞在一起有一人多高，包括已经发表的《焚书》《藏书》和《西游记》等，也包括已成书但还未发表的《续焚书》《续藏书》《九正易因》《史纲评要》以及《西游记》的点评本。这个点评本，是将自己的名字和自己的作品永远绑定在一起的方式，所以卓吾也特别重视。

已经出版的书，不太容易被禁绝，有孔子和苏东坡的先例为证。但还未出版的书，很容易在官方的搜查中被销毁，从此灭绝。

　　所以如果死亡不可避免地迫近,晚死不如早死。现在死,政敌可以安心,甚至有些悔过而收手,调查必定停止,他的著作和事业必将得到保护。

　　要想理解一个人,看他赞扬什么人。在《藏书》中,卓吾给予赞誉最多的战国时期的人物是蔺相如和侯嬴。

　　卓吾相信,蔺相如在秦王面前威胁毁掉和氏璧并摆出以头触柱的架势的时候,已经抱定了必死的决心,所以他的气势才能震慑秦王,最终不辱使命,完璧归赵。卓吾在评语中热情赞扬蔺相如:"言有重于泰山,相如是也。相如真丈夫、真男子、真大圣人、真大阿罗汉、真菩萨、真佛祖,真令人千载如见也!"①

　　侯嬴是信陵君的门客,也是信陵君窃符救赵的策划者。由于他年已七十,体弱多病,不能跟随信陵君到前线完成使命,他把自己的门客朱亥推荐给信陵君,自杀身亡。历史上对他的自杀多有不解。但唐代的王维通过一首《夷门歌》首先提出侯嬴的死是在报答信陵君的知遇之恩。

> 七雄雄雌犹未分,攻城杀将何纷纷。
>
> 秦兵益围邯郸急,魏王不救平原君。
>
> 公子为嬴停驷马,执辔愈恭意愈下。
>
> 亥为屠肆鼓刀人,嬴乃夷门抱关者。
>
> 非但慷慨献奇谋,意气兼将身命酬。
>
> 向风刎颈送公子,七十老翁何所求?

　　卓吾在《藏书》中采纳并细化了王维的观点。他解释道,由于朱亥不是信陵君的门客,侯嬴担心他不能效死志,所以以自己的死激励朱亥。后来朱亥果然在最关键的时刻椎杀不肯出让兵权的晋鄙,助力信陵君取得兵权,拯救了赵国。卓吾认为这项壮举成功的最大功臣就是侯嬴。"七十老翁何所求?"为了报答知己、达成事业,他可以付出生命。②

　　卓吾向来喜欢这样的英雄人物和忠义故事,推崇舍身成事的精神。他认为"古人贵成事,必杀身以成之;舍不得身,成不得事矣"③。这样的死,"死犹闻

---

①《藏书》卷十一《蔺相如》

②"千秋万岁有侯嬴!"(《藏书》卷二十七《侯嬴》)

③《焚书》卷五《王半山》

侠骨之香,死犹有烈士之名"①。如果仅仅身死而没有成事,也不应该轻易赴死②。"丈夫之生,原非无故而生,则其死也又岂容无故而死乎?其生也有由,则其死也必有所为。"③

卓吾的一生,步步有难,但处处有生门。就像《西游记》中历经九九八十一难的唐僧师徒,他每次都能运用自己的智慧,从生门走出。最后将死时,他主动选择了一扇死门,因为这扇门通往永世的辉煌。

三月十二日,一直守在监狱外的汪本鈳来见卓吾。卓吾拿出事先写好的一个卷轴送给他④,命他即刻启程,回家探望母亲。汪本鈳非常诧异,表示很快就有结果了,不愿在这个时候离去。卓吾坚持让他走:"下次再来,如我还在世,则幸甚;如不能来或我已不在世,则看到这个卷轴如同看到我一样。"

卷轴题词中,卓吾谆谆告诫汪本鈳,不要总是把别人看得太重,只知道照顾别人,总是担心出差错,而对自己太无情,忽略了自己的感受。⑤卓吾夸奖他志虑忠纯,这样的心志也接近于大道了。

汪本鈳嚎啕大哭,不理解卓吾为何六年都没有赶他回家探望母亲,而在这关键的时刻反而急于赶他走。等到狱卒不注意的时候,卓吾悄言,命他带上《续焚书》和《说书》等书稿回家。汪本鈳这才醒悟,官方正在全国开展焚烧卓吾书籍的活动,自己手中的书稿可能成为孤版。卓吾此时让他回家,还做了一个卷轴题为《送汪鼎甫南归省母并序》,其实是为了掩人耳目,躲开官方的盘查,保护书稿。他意识到托付重大,终究拗不过老师,只好拜别,连夜启程回家。

汪本鈳走后,卓吾这才悲伤不能自已。回想起九年前,汪本鈳慕名前来投奔,卓吾对他的学道的心志有怀疑,并没有收留他;六年前在北京极乐寺,卓吾又见到汪本鈳前来投奔,再次表明自己无法帮他考取功名。但汪坚持留下,六

①《焚书》卷二《与焦弱侯》
②"侠士之所以贵者,才智兼资,不难于死事,而在于成事也。使死而可以成事,则死真无难矣!使死而不足以成事,则亦岂肯以轻死哉!"(《焚书》卷四《昆仑奴》)
③《焚书》卷四《五死篇》
④《续焚书》卷五《送汪鼎甫南归省母并序》
⑤"视人太重,而视己太无情也。视人太重,故终日只盘旋照顾,恐有差池,而自视疏矣。"(《续焚书》卷五《送汪鼎甫南归省母并序》)

年来一直勤勤恳恳，成为《九正易因》和《续藏书》的主要誊录者。卓吾对这个关门弟子充满了感激和思念，写下了真实的想法以示永诀：

> 嗟子胡然泣涕洟？相依九载不胜奇。
>
> 非儿转哭儿何去，久系应添系永思。
>
> 生死交情尔可订，游魂变化我须时。
>
> 累累荒草知何处，絮酒炙鸡勿用之。①

其中絮酒是把沾过酒的棉絮晒干，以利于携带，带去坟前，放入水中，以让水有酒气。这是一种最简单的祭礼。所以最后一句可以翻译为"死后不知葬在哪里，所以连絮酒、炙鸡这样的祭礼都省了"。这是表面的意思。但如果认为这是本意，就同上句的"我来决定我的生死，你来证明我们交情的深浅"不太协调。因为卓吾明显是珍视师生的友谊，此句显然有所期待。而且还不是一般的期待，此句还有侯嬴送走朱亥一样的悲壮。况且，马经纶已经为他选好了墓地，汪本钶不可能找不到地方祭奠。所以，应该把最后一句理解成"不要用絮酒炙鸡这些普通的祭品来祭奠我，告知我累累万言的草稿的去向才是对我最好的祭奠"。

正如卓吾期待的那样，汪本钶将莲花寺的部分书稿带走后，低调隐忍，并多方联络，隐匿书稿。后来苏州和福建出版的卓吾遗作，大都源自汪本钶。他自己则集中精力搜集卓吾生前书信，补充《续焚书》，终于在十六年后出版了《续焚书》。

三月十三日，马经纶来探监。卓吾告诉他，牢里生活安置很妥当，也不必牵挂，只等判决即可。这么多天他在外奔波，家人肯定牵挂，所以可暂且回家探视父亲，报个平安，等判决下来以后再来商量后续事宜。

卓吾提示马经纶，汪本钶带走了一部分书稿，剩下的大部分需要马经纶处理。保护这些未出版的书，比保护他在牢中的这副躯壳更重要。为了分散风险，他请马经纶回去后，将莲花寺的书稿多方寄送，让信得过的人妥善封存，等时机成熟后再次出版。在当时的政治环境下，为了不拖累官员朋友，还不能把这些书稿寄给焦竑、梅国桢、汪可受、袁宏道这些有官职在身的人，所以只能在

---

①《续焚书》卷五《系中忆汪鼎甫南还》

高僧、出版商和民间收藏家中找人寄存。

马经纶明白了卓吾催他回家的用意,所以他郑重接受了托付。在细致交代了狱卒之后,告别卓吾回家,安排藏匿书稿事宜。此后他亲自资助出版了《九正易因》,并遵卓吾指令把其他书稿分散寄出。

1605年,卓吾去世后三年,袁宏道夜宿北京三教寺,在书阁一个破筐中发现了被老鼠啃过的书稿,竟然是自己从未见过的卓吾遗作。住持老和尚说,这是卓吾被捕后寄给他的(实为马经纶寄出),让他缝在枕头中秘密保存。不料被老鼠拖出,又幸被卓吾学生看到。袁宏道兴奋异常,将残篇搜集整理后,编成十卷书,合集出版,命名为《枕中十书》①。这本书中的很多思想与《西游记》理念对应,成为卓吾是《西游记》作者的辅证。(参照如下《西游记》原文)

> 三藏懊悔道:“是我们怠慢了,不曾看顾得!”行者笑道:“不在此!不在此!盖天地不全。这经原是全全的,今沾破了,乃是应不全之奥妙也,岂人力所能与耶!”
>
> 《西游记》第九十九回《九九数完魔灭尽 三三行满道归根》

屏退了知己和爱徒,卓吾终于沉静下来。在联舟南下的时候,焦竑曾问他,什么时候可以披露他是《西游记》的作者。他答应焦竑,死前会有一个交代。现在需要做的就是对焦竑做最后的托付了。他知道在监狱写的任何东西都会被传抄,用什么办法只让焦竑一个人知道呢?

三月十四日晚间,一轮圆月当空,万籁俱寂。卓吾透过铁窗看着月亮,心里一片澄明。他知道,这是自己最后一次赏月了。他写下题为《系中八绝》的七首诗告别:

其一 老病始苏

名山大壑登临遍,独此垣中未入门。

病间始知身在系,几回白日几黄昏。

---

① 《李贽全集续编》之《枕中十书》,凌礼潮整理,北京:首都师范大学出版社,2020。

其二 杨花飞絮

四大分离像马奔，求生求死向何门？

杨花飞入囚人眼，始觉冥司亦有春。

其三 中天朗月

万里无家寄旅村，孤魂万里锁穷门。

举头喜见青天上，一大圆光照覆盆。

其四 书幸细览

可生可杀曾参氏，上若哀矜何敢死？

但愿将书细细观，必然反覆知其是。

其五 书能误人

年年岁岁笑书奴，生世无端同处女。

世上何人不读书，书奴却以读书死。

其六 老恨无成

红日满窗犹未起，纷纷睡梦为知己。

自思懒散老何成，照旧观书候圣旨。

其七 不是好汉

志士不忘在沟壑，勇士不忘丧其元。

我今不死更何待，愿早一命归黄泉。①

这七首诗不经意看来，是狱中的一些零散的想法，并无高明之处。但有几大疑点极易被人忽略。

首先是总标题。这组诗题为《系中八绝》，但其实只有七首。

其次是小标题。一般卓吾写诗，如果一组多首，则用"其二""其三"为题，

---

①《续焚书》卷五《系中八绝》

不再另起题目。但此组诗有了整齐划一的四字短语作为题目。既然各有题目，"其一""其二"等计数已是多余。这是从来没出现过的情况，似有用意。

再者，文不对题。如题为《不是好汉》，而诗文却称"志士不忘在沟壑，勇士不忘丧其元"。

前后矛盾。如第四首提到曾参，引用的典故是，孔子曾告诫他对于父亲的责罚，"小棰则待过，大杖则逃走"。意思是不能让父亲把自己打死，让父亲背上不义的罪名。所以这里反映的思想是不能死，而后又言"我今不死更何待"，于上文思想矛盾。

在《西游记》小西天七绝山一节，作为七绝山的来历，当地人向唐僧讲述了柿树的七种好处，又补充说长年烂柿形成恶臭。在此处，卓吾评道："这却是八绝了。"

这是一个凄凉的幽默。"八绝"还是一个算命术语，即父早死、母早丧、丧偶、兄弟死、亲人离散、儿子夭折、无嗣、和尚命等八种厄运。卓吾认为自己集齐了普通人在亲情中的所有厄运，故以此自嘲。

现在狱中的这七首诗，构成七绝，是绝句的"绝"，而第八绝，则是这七首诗组成的一个谜语，是绝妙的"绝"。之所以出现行文和思想上的反常，主要是为了让一些关键的字出现在合适的位置上，所以在诗歌惯例和行文逻辑上有所放弃。这个谜语的目的是将不便明说的话给焦竑做最后的交代。焦竑熟悉卓吾的写诗风格，而且作为昔日的状元，他对行文的反常和突破惯例处有足够的敏感，所以卓吾相信当时只有焦竑能破解这个谜语。

三月十五日清晨，卓吾招呼狱卒叫进一个理发匠来修整仪容。由于马经纶的打点，狱卒对卓吾的请求无有不应，遂找了一个理发匠进到牢房为卓吾梳理。理发匠没想到监狱里关押了一个老朽的和尚，这个和尚眉发皆白，和颜悦色，又极爱干净，对自己的仪容极其严格。与普通和尚不同的是，他只要求剃光入狱以来的生起的短发，但要保留三寸多长的花白胡须。

修整好以后，理发匠扭头收拾扁担。卓吾突然起身上前，抓起剃刀，在喉咙上切入。理发匠大惊失色，连忙上前夺下剃刀，但卓吾喉间顿时血流如注。他将卓吾扶倒在床上，在狱卒的帮助下对伤口进行了简单的包扎，血流暂时止住。

理发匠守在卓吾身旁久久不忍离去，待卓吾神色稍有缓和，问他："和尚痛否？"当时血液流入气管，卓吾剧烈咳嗽，已不能发声。他为了安慰理发匠，用手指在他手心写下"不痛"二字。

理发匠又问："和尚何自割？"卓吾又用手指写下七个字，"七十老翁何所求"，这是卓吾留给世间最后的话。①（参照如下《西游记》原文）

那佛祖轻轻用力撑开，只见上溜头泱下一个死尸。长老见了大惊，行者笑道："师父莫怕，那个原来是你。"八戒也道："是你，是你！"沙僧拍着手也道："是你，是你！"那撑船的打着号子也说："那是你！可贺，可贺！"他们三人，也一齐声相和。撑着船，不一时，稳稳当当的过了凌云仙渡。三藏才转身，轻轻的跳上彼岸。有诗为证，诗曰：脱却胎胞骨肉身，相亲相爱是元神。今朝行满方成佛，洗净当年六六尘。

《西游记》第九十八回《猿熟马驯方脱壳　功成行满见真如》

后来不出卓吾所料，马经纶向焦竑报丧时，转达了卓吾的《系中八绝》以及"七十老翁何所求"的遗言，焦竑当即明白了卓吾的意思。他悲愤地写下"刎颈送人，岂以表信陵之义；溅血悟主，庶几有相如之风"②，用侯嬴和蔺相如的典故赞颂他，并表明自己已经明白他的用意。他是想像蔺相如在秦廷上一样，用视死如归的气势震慑当局，同时像侯嬴激励朱亥一样，激励汪本钶，激励马经纶，也激励自己，落实他的嘱托，成就他的事业。

为了告慰卓吾的嘱托，焦竑暗引《西游记》的文字和观点，写下"泯同生死，盖以示当体之全空；平等冤亲，益以明达人之无我"。

卓吾在世时，他享受的每一份礼遇，都被报以厄运，他带给人的每一分不快，都付出了代价补偿，真正实现了他在《西游记》凌云渡一节所提出的"脱却胎胞骨肉身"，以及青牛精一节中提出的"均平物我与亲冤"。所以焦竑认为他真正实现了"当体之全空"，"达人之无我"，赤条条来去。他剩下的，只有真性。这是一条艰涩的路，但路的尽头，可为大丈夫、天人师、佛。

---

① 袁中道《珂雪斋集》卷一七《李温陵传》
② 焦竑《荐李卓吾先生疏》

在明、清两个朝代官方都否定卓吾思想、毁禁卓吾书籍的政治氛围中，卓吾的主要著作都得以幸存。四百多年后，卓吾散落各处的书稿在国家专项资助下重新结集。福建泉州、湖北麻城、河南商城三地政府也都提供了支持。2010年，张建业主编的《李贽全集注》26卷本①及陆续至2020年底出版的《李贽全集续编》6卷②，基本上集齐了从芝佛院运到莲花寺的书稿，为四百一十八年的磨难和离散画上句号。我们现在还能看到这些书，是卓吾用生命激励马经纶、汪本钶和焦竑践诺的结果。

二月十六日夜子时，卓吾喉间伤口恶化，气若游丝，深度昏迷。在北京北安门外帽儿胡同的镇抚司监狱里，当代最伟大的灵魂正渐渐远去。

迷离中，他仿佛又回到了童年，回到泉州海边。黎明的薄雾中，海浪把一条巨鱼冲到沙滩上，村民们都说着、笑着，拿着刀斧和锄头赶去，有人站在沙滩上，有人爬上鱼背，肆意切割，把大块的鱼肉装到鱼篓和竹筐里。③血流如注，染红了沙滩。突然间，潮水迭起，涌动着鱼身。村民们急忙散去。海水托起鱼身，又滑向深水。当水面将要没过鱼背时，大鱼尾鳍一甩，缓缓游动，带着人间累累的伤痕归入大海。没有痛苦，没有嗔恨，怡然自得，就好像刚才的那些伤口都不存在一样。

远处，东方的天边升起绚丽的朝霞。

---

①《李贽全集注》，张建业主编，北京：社会科学文献出版社，2010。
②《李贽全集续编》，张建业主编，北京：首都师范大学出版社，2020。
③《焚书》卷一《与焦弱侯》